SUR LA TRANSMISSIBILITÉ

DES CARACTÈRES ACQUIS

COULOMMIERS

Imprimerie Paul BRODARD.

SUR LA TRANSMISSIBILITÉ

DES

CARACTÈRES ACQUIS

HYPOTHÈSE D'UNE CENTRO-ÉPIGÉNÈSE

PAR

EUGENIO RIGNANO

Ingénieur,
Associó le l'Institut International de Sociologie.

✦✕◆

PARIS

FÉLIX ALCAN, ÉDITEUR

ANCIENNE LIBRAIRIE GERMER BAILLIÈRE ET Cie

108, BOULEVARD SAINT-GERMAIN, 108

1906

SUR LA TRANSMISSIBILITÉ
DES CARACTÈRES ACQUIS

INTRODUCTION

La question de la transmissibilité des caractères acquis, par sa généralité, par son importance au point de vue de la théorie de l'évolution des espèces et au regard des doctrines sociologiques elles-mêmes, par l'étroite connexion, enfin, qui la rattache aux questions plus ardues encore relatives à la nature du phénomène vital, qui se rencontrent sur la limite de la physico-chimie et de la biologie, cette question dépasse les bornes de la pure science biologique, et rentre ainsi dans le domaine plus vaste de la philosophie positive, au sens comtien, c'est-à-dire de la philosophie scientifique, qui s'occupe des résultats les plus généraux des différentes sciences et des rapports fondamentaux qu'elles entretiennent l'une avec l'autre. Il n'y a donc rien d'étonnant à ce que, non seulement cette question tant débattue et encore irrésolue excite le plus vif intérêt chez les philosophes, mais encore que quelques-uns d'entre eux, sans être des spécialistes, aient été et soient encore entraînés à s'en occuper directement, se servant dans ce but des matériaux précieux et très riches que, dès aujourd'hui, les biologistes et les naturalistes peuvent leur offrir.

C'est justement en cette situation que se trouve aussi l'auteur de la présente étude.

Bien qu'il ne se fût pas encore formé une opinion précise et ferme à ce sujet, il avait tout d'abord tendu, dans certaines études philosophiques et sociologiques précédentes, à préférer au principe de Lamarck, le principe opposé de Weismann de la non-transmissibilité des caractères acquis. La raison de ce penchant — encore qu'à la vérité il n'y eût point là de quoi constituer un argument logiquement valable — se trouvait dans l'impuissance, que toutes les théories biogénétiques jusqu'alors émises avaient révélée de donner la moindre explication, si peu satisfaisante fût-elle, du mécanisme de cette transmissibilité. D'un autre côté cependant, l'auteur hésitait à s'abandonner à ce penchant à cause du doute, demeuré toujours fort chez lui, que la sélection naturelle pût complètement suffire à rendre compte de l'évolution phylogénétique, et à cause, surtout, de sa conviction que cette non-transmissibilité s'accordait mal avec la loi biogénétique fondamentale qui fait de l'ontogénèse une récapitulation de la phylogénèse. Et c'est justement cette loi qui, en incitant continuellement l'auteur à réfléchir sur ses conséquences médiates et immédiates, l'a enfin conduit, par la voie purement inductive, à la nouvelle hypothèse biogénétique que nous allons exposer.

Nous avons dès lors pensé qu'il valait la peine de réserver à l'élaboration et à l'exposition de cette hypothèse une partie considérable de nos efforts, parce qu'il nous a semblé, dès le début, qu'elle rendait compte, non seulement de la transmissibilité des caractères acquis, mais bien encore, tout à fait indépendamment de cette dernière, de toute une série de faits biogénétiques fondamentaux; et qu'elle parvenait, en outre, à ouvrir une issue dans l'impasse où la biologie ontogénétique se débat aujourd'hui. En effet, tandis que quelques faits nous contraignent à rejeter l'épigénèse telle qu'on l'entend communément, d'autres nous forcent à rejeter le préformisme; et pareillement, tandis que toute une série de raisons nous force à retenir comme inadmissible une substance germinale homogène ou qui soit hétérogène sous le seul aspect chimique, toute une autre série nous oblige à retenir comme non moins inadmissible une substance germinale constituée par des germes préformistes.

L'auteur, du reste, tout le premier, est loin de se faire trop d'illusions. Dans l'état actuel de la science biologique, il ne peut être question, en effet, que d'hypothèses provisoires, qui se succèdent les unes aux autres, et dont chacune, embrassant un nombre de faits plus grand que les précédentes, aplanit le chemin à une hypothèse ultérieure, qui puisse à son tour en embrasser un nombre encore plus grand. Il suffit donc que l'hypothèse satisfasse à cette condition d'être pour ainsi dire un travail d'approche, et à cette autre, qui en est le corollaire, de pousser les recherches, observations ou expériences, dans des directions nouvelles, pour qu'on puisse dire qu'elle remplit sa tâche. C'est le cas, à notre avis, de la nouvelle hypothèse biogénétique que nous soumettons ici au jugement des biologistes et des philosophes positivistes en général.

Nous avons cru convenable de conserver à l'exposition de cette théorie l'ordre suivant lequel elle est née et a été édifiée. C'est ainsi que le premier chapitre donne l'indication sommaire de la voie inductive par laquelle l'auteur, partant de la loi biogénétique fondamentale, en est arrivé à la conception de son hypothèse. Dans les trois chapitres suivants, sont recueillis et ordonnés, avec toute la concision possible, ceux des différents faits biogénétiques principaux qui, complètement étrangers au fait toujours controversé de la transmission des caractères acquis, servent le mieux à éclaircir et à préciser cette hypothèse, et qui, trouvant en elle leur explication la plus complète, ont pour effet, du moins en ce qui les concerne, de la confirmer directement ou indirectement par voie déductive.

Après avoir ensuite entrepris, dans le cinquième chapitre, un examen rapide de la question de la transmissibilité ou non des caractères acquis, que nous avions jusque-là laissée complètement à l'écart, nous passons, dans le sixième chapitre, à l'exposition critique des principales théories biogénétiques qui sont actuellement en vigueur. Et cela non seulement dans le but de mettre en évidence leur incapacité de rendre compte du mécanisme de la transmission, mais bien encore, et surtout, afin que la recherche des raisons de cette incapacité nous aide à découvrir les conditions nécessaires et suffisantes, auxquelles une théorie quelconque doit satisfaire pour rendre compte d'une telle transmissibilité. Après quoi, nous avons repris, dans le septième chapitre, l'examen de notre hypothèse qui, bien que conçue et élaborée en faisant tout à fait abstraction de la réalité ou non de la transmissibilité des caractères acquis, n'a eu besoin que de s'appuyer sur la base subsidiaire d'un phénomène élémentaire hypothétique, — semblable d'ailleurs, sous certains rapports, à certain phénomène du monde inorganique lui-même, — pour se présenter immédiatement à nous comme apte à constituer l'explication la plus complète de cette transmissibilité.

Dans le dernier chapitre, enfin, nous avons tâché de montrer que ce phénomène élémentaire hypothétique, pris comme base subsidiaire de la nouvelle théorie biogénétique, peut en même temps rendre compte du phénomène psychique fondamental, qui est la mémoire, et même des propriétés les plus caractéristiques du phénomène vital en général. C'est pourquoi ce phénomène élémentaire hypothétique nous a paru ainsi être apte à recueillir dans sa sphère et à réduire à l'unité, non seulement tous les phéno-

mènes biogénétiques, mais indistinctement tous les phénomènes de la vie dans le sens du mot le plus étendu.

Pour les raisons exposées plus haut, à savoir que la
question de la transmissibilité des caractères acquis rentre
dans le domaine de la philosophie positive au sens comtien
ou philosophie scientifique, l'auteur se flatte que les biologistes et les naturalistes ne voudront pas l'accuser d'em-
piéter sur le domaine d'autrui ni le traiter, par conséquent,
en intrus. Bien au contraire, comme il est le premier à
reconnaître toutes les lacunes et tous les défauts que son
œuvre présente encore, il ose espérer qu'il trouvera auprès
d'eux la plus grande indulgence, en considération des
grandes difficultés que, faute d'être spécialiste, il a ren-
contrées dans un ordre d'études si difficile.

E. R.

Milan, mai 1905.

CHAPITRE PREMIER

L'ONTOGÉNÈSE, RÉCAPITULATION DE LA PHYLOGÉNÈSE, SUGGÈRE L'IDÉE D'UNE ACTION CONTINUE DE LA SUBSTANCE GERMINALE SUR LE SOMA PENDANT TOUT LE DÉVELOPPEMENT

Tout le monde connaît la loi biogénétique fondamentale dite de Hæckel : l'ontogénèse est une récapitulation de la phylogénèse, c'est-à-dire que le développement de l'individu est une rapide répétition de l'évolution de l'espèce, un court résumé de la chaîne infinie de ses ancêtres.

Les faits les plus caractéristiques qui démontrent désormais cette loi d'une manière, peut-on dire, irréfutable sont tellement connus, qu'il ne nous paraît point nécessaire de les rappeler ici ; quelques exemples : la solipédation se produit graduellement chez le cheval et seulement aux derniers stades de son développement ; nombre de cétacés, qui plus tard au lieu de dents possèdent ce qu'on nomme des fanons, ont des dents aux mâchoires tant qu'ils sont à l'état de fœtus et qu'ils ne peuvent prendre aucune nourriture ; le serpent, tant qu'il est à son état embryonnaire, possède ses deux paires de membres, et ainsi de suite.

« Le développement de l'organisme, écrit Roux, n'est pas seulement une formation procédant du simple au complexe par la route la plus directe, mais une marche tortueuse ; et souvent un pas déjà fait en avant doit être refait dans le sens contraire. Nous rappellerons seulement les exemples connus des fentes et des artères branchiales qui sont appelées à se souder ensuite, et la corde dorsale elle-même, ainsi que les formations tout à fait superflues et sans fonction de la glande pituitaire et de la pinéale[1]. » Or, ce développement procédant, non pas en droite ligne vers son but, mais par un chemin tortueux et souvent même à rebours, demeurerait sans aucune signification, n'était la loi biogénétique fondamentale.

Delage fait également remarquer que toutes ces formations qui disparaissent ensuite, à mesure que le développement s'accomplit, doivent pourtant avoir leur signification[2].

Oscar Hertwig, à son tour, note expressément qu'il existe toute une série d'organes embryonnaires « qui ne se trouvent jamais en condition d'accomplir la fonction qu'ils ont accomplie à un moment donné pendant le cours de la phylogénèse[3] ».

Nous devons donc accepter comme vraie cette loi biogénétique fondamentale. Nous pouvons même retenir, comme une donnée de première approximation, que l'ontogénèse reproduit intégralement la phylogénèse.

En effet, si pendant les premiers stades ontogénétiques la récapitulation de la phylogénèse est fortement résumée, elle le devient toujours moins, à mesure que le développement est plus avancé; et pendant les derniers stades, on peut dire que l'ontogénèse finit par être, à peu de chose près, la répétition exacte de toute la série des stades phylogénétiques correspondants.

L'embryon humain, grâce aux recherches plus nombreuses et plus soigneuses dont il a toujours été l'objet, peut, mieux que tout autre, servir à mettre en évidence cette répétition phylogénétique presque intégrale des derniers stades. Son développement nous montre, jusque dans les moindres détails, de quelle manière l'embryon repasse par toute la série des formes pithécanthropes, ses antécédentes immédiates. Ainsi, par exemple, les articulations de la jambe chez l'homme offrent, pendant l'âge fœtal, une ressemblance bien plus grande avec celles des anthropoïdes, que pendant l'âge adulte. A un certain moment

---

1. Wilhelm Roux, *Der Kampf der Theile im Organismus*, Leipzig, Engelmann, 1881, p. 59.

2. Delage, *L'hérédité et les grands problèmes de la biologie générale* Paris, Schleicher, 1903, p. 176.

3. Oscar Hertwig, *Die Zelle und die Gewebe*, Zweites Buch, Iéna, Fischer, 1898, p. 232.

du développement, le gros orteil, au lieu d'être parallèle aux
autres, forme avec leur direction un angle, comme chez les
singes. De même les autres os du pied, chez l'enfant nouveau-
né, s'approchent grandement, par leurs formes, leurs angles
d'inclination respectifs, etc., de ceux du pied arboricole des
singes anthropoïdes, particulièrement du gorille.

Comme premier degré d'approximation dans la recherche de
la signification que la loi biogénétique fondamentale peut avoir
pour le biologue, nous pouvons donc poser que l'ontogénèse,
plutôt qu'un résumé rapide de la phylogénèse, en est la répétition intégrale. Il est vrai qu'il faudra ensuite apporter des cor-
rections indispensables à cette première approximation, et
rechercher la signification ou la raison de l'abrègement et de la
suppression d'un si grand nombre de stades phylogénétiques,
de la part de l'ontogénèse; et cette approximation plus grande
nous fera pénétrer plus avant dans la nature intime du phénomène. Mais, en attendant, si nous acceptons, comme première
approximation, la répétition intégrale de la phylogénèse de la
part de l'ontogénèse, nous aurons cet immense avantage, que
le phénomène se présentant à nous avec plus de simplicité et
de précision, la compréhension nous en sera rendue d'autant
plus aisée. C'est de cette manière, c'est-à-dire par degrés successifs d'approximation, que la mécanique, la physique et la
chimie ont toujours procédé dans leurs investigations.

Ce premier degré d'approximation de la loi biogénétique
fondamentale nous permettra donc les deux énoncés suivants :
Chaque stade du développement ontogénétique de tout organisme représente exactement une des espèces ancestrales de ce
même organisme. Deux espèces issues d'un ancêtre commun
auront un développement ontogénétique identique jusqu'au
stade correspondant à cet ancêtre commun ; elles ne commence-
ront à diverger qu'après avoir surpassé ce stade.

Cela étant établi, comme les différentes théories de l'hérédité
admettent toutes que deux espèces distinctes, bien que descendant d'un même ancêtre lointain, ont des substances germinales
qui diffèrent l'une de l'autre, on se pose spontanément cette
question : Si ces substances germinales sont différentes, com-

ment se fait-il qu'elles reproduisent pendant une très longue
série de stades, c'est-à-dire jusqu'au stade correspondant à
l'espèce ancestrale commune, des développements identiques,
ceux-là mêmes par lesquels l'espèce ancestrale a passé ? Si la
substance germinale d'une espèce est différente de celle de
l'autre espèce, ne devrait-elle pas offrir, dès les tout premiers
stades de son développement, une série de formes toutes différentes ?

Une substance germinale en voie de développement constitue, peut-on dire, un système dynamique de forces en continuelle autotransformation. Or deux systèmes initiaux donnant
lieu à deux séries de transformations successives, pendant longtemps tout à fait identiques, doivent nécessairement être identiques. Et si, à un moment donné, l'une des séries se prend à
dévier de l'autre, il faudra attribuer cette déviation à l'une de
ces deux causes : ou à quelque circonstance extérieure au système et survenue seulement à ce moment, ou à quelque circonstance, même intérieure, mais s'activant seulement à ce moment
donné.

« Les faits du parallélisme de l'ontogénèse et de la phylogénèse, dit Delage, montrent que ce qui se développe d'abord
est quelque chose de semblable à ce qui s'est développé dans la
forme ancestrale, et qu'il s'ajoute ensuite quelque chose, resté
inactif jusque-là, qui continue le développement[1]. »

En d'autres termes, la loi biogénétique implique que, jusqu'à
chaque stade de développement, la cause productrice du développement même reste égale à celle qui produisait anciennement
l'espèce ancestrale correspondant à ce stade-là.

Il s'agit donc de voir si la circonstance ultérieure qui ne
survient, ou la nouvelle force qui ne s'active que maintenant,
à ce stade, pour faire continuer encore le développement, est
intérieure ou extérieure aux différentes parties de l'organisme
qui sont en voie de formation.

Si nous nous bornons, pour plus de simplicité, à ne considérer
provisoirement que les variations morphologiques, chaque stade

---

1. Delage, ouvr. cité : *L'hérédité, etc.*, p. 457.

du développement, soit ontogénétique, soit phylogénétique, ne nous apparaîtra que comme une manière déterminée de distribution de la substance organique constituant l'organisme. Or, cette distribution est altérée, pendant la vie de l'individu adulte, par des stimulus fonctionnels, c'est-à-dire par des agents extérieurs à la partie en voie de modification. En d'autres mots, l'impulsion par laquelle la portion correspondante de substance organique vivante est excitée à se distribuer différemment ne réside pas en elle, mais elle lui vient du dehors.

Jusqu'à preuve du contraire, nous sommes autorisés à retenir que les propriétés de la substance organique vivante pendant la durée du développement, ne sont pas essentiellement différentes de celles qu'elle présente quand le développement est achevé. Par conséquent, lorsqu'une certaine manière de la distribution de la substance organique vient à s'altérer en passant d'un stade ontogénétique donné au stade successif, nous pouvons admettre, comme première hypothèse provisoire, que cette différente distribution est provoquée par quelque action extérieure aux parties qui varient.

Cette action ne pourra point être uniquement constituée par la manière morphologique et physiologique d'être où se trouvait déjà, au moment donné, la partie restante de l'organisme, extérieure à celle qui varie; car, à l'état phylogénétique correspondant, les deux portions étaient en parfait équilibre entre elles. Il faudra donc supposer que dans la portion restante de l'organisme, ou sur quelque point de cette même portion, en ce moment il entre en jeu, et en ce moment seulement, quelque cause qui manquait dans l'espèce ancestrale.

En outre, comme ce qui varie dans l'organisme pendant l'ontogénèse n'est pas seulement telle ou telle partie, mais plusieurs parties à la fois, et comme la cause qui entrerait en jeu au terme de chaque stade du développement pour déterminer le passage au stade successif doit être extérieure à chacune des parties sujettes à variation, ainsi elle ne pourra résider en aucune de ces parties.

Cela ne sera possible qu'à la condition que parmi toutes les différentes parties de l'organisme il en existe une au moins qui ne soit par elle-même sujette à aucun changement substantiel définitif; et dans laquelle, par contre, viennent s'activer successivement une série d'énergies spécifiques, dont chacune provoque le passage de toutes les autres parties de l'organisme à l'état ontogénétique respectivement ultérieur.

Cette partie spéciale pourra être caractérisée par le nom de *zone centrale du développement*. Et l'on pourra donner le nom de *centro-épigénèse* à cette hypothèse, qui fera ainsi dépendre le développement ontogénétique du nombre infini d'actions différentes que cette zone exercera à mesure sur tout le reste de l'organisme, en activant successivement une série ordonnée d'énergies spécifiques, demeurées à l'état potentiel, chacune jusqu'au moment de son activation.

Comme ce qu'il reste d'inaltéré, depuis la première segmentation de l'œuf jusqu'à l'émission des cellules reproductrices de la part du nouvel organisme, c'est la substance germinale, ainsi le doute se présente aussitôt que ce soit justement cette substance qui constitue la zone centrale.

Il s'ensuit que la zone centrale sera en même temps la zone germinative, c'est-à-dire le lieu où les cellules sexuelles puiseront leur substance germinale qui les rendra propres à la reproduction. Hâtons-nous d'ajouter cependant que la zone centrale coïncidera avec la zone germinative effective, mais pourra être tout à fait séparée et distincte de la zone germinative apparente. Celle-ci ne sera alors que le lieu de formation des cellules sexuelles, en tant qu'elles constitueront en quelque sorte la simple enveloppe et le véhicule où devra venir se recueillir la substance germinale, qui seule leur donnera la capacité reproductive.

L'hypothèse centro-épigénétique renferme donc celle d'une action continue exercée par la substance germinale sur le soma, pendant tout le développement de ce dernier. Nous tâcherons, dans le deuxième chapitre, de connaître quelle peut être la nature de cette action; et nous nous réservons de nous occuper, dans le troisième chapitre, de la zone centrale en particulier et des autres faits et arguments qui concourent à en démontrer l'existence et qui serviront à mieux éclaircir cette hypothèse.

Nous nous bornerons ici à faire remarquer qu'elle implique, de la part de la substance germinale, non seulement la faculté d'une activation successive d'énergies potentielles spécifiques, mais encore celle d'une activation cyclique de ces énergies. Car, à la cessation de l'œuvre stimulatrice et formatrice du développement sur un organisme donné, une petite portion quelconque de la même substance germinale se trouve prête à la recommencer à nouveau par rapport au fils de ce dernier, et ensuite encore par rapport au fils de ce fils, et ainsi de suite indéfiniment.

Les exemples qui mettent mieux en évidence une telle activation cyclique d'énergies spécifiques de la part d'une substance donnée toujours la même, sont ceux que nous offrent les unicellulaires et les pluricellulaires primordiaux constitués par de simples groupements de cellules toutes égales entre elles.

Un nombre considérable d'unicellulaires parcourent une série de formes qui, le plus souvent, diffèrent sensiblement entre elles et se succèdent les unes aux autres avec la même nécessité que les stades de développement des organismes supérieurs. Comme la présence continue du noyau est la condition nécessaire et suffisante de ce développement, et que c'est le noyau lui-même ou une portion quelconque de celui-ci qui se prend ensuite à développer de nouveau la même série de stades dans l'organisme successif, il est dès lors nécessaire de supposer, dans ce noyau, la capacité d'activer cycliquement une série d'énergies spécifiques qui y sont contenues à l'état potentiel : « Le rapport réciproque entre le noyau, en tant que porteur de l'ensemble de la masse héréditaire, et le protoplasma ne peut être imaginé, pour ces unicellulaires, qu'en supposant que les éléments qui constituent cette masse héréditaire (Anlagen) ne doivent point se trouver tous simultanément en activité, mais qu'au contraire une partie d'entre eux puissent demeurer latents pendant quelque temps [1] ».

Cette activation successive, par ordre sériel, d'énergies spécifiques demeurées jusqu'à un certain moment à l'état potentiel,

1. Oscar Hertwig, *Zeit- und Streitfragen der Biologie*, Präformation oder Epigenese? Iéna, Fischer, p. 40, 41.

laisse supposer qu'elle tienne à ce fait, que chaque activation immédiatement antécédente soit, elle seule, capable de produire les conditions ambiantes nécessaires et suffisantes pour le dégagement de l'énergie spécifique potentielle immédiatement successive. En effet, les conditions du passage de l'état potentiel à l'état actuel sont toujours, pour n'importe quelle espèce d'énergie, extérieures au système matériel à la disposition duquel est due l'existence potentielle de cette énergie.

De même, chez plusieurs espèces d'algues, à des périodes déterminées, les différentes parties élémentaires de la colonie, c'est-à-dire les cellules toutes égales entre elles, se séparent complètement les unes des autres, sous forme de corps reproducteurs, lesquels recommencent ainsi, chacun pour son propre compte, la série de stades de développement qu'ils ont déjà parcourue dans l'organisme père.

Un procédé analogue dans le fond se constate chez les myxomycètes. De leurs spores il sort de petites amibes mononucléaires. Celles-ci ne tardent pas à se transformer en zoospores, qui se meuvent pendant quelque temps dans l'eau au moyen de leur flagellum vibratile. Ensuite, ces zoospores revêtent à leur tour un état amiboïde, après avoir retiré leur flagellum; et elles ne tardent pas à se fusionner en grand nombre pour constituer de petites plasmodes multinucléées. Ces plasmodes s'accroissent progressivement par voie de nutrition, en même temps que les noyaux se multiplient continuellement par division. De chacun de ces noyaux se reforment les spores, qui répètent le cycle[1]. Ici encore, la caractéristique essentielle de chacune de ces cellules ou, mieux, de chacun de ces noyaux, consiste donc dans la répétition cyclique d'une série donnée de manières d'action.

Mais l'exemple le plus typique et qui nous servira le mieux à tirer quelques déductions importantes, c'est celui de la *Magosphæra planula*.

Ce tout petit organisme, vivant à la surface de la mer près des côtes de la Norvège, n'est qu'une petite sphère creuse

---

1. Oscar Hertwig, œuvre citée : *Die Zelle und die Gew.*, Zw. Buch, p. 13.

composée d'une simple couche de cellules piriformes ciliées.
Ce serait, suivant Hæckel, la répétition héréditaire de l'ancienne
blastæa, souche de tous les métazoaires, car elle est tout à fait
semblable au stade ontogénétique de la blastula par où pas-
sent tous les pluricellulaires [1]. Or, ces colonies sphériques de
cellules, à un certain moment de leur existence, se désagrègent.
A partir de ce moment, chacune des cellules vit pour son
compte, en forme d'amibe, s'accroît par nutrition et s'enkyste.
A l'intérieur de la capsule sphérique, l'organisme unicellulaire
se multiplie par division successive, de même que dans la segmentation de l'œuf, et enfin il forme de nouveau une sphère
ciliée semblable à la blastula.

Cet exemple aussi simple que connu démontre plusieurs
choses. D'abord, que les cellules de ce petit organisme, toutes
égales entre elles, contiennent chacune la substance germinale.
En second lieu, que cette substance germinale, tout en donnant
lieu en chacune des cellules à toute une série de manifestations
vitales différentes constituant le développement ontogénétique
de la magosphère, c'est-à-dire, bien qu'elle active successivement en chaque cellule toute une série d'énergies spécifiques
différentes, elle ne s'altère cependant point, mais elle demeure
toujours identique à elle-même. Enfin, que cette substance germinale n'a pas seulement la faculté d'activer successivement
toute une série d'énergies spécifiques, mais, comme dans les
exemples précédents, encore celle de les activer cycliquement;
car, arrivée au terme du développement, après que la colonie
s'est désagrégée en autant de cellules distinctes, cette même
substance germinale recommence à nouveau en chaque cellule
la même série des manifestations vitales qu'elle a déjà parcourues, pour la répéter ensuite encore lorsque la colonie se
désagrégera une autre fois, et ainsi de suite à l'infini.

Par analogie avec l'exemple que nous offre la *Magosphæra
planula*, nous pouvons donc supposer que la substance germinale des cellules de la zone centrale de n'importe quel organisme pluricellulaire soit, elle aussi, propre à activer cyclique-

1. Hæckel, *Biologische Studien*, Zw. Heft : *Studien zur Gastræa Theorie*,
Iéna, Dufft, 1877, p. 152.

ment toute une série d'énergies potentielles spécifiques distinctes. Il y aura cependant cette différence, que, chez la magosphère, la zone centrale du développement ou zone germinative effective constitue l'organisme tout entier, tandis que, chez les pluricellulaires supérieures, dont le soma s'est désormais différencié en de nombreux tissus distincts, la zone centrale ne constituera qu'une portion et, le plus souvent, une petite portion de l'organisme entier.

Si l'on admet la nature épigénétique du procès du développement, cette différenciation du soma chez les pluricellulaires supérieurs aura comme conséquence, qu'à chaque activation successive de nouvelles énergies spécifiques de la part de la zone centrale, autant de variations respectives les plus différentes viendront correspondre dans les différents endroits du soma lui-même, et non pas une seule variation pour tous égale.

Si l'on admet enfin que chaque cellule, en se divisant, donne lieu, dans sa partie substantielle constituée par le noyau, à deux cellules identiques à elle-même, et par conséquent identiques entre elles, il n'y aura qu'une seule manière de concevoir comment le soma peut, au commencement du développement, arriver à se différencier de l'autre portion, qui continuera, au contraire, à être constituée par la substance germinale, et qui arrivera pour cela à s'élever au rang de zone centrale; et c'est la suivante :

Nous devrons retenir qu'au commencement du développement, depuis les premières segmentations de l'œuf jusqu'à l'état de morula et même de blastula, les différentes cellules sont égales entre elles et égales à l'œuf même d'où elles proviennent, prêtes toutes à commencer, et même commençant déjà, ainsi que chez la magosphère, la même série de stades ontogénétiques, en activant chacune la même série d'énergies potentielles spécifiques. Mais, dès que le moment arrive où, par suite de la nature même de la modification qui va se produire, telle qu'une invagination ou autre semblable, le développement embryonnaire ne peut plus se poursuivre d'une façon égale pour toutes les cellules, celles d'entre ces dernières qui possèdent une quantité d'énergie potentielle, ne fût-ce que de fort peu supérieure aux autres, prendront nécessairement le dessus; et elles continueront toutes seules, en l'arrêtant chez toutes les autres, l'activation successive des énergies potentielles spécifiques, qu'elles avaient d'abord commencée d'une manière égale avec leurs compagnes. Il suffira que le développement de la série des énergies potentielles spécifiques se soit, une fois pour toutes, arrêté dans ces autres cellules, pour qu'elles en viennent à se trouver désormais, comme nous le verrons mieux plus loin, en dehors des conditions nécessaires et suffisantes pour activer encore en elles la même série de ces énergies, et pour qu'elles perdent ainsi définitivement la faculté de reprendre jamais la direction du développement.

Cette direction appartiendra désormais exclusivement au groupe de cellules — dont le nombre, et par conséquent l'ensemble de la masse, augmentera toujours pendant le progrès du développement, en même temps que les autres parties et tissus de l'organisme, — lesquelles, par leur particulière condition respective, pourront continuer à activer ensemble et à mesure les mêmes énergies spécifiques germinales successives, ainsi qu'avaient déjà commencé de le faire les blastomères de la morula et de la blastula. Tandis que les autres cellules, non appelées à constituer la zone centrale et tombées désormais sous la dépendance de leurs compagnes directrices du développement, en viendront à se différencier et à se somatiser par degrés et toujours plus; c'est-à-dire qu'elles remplaceront peu à peu leur substance germinale commune par autant de substances histologiques particulières, et cela justement par suite de l'action continue que la zone centrale elle-même exercera sur ces cellules.

Voilà, dans ses lignes les plus générales, l'hypothèse centroépigénétique, telle qu'il nous est permis de la bâtir, par voie inductive, d'après les résultats immédiats auxquels on arrive par la seule loi biogénétique fondamentale, acceptée dans son premier degré d'approximation, c'est-à-dire comme une répétition intégrale de la phylogénèse de la part de l'ontogénèse.

Tandis que, pour Weismann et les préformistes en général, le plasma germinatif, se détachant, avant le commencement du développement, de la portion appelée à former le nouvel organisme, demeurerait passif à l'écart dans une partie cachée du soma, dans l'attente d'aller former les cellules sexuelles futures, que par conséquent il ne présiderait ni ne coopérerait en aucune manière au développement même, lequel s'accomplirait entièrement par les soins de l'autre portion, et qu'à cette passivité il devrait uniquement de demeurer toujours identique à lui-même ;

tandis que, d'un autre côté, pour les épigénésistes, l'idioplasma prendrait une part vive et continue au développement, parce qu'il serait présent et actif à tout instant et dans toutes les cellules, et que cette participation le laisserait cependant partout inaltéré, de sorte qu'aucune somatisation nucléaire ne viendrait jamais différencier les cellules du soma des cellules germinales, mais qu'elles contiendraient toutes également en puissance la faculté reproductrice ;

suivant l'hypothèse centro-épigénétique, au contraire, la substance germinale, bien que limitée à une seule zone et séparée et distincte de tout le reste du soma, bien que *continue* donc dans le sens weismannien, exercerait sur tout le reste de l'organisme et pendant tout le développement son action formatrice de nature épigénétique, sans que par sa participation active au développement elle vînt à s'altérer aucunement.

Mais cette hypothèse ainsi ébauchée doit maintenant être mieux précisée et éclaircie par l'observation d'autres séries de phénomènes, et soumise en même temps à l'épreuve des faits. C'est à quoi nous nous proposons de procéder dans les chapitres qui vont suivre.

CHAPITRE II

PHÉNOMÈNES QUI RÉVÈLENT UNE ACTION FORMATRICE CONTINUE EXERCÉE PAR DES PORTIONS DU SOMA PENDANT TOUT LE DÉVELOPPEMENT DES AUTRES PARTIES. — HYPOTHÈSE SUR LA NATURE DE L'ACTION FORMATRICE.

1. — *Phénomènes qui révèlent une action formatrice continue.*

Parmi les phénomènes qui semblent révéler indiscutablement une action formatrice continue exercée par une portion plus ou moins grande du soma pendant tout le développement des autres parties, viennent au premier rang ceux de la régénération des organes amputés.

On sait que lorsqu'on ampute l'œil-antenne d'une limace, les pinces d'une écrevisse, les pattes d'une salamandre, ou la tête d'un ver, ces organes se reproduisent lors même que l'amputation a lieu pendant l'âge adulte.

Spallanzani a coupé les pattes et la queue de la même salamandre six fois successivement, et Bonnet huit fois, et à chaque fois les pattes se sont reproduites dans la mesure exacte de ce qui avait été amputé sans aucune partie en plus ou en moins. Ces faits montrent que l'agent formateur, quel qu'il soit, est toujours extérieur à la partie formée, et qu'il exerce pour cela sur tout le développement de cette partie, et pendant toute sa durée, une action continue, qu'en outre il demeure inaltéré même après l'achèvement de son œuvre formatrice, et par conséquent toujours capable de la renouveler en toute occasion favorable.

Si par des circonstances exceptionnelles la régénération de

la partie amputée se fait d'une manière anormale, la partie restante demeure toujours malgré cela propre à la régénération d'une façon normale. Par exemple : un axolotl a eu une patte emportée par une morsure. La patte s'est reproduite mais fort mal formée. On a amputé cette patte, il s'en est développé une troisième, celle-ci tout à fait normale[1].

Si l'on fait en sorte que la même action formatrice de la partie restante vienne comme à se bifurquer, elle peut devenir propre à donner aussi une régénération doublée. Ainsi, l'amputation de la queue chez les lézards donne assez souvent lieu à la régénération d'une double queue. En partageant longitudinalement un membre d'un triton on obtient souvent plusieurs doigts additionnels[2].

Nous examinerons en temps et lieu les tentatives échouées des préformistes pour mettre d'accord leur théorie avec de semblables phénomènes, ainsi que les arguments et les faits ultérieurs de régénérations particulières que les épigénésistes ont produits pour soutenir leur thèse. Il suffira de rappeler ici que, tandis que les théories épigénétiques fournissent, pour tous les phénomènes régénératifs, une explication immédiate, les théories préformistes doivent au contraire avoir recours à des hypothèses subsidiaires compliquées à ajouter à la principale qui y serait tout à fait contraire.

Si la capacité morphologique ne réside pas dans les cellules somatiques de la surface d'amputation, lesquelles, par leur multiplication, vont constituer l'organe régénéré, mais bien plutôt en dehors d'elles, il s'ensuit que pour toutes les cellules terminales de l'organe régénéré, et même pour toutes celles qui ne se trouvent pas sur la surface d'amputation, l'action continue exercée sur elles par la partie restante de l'organisme doit être À DISTANCE et MÉDIATE, c'est-à-dire s'exercer au moyen des cellules intermédiaires.

1. Darwin, *The variation of animals and plants under domestication,* Eighth impression of the second edition, London, Murray, 1899, p. 357-358.
2. Piana, *Ricerche sulla polidactilia acquisita determinata sperimentalmente nei tritoni e sulle code soprannumerarie nelle lucertole,* Ricerche Lab. di Anat. normale Università di Roma, vol. IV, fasc. 1 e 2, Roma, Soc. ed. Dante Alighieri, 30 Giugno 1894, p. 65-71.

Une démonstration encore plus décisive de l'action formatrice continue, à distance et médiate, qu'une partie de l'organisme peut exercer sur l'autre pendant tout le développement de cette dernière nous est fournie par les célèbres expériences de Roux sur la postgénération de ses demi-embryons.

Les mots par lesquels il résume le procès de cette postgénération, telle qu'il l'a observée dans les demi-embryons obtenus des œufs de grenouille après avoir tué, à l'aide d'une aiguille à demi rougie au feu, l'un des deux blastomères, méritent d'être rapportés ici *in extenso*.

Nous devons cependant rappeler d'abord que, tandis que le blastomère illésé se développait seul en demi-embryon, dans le blastomère offensé, demeuré uni à son compagnon, il se produisait bien des fois une fragmentation tardive de sa propre masse protoplasmique en autant de cellules indifférenciées. Cette cellulation tardive et indifférenciée provenant, selon les circonstances, soit de l'occision seulement partielle du noyau respectif, qui permettait à quelques fragments de celui-ci de continuer à vivre et à se multiplier, soit d'une émigration, dans le protoplasma du blastomère offensé, de noyaux nus de la moitié ovulaire demeurée intacte. Cela étant dit, voici les mots de Roux :

« La postgénération des feuillets germinaux dans la moitié offensée part toujours des feuillets germinaux déjà différenciés de la moitié ovulaire normalement développée. Elle envahit peu à peu l'autre moitié ovulaire, constituée maintenant par une masse vitelline déjà fractionnée en autant de cellules indifférentes. La postgénération commence cependant à envahir la masse protoplasmique déjà cellulée de la moitié ovulaire offensée, au moment seulement et seulement à l'endroit où le feuillet germinal respectif vient toucher cette masse moyennant une surface d'interruption, c'est-à-dire moyennant les faces latérales de ses cellules.

« La formation commencée sur ces points se poursuit d'une façon continue dans la masse vitelline de la moitié ovulaire non développée. Vers l'extrémité libre de la différenciation en train de s'accomplir il y a toujours une série de degrés de pas-

sage entre les cellules vitellines encore tout à fait indifférentes
et celles du feuillet germinal déjà complètement différencié.
Nous arrivons ainsi à la conclusion que cette différenciation
progressive s'accomplit en un matériel se trouvant déjà sur
place avant qu'elle soit commencée et demeurant là où il se
trouvait pendant toute la différenciation même; c'est-à-dire que
cette différenciation s'accomplit en un matériel de cellules
vitellines « au repos », par voie de transformation directe de
ces mêmes cellules vitellines (pour les feuillets ectodermiques
et mésodermiques, même avec division de ces cellules).

« Quant au siège des causes de ce procès, poursuit notre
auteur, il est possible de tirer encore d'autres conclusions :

« Nous ne devons point oublier que le matériel qui constitue
le corps des cellules vitellines prêtes à se différencier, de la
façon que nous venons de décrire, en feuillets germinaux, a été
tout bouleversé par la piqûre que nous avons pratiquée dans le
blastomère respectif. En outre, le matériel nucléaire de ces
cellules vitellines n'a pas non plus acquis sa place à la suite
d'une division « typique »; au contraire, comme il provient
pour une partie du noyau de segmentation non complètement
tué de la moitié ovulaire opérée, et pour une autre partie de
celui de la moitié non opérée, grâce aux émigrations de noyaux
dont on a parlé, la position qu'il vient d'acquérir est toute
fortuite. L'hypothèse qu'on peut imaginer pour le développement normal, savoir, qu'aux endroits « typiques » il se dépose
toujours du matériel « typique », capable d'un développement
indépendant tout à fait déterminé, ne peut donc pas en ce
cas-ci être admise.

« Nous devons donc conclure que la cause de cette continuation « typique » de la formation des feuillets germinaux
de la moitié ovulaire qui s'est développée là première, dans la
moitié opérée, réside en des forces qui sortent des feuillets
germinaux de la première moitié.

« Nous devons donc admettre que, dans la postgénération,
la différenciation progressive s'étend, par effet d'une action
directe, assimilante et différenciante, exercée par des cellules différenciées sur d'autres moins différenciées qui leur sont contiguës.

« Dans ce dernier procès, des degrés d'action fort différents sont possibles. Il peut, par exemple, émaner des cellules différenciées une action qui « dégage » simplement le procès de différenciation, laissant que la série entière des changements nécessaires s'accomplisse toute seule, après cette première secousse. Ou bien, « chacun » de ces changements peut, non seulement recevoir de la cellule différenciée une simple impulsion initiale, mais être au contraire déterminé par elle jusque dans ses moindres détails. Et entre ces deux extrêmes on peut imaginer un nombre infini de degrés intermédiaires. Comme cependant, dans notre cas, le matériel qui se différencie d'une façon « typique » doit au contraire sa situation au hasard, c'est-à-dire qu'il a plutôt une disposition « atypique », cela me fait pencher à retenir que l'action des cellules différenciées sur les cellules non différenciées n'ait pas la nature d'un simple dégagement ou impulsion [1]. »

Ces faits de la postgénération dénotent donc, tout d'abord, que l'action du demi-embryon déjà formé sur l'autre, en voie de formation, s'exerce d'une façon continue, *pendant tout le développement* de ce dernier.

On est amené à cette conclusion surtout par le fait que, avant le commencement de la postgénération, la moitié offensée de l'œuf, ainsi que Roux le fait relever, se compose de cellules tout à fait indifférentes; il n'est donc pas possible que la première impulsion, donnée par la moitié déjà formée à la couche cellulaire de la partie à postgénérer qui lui est contiguë, suffise pour communiquer aux cellules de cette couche, jusqu'alors tout à fait indifférentes, non seulement une spécification propre déterminée, mais encore une puissance formatrice sur les autres.

En outre, Roux fait lui-même remarquer, au sujet par exemple de la postgénération des cellules ectodermiques, que, vers le milieu de la couche des cellules qui constituent les degrés de passage entre les cellules entièrement différenciées et

1. Wilhelm Roux, *Ueber die künstliche Hervorbringung « halber » Embryonen durch Zerstörung einer der beiden ersten Furchungszellen, sowie über die Nachentwickelung, Postgeneration, der fehlenden Körperhälfte*, Virchow's Archiv, Bd. 114, Oktober 1888, p. 279-282, Gesamm. Abhandl., Zw. Bd., p. 507-509.

colles qui ne le sont encore à aucun degré, « les cellules sont, il est vrai, devenues petites et leurs noyaux se colorent au carmin en rouge vif, mais elles ne possèdent pas encore la forme et la disposition voulues, et par conséquent ne sont pas encore des cellules ectoblastiques complètes ; malgré cela, *elles peuvent transmettre plus loin le stimulus pour une formation pareille à la leur.* Et ce n'est que lorsque les cellules à côté d'elles sont déjà plus ordonnées et d'une forme plus typique, qu'elles sont elles-mêmes sollicitées à leur tour à s'engager dans ces changements plus spéciaux[1] ».

A cette même conclusion, d'une action continue *pendant tout le développement*, on serait également amené par le fait de la plus grande rapidité avec laquelle procède la postgénération d'une des moitiés, jusqu'à rejoindre bientôt l'autre et à se mettre avec elle au même stade de développement.

Comme conséquence ultérieure, cette continuité d'action nous porte à supposer aussi une action à distance, exercée par le demi-embryon déjà formé sur les parties du second qui ne sont pas en contact direct avec le premier. Cette action à distance ne pourra se transmettre qu'au moyen de toutes les couches cellulaires intermédiaires qui sépareront la surface de contact des deux demi-embryons de ces parties éloignées en procès de postgénération. Il est donc fort probable que cette action, telle qu'elle part du demi-embryon déjà formé, soit soumise, pendant son trajet, aux altérations les plus différentes, par l'action de ces mêmes cellules intermédiaires qui, avant de la transmettre à d'autres, doivent elles aussi en ressentir les effets somatisateurs.

Comme conclusion, il semblerait donc que le premier demi-embryon exerce sur les parties éloignées du second, pendant tout le développement de ce dernier, une action continue, à distance et médiate.

Admettons maintenant, pour un instant, que la postgénération ne diffère pas, dans sa nature essentielle, de la génération directe ; et voyons quelles conséquences découleraient alors

1. Roux, *ibid.*, Virchow's Archiv, 265, Gesamm. Abhandl., Zw. Bd., 491.

de l'hypothèse d'une zone centrale du développement, laquelle fonctionnerait pendant l'ontogénèse normale d'une façon analogue à celle du demi-embryon déjà formé pendant la postgénération de la seconde moitié.

Les noyaux obtenus à la suite des premières divisions de l'œuf et destinés à devenir somatiques, bien qu'engendrés par ceux qui, suivant cette hypothèse, iraient ensuite constituer la zone centrale du développement, ou zone germinative effective, seraient alors à considérer, par rapport aux stimulus somatisateurs partant de cette zone, comme tout à fait analogues aux noyaux indifférents de la moitié embryonnaire susceptible de postgénération, qui reçoivent également, sans aucune préférence, tel ou tel stimulus de la moitié déjà développée, et se somatisent par conséquent de telle ou telle façon, suivant uniquement le lieu casuel où ils viennent à se trouver.

Cette indifférence réceptive par rapport aux stimulus somatisateurs de la part de ces noyaux, que nous devons cependant supposer, au commencement du moins, égaux aux noyaux qui les ont engendrés et qui iraient, selon cette hypothèse, constituer la zone germinative effective, nous amène à une deuxième hypothèse que nous avons déjà indiquée plus haut; savoir : que les énergies germinatives particulières de ces noyaux destinés à devenir somatiques soient, une fois pour toutes, réduites « au silence », c'est-à-dire à un état potentiel définitif incapable d'activation, par la supériorité que les noyaux qui sont allés constituer la zone germinative effective ou zone centrale se trouvent avoir désormais acquise.

Nous pouvons, en effet, supposer que les premiers noyaux blastomériques, bien qu'ils ne diffèrent nullement entre eux sous l'aspect qualitatif, puissent, sous l'aspect quantitatif, être fortuitement pourvus, soit à cause des circonstances spéciales de leur nutrition, soit encore grâce aux conditions particulières du protoplasma où ils se trouvent plongés, d'une quantité d'énergie différant quelque peu des uns aux autres. Et lorsque, à cause du nombre que les blastomères ont désormais atteint, et par la nature de la transformation que les énergies germinatives, correspondantes à un certain stade, et qualitati-

vement égales dans tous les noyaux, tendraient à apporter, ces
énergies seront, au moment respectif, rendues incapables de
s'activer toutes simultanément, nous devons supposer que
celles-là seules s'activeront, qui seront, ne fût-ce que de très
peu, plus grandes que les autres.

Les autres blastomères, dont les noyaux auront des énergies
germinatives désormais incapables de s'activer, ne pourront
plus se comporter dorénavant, par rapport aux stimulus des
noyaux des blastomères qui sont allés constituer la zone centrale du développement, que comme des cellules à noyaux
indifférents. Et avec la somatisation progressive de ces dernières, les énergies germinatives de leurs noyaux, demeurées
définitivement à l'état potentiel, verront diminuer par degrés,
jusqu'à disparition complète, la masse de leurs éléments
matériels spécifiques respectifs, auxquels était due, ainsi que
nous devons le supposer, la persistance de ces énergies germinatives, en puissance du moins.

Un seul cas ferait exception, celui où, au commencement du
développement ou chez des êtres inférieurs, ces blastomères
ou cellules, depuis peu en voie de somatisation, étant venus
à se trouver accidentellement isolés, ces énergies pourrai t
encore sortir de l'état potentiel, d'où elles ne seraient plus
sorties, si ces blastomères ou cellules étaient demeurés réunis
à leurs compagnons.

La possibilité de cette indifférence réceptive envers les
stimulus somatisateurs de la part de noyaux qui, pour leur
compte, s'ils se trouvaient isolés et en d'autres conditions,
posséderaient, au contraire, et manifesteraient des qualités
spécifiques bien déterminées, est démontrée par le fait que,
vis-à-vis des cas où la postgénération du demi-embryon s'accomplit par le moyen exclusivement du matériel protoplasmique et
nucléaire de la moitié offensée, il y a ces autres cas où tout le
matériel, nucléaire surtout, est fourni, au contraire, par la
moitié déjà développée.

En effet, il arrive souvent que, de la partie offensée, le
vitellus nutritif seul est utilisé; et dans ce dernier émigrent les
noyaux formés par division normale des noyaux des cellules

déjà somatisées de la moitié ovulaire développée. Et ce sont ces
noyaux émigrés qui divisent ensuite le vitellus nutritif de la
moitié offensée en autant de petites cellules indifférentes :
« Avec la formation d'un demi-embryon droit ou gauche, fait
encore observer Roux dans une étude postérieure, la capacité
d'action de la moitié ovulaire illésée n'est pas encore épuisée.
Les résultats expérimentaux particuliers que l'on a obtenus ont
permis de conclure qu'une émigration de noyaux, et peut-être
même de parcelles protoplasmiques annexes, a eu lieu, en bien
des cas, de cette moitié, et précisément de ceux d'entre ses
points qui se trouvaient avoir le contact le plus intime avec la
moitié ovulaire opérée, vers la moitié ovulaire contiguë privée
de sa propre capacité de développement. Ces noyaux se sont
distribués dans toute la grande masse vitelline. Il en est suivi,
plus tard, un fractionnement de la partie opérée, en cellules :
ce n'a cependant pas été, comme dans la division normale,
une division d'abord en deux cellules à peu près égales, et
conséquemment grandes, se divisant ensuite à leur tour chacune
en deux autres proportionnellement plus petites, et ainsi de
suite ; bien au contraire, la décomposition s'est faite du premier abord en autant de petites cellules [1]. »

C'est sur ces cellules indifférentes que la moitié déjà développée vient ensuite exercer son action formatrice. Ces noyaux,
engendrés par les cellules limitrophes de la moitié embryonnaire déjà développée, devaient pourtant posséder des qualités
spécifiques bien déterminées : les uns sortent des cellules
ectodermiques, les autres des cellules mésodermiques et endodermiques. Et si la lame médullaire, la corde dorsale, etc.,
sont déjà formées, ils sortent aussi de cellules de ces parties
embryonnaires en un stade de développement avancé. Et cependant, une fois qu'ils ont émigré et se sont éparpillés confusé-
ment dans le vitellus nutritif de la moitié offensée, ils sont
maintenant non moins indifférents, par rapport aux stimulus
formateurs qui viennent ensuite à partir de la moitié déjà for-

---

1. Wilhelm Roux, *Ueber das entwickelungsmechanische Vermögen jeder
der beiden ersten Furchungszellen des Eies*, Verhandlungen der anat. Ges.,
Wien, Juni 1892, p. 34, 35, Gesamm. Abhandl., Zw. Bd., p. 782, 783.

mée, que dans les cas où ils sont, au contraire, entièrement fournis par la moitié ovulaire offensée. Si bien que, quelles que soient les cellules de la moitié embryonnaire déjà développée par lesquelles ils ont été engendrés, ils peuvent recevoir n'importe quelle somatisation, car celle-ci ne dépend que du point casuel où ils se sont arrêtés ou ont été arrêtés, pendant leur émigration dans le plasma vitellin de la moitié ovulaire offensée.

La même chose peut donc arriver pour les noyaux blastomériques, une fois qu'ils sont venus à se trouver en dehors du groupe qui, suivant l'hypothèse susdite, irait constituer la zone centrale du développement : par rapport aux stimulus ontogénétiques qui vont dorénavant partir de cette zone, ils se comporteront comme tout à fait indifférents; bien qu'ils contiennent encore en puissance, et qu'ils continuent encore à contenir pendant un temps plus ou moins long leurs propriétés germinatives égales à celles des autres blastomères : ainsi qu'ils le démontreraient — comme ils le démontrent en effet en des expériences déterminées — s'ils étaient isolés de leurs compagnons, dont la prépondérance est la cause qui réduit maintenant « au silence » leurs propriétés germinatives.

Si les expériences de Roux, à cause justement des soins et de l'étonnante exactitude d'observation avec lesquels elles ont été exécutées, démontrent directement l'action continue, à distance et médiate que la partie formatrice exerce sur la partie formée pendant tout le développement de cette dernière, d'autres expériences viennent la confirmer par un autre chemin qui, quelque indirect qu'il soit, n'en est pas moins sûr.

Elles comprennent tous les cas où la partie emportée est régénérée par des cellules histologiquement différentes de celles de la génération normale; où même des organes ou des tissus d'origine ectodermique, mésodermique ou endodermique sont reproduits dans la régénération par des tissus ayant une origine blastodermique différente.

Il suffira pour notre but de rappeler le cas le plus typique et qui a mis l'alarme aux deux camps adversaires des épigénésistes et des préformistes, nous entendons celui de la régéné-

ration de la lentille chez les tritons, laquelle, après son extirpation, se produit des cellules de l'iris, c'est-à-dire d'un matériel
cellulaire tout à fait différent de celui dont elle se forme dans la
génération normale[1].

La double couche épithéliale de l'iris, de la prolifération
marginale de laquelle naît la nouvelle lentille, ne pourra exercer
sur la lentille en voie de formation qu'une action médiate par
voie de transmission, et cette action transmise devra en outre
être continue pendant tout le développement de la lentille
même, car les cellules de l'iris ne peuvent point conserver au
dedans d'elles en puissance, comme résidu, aucune capacité
formatrice ni aucun germe déterminatif de la lentille, vu que
dans le développement normal cette dernière tire son origine
d'un autre tissu. Il s'ensuit aussi que l'action continue, exercée
par voie de transmission par la double couche épithéliale de
l'iris pendant tout le développement de la lentille, devra à son
tour s'exercer *à distance* et *médiatement* pour tous les points
de cette lentille qui ne sont pas en contact immédiat avec cette
double couche épithéliale.

Dans ces exemples, tant de la postgénération du demi-embryon
de Roux que de la régénération de la lentille chez le triton, les
cellules qui servent comme matériel constructif se montrent
donc complètement dépourvues de toute capacité déterminative
propre et prêtes, au contraire, à se différencier et à se disposer
indifféremment de telle ou telle manière, selon qu'elles viennent
à se trouver casuellement exposées à tel ou tel stimulus formateur.

Aussi est-ce à ce point que la question biologique fondamentale se présente : Quelle est la nature de ces stimulus formateurs, de cette action continue à distance et médiate, que la
partie formatrice exerce sur la partie formée?

Tenter de bâtir, si c'est possible, quelque hypothèse touchant
cette très importante question, voilà ce que nous nous proposons

1. Voir par ex. Erik Müller, *Ueber die Regeneration der Augenlinse nach
Extirpation derselben bei Triton*, Archiv für mikrosk. Anat. und Entwickelungsgesch., XLVII Band, Erstes Heft, Bonn, Cohen, 1896, p. 23 et suiv.,
particul. 29 et 30.

justement, par les recherches que nous allons faire dans la seconde partie de ce chapitre.

2. — *Hypothèse sur la nature de l'action formatrice.*

Si dans la recherche sur la nature de l'action formatrice du développement des organismes, nous prenons comme point de départ les pluricellulaires primordiaux, simples agrégats de cellules toutes égales entre elles, nous observons que, pendant quelques stades de leur ontogénèse, la manière d'être et de procéder de leurs cellules respectives est déterminée sans aucun doute par des phénomènes de nature nerveuse, dans l'acception la plus large du mot. Des phénomènes de cette nature se produisent sans doute, par exemple, dans les petites amibes mononucléées en lesquelles viennent à se changer les spores des myxomycètes, ainsi que dans ces zoospores se déplaçant à l'aide de leur flagellum vibratile en quoi se transforment à leur tour ces amibes mononucléées. Ainsi il est certain que des phénomènes de nature nerveuse doivent de même se produire, lorsque les cellules de la *Magosphæra planula* se séparent les unes des autres et que chacune se meut librement au moyen de ses cils.

Il se présente dès lors le doute légitime que, lorsque ces cellules sont réunies en colonie, elles continuent tout de même à être le siège de phénomènes de nature nerveuse, auxquels seraient également dus les autres stades ontogénétiques de ces tout petits organismes. C'est donc à des phénomènes de même nature que nous devrons alors attribuer aussi le développement des organismes supérieurs.

A l'appui de cette hypothèse nous citerons le fait bien connu que toutes les cellules des organismes, en commençant par ces pluricellulaires primordiaux, sont unies entre elles par un réseau de ponts intercellulaires protoplasmiques.

Nous rappellerons l'exemple que nous offrent les différentes espèces de Volvox, genre d'algues inférieures consistant en une vésicule formée d'une seule couche de cellules, qui présente une très grande analogie avec le stade blastula du développe-

ment des animaux. Ces Volvox nous montrent tous une manière
d'union entre les différentes cellules de leur corps tout à fait
typique et régulière. Chez le *Volvox aureus*, par exemple, les
cellules de l'hémisphère trophique de la vésicule sont placées
dans un mucilage, dans une gélatine épaisse et molle; et chacune d'elles, outre qu'elle est armée de deux longs flagellums
vibratiles, est unie à chacune des cinq ou six cellules ses voisines par un long et mince filament protoplasmique. Dans
l'hémisphère reproducteur, les filaments protoplasmiques sont
plus nombreux; de manière que les grandes spores qui y
naissent sont mises en rapport de continuité avec chacune des
grandes cellules avoisinantes au moyen de faisceaux de trois
à six filaments. Ces unions protoplasmiques persistent même
quelque temps encore après que la spore s'est divisée en deux,
en quatre parties et même davantage [1].

Une expérience devenue désormais célèbre tendrait à montrer
que les ponts intercellulaires, comme s'ils étaient en quelque
sorte les remplaçants et les équivalents des filaments protoplasmiques vibratiles, sont sans cesse parcourus par les
décharges ou courants nerveux lancés par le noyau. C'est
l'expérience de Pfeffer :

Après avoir détaché par plasmolyse la membrane cellulaire
du corps protoplasmique nucléé d'une cellule végétale, et ayant
divisé cette dernière en une partie nucléée et une autre dépourvue de noyau, il observa que la partie nucléée seule s'entourait
d'une nouvelle membrane de cellulose. Cependant, si la partie
dépourvue de noyau demeurait unie au fragment nucléé, ne
fût-ce que par un filament protoplasmique très mince, elle
devenait, elle aussi, capable de sécréter sa petite couche de
cellulose.

Pfeffer modifia encore cette expérience de la manière suivante. Il prépara des cellules d'un Protonéma de mousse de
façon qu'une masse protoplasmique, dépourvue de noyau, fût
complètement isolée du reste de sa cellule, mais demeurât unie
au contenu nucléé de la cellule voisine par l'intermédiaire de

1. Oscar Hertwig, œuvre citée : *Die Zelle und die Gewebe*, Zw. Buch,
p. 34 et 38, fig. 16 et 17.

minces filaments traversant la cloison cellulaire. En ce cas, une membrane se formait autour du fragment dépourvu de noyau. Mais la membrane ne se formait pas, si dans la cellule voisine la cloison de séparation n'était elle-même unie qu'à une masse protoplasmique isolée et dépourvue de noyau.

Dans la formation de cette membrane cellulaire en des portions de cytoplasma énucléées, reliées par des filaments plasmatiques à d'autres portions nucléées, le maximum de la distance que Pfeffer a observé, entre la portion isolée de cytoplasma et le noyau, était de mm. 3,7. « Le noyau peut certainement, malgré cela, exercer le stimulus de formation de la membrane, à travers les filaments plasmatiques, même à de plus grandes distances. » Si le noyau demeure réuni à toute une chaîne de portions de cytoplasma énucléées, « la production de la membrane paraît, dans son ensemble, procéder du noyau d'une façon centrifuge, c'est-à-dire commencer plus tard à mesure que les portions de cytoplasma sont plus éloignées[1] ».

D'après ces expériences, on est enclin à supposer, conclut cet auteur, « que la production de la membrane cellulaire ait besoin de la transmission et de la coopération continue de certains états de mouvement et de vibration déterminés, qui irradieraient du noyau, ou, plutôt, dériveraient de l'action réciproque du noyau et du cytoplasma ».

Et Oscar Hertwig fait à son tour les réflexions suivantes : « Cette expérience prouve que l'excitation nécessaire à la formation de la membrane peut même être transmise moyennant de minces filaments unissants qui traversent la cloison interposée entre deux cellules. Rien ne nous empêche donc d'admettre que quelque chose de semblable se passe aussi pour la transmission d'autres états fonctionnels[2] ».

Dans ces expériences de Pfeffer, la formation de la membrane se manifeste indépendante de la situation et de la distance du noyau, ainsi que de la figure géométrique de la ligne de com-

---

1. Pfeffer, *Ueber den Einfluss des Zellkerns auf die Bildung der Zellhaut*, Berichte über die Verhandl. der könig. sächs. Gesellsch. d. Wissensch. zu Leipzig, 1897, p. 507.
2. Oscar Hertwig, œuvre citée : *Die Zelle und die Gew.*, Zw. Buch, p. 40, 41.

munication, soit-elle droite ou courbe de n'importe quelle façon ; et par conséquent, il est bon d'y insister, comme si cette action consistait en un courant d'excitation spécifique partant du noyau, indépendant de la figure et de la dimension du conducteur qu'elle parcourt.

Mais il est fort probable que cette décharge ou ce courant nerveux, qui se transmet de la cellule nucléée, le long du filament protoplasmique, au fragment énucléé de la cellule contiguë, continue à passer dans le fragment, lors même qu'il viendrait à être, au contraire, pourvu de son noyau, lors même donc qu'il viendrait à être remplacé par une cellule complète. Cela nous porte à admettre que, partout où il existe des unions protoplasmiques intercellulaires, les différentes décharges ou courants nucléaires viendraient à confluer le long de leurs unions respectives, et à donner lieu par là à un flux nerveux général à travers tout le réseau de ces ponts protoplasmiques, dont les mailles viendraient à avoir pour sommets les noyaux eux-mêmes. On aurait ainsi une circulation ou distribution nerveuse continue à travers tout l'organisme.

Cette supposition est appuyée par l'expérience suivante de Siegfried Garten :

De son propre bras, il se fit couper un petit disque de peau de 1 cm. de rayon, de manière à mettre à nu les faisceaux musculaires. Sans coudre la blessure, il la recouvrit d'un pansement aseptique et l'abandonna au processus de granulation. Lorsque la blessure se fut toute recouverte d'épithélium, à la réserve seulement d'un petit cercle de 1,75 mm. de rayon, on coupa de nouveau la même zone de la peau, mais en étendant l'incision jusqu'à une distance où les conditions de la peau étaient tout à fait normales.

L'observation microscopique donna les résultats suivants. A partir du centre de la blessure, on rencontre d'abord une quantité plus ou moins grande de cellules épithéliales qui avancent radialement, en guise de coins, vers le centre même, leur grand axe étant tourné vers ce dernier. Vient ensuite une zone périphérique annulaire, de la largeur moyenne de 0,45 mm., de cellules épithéliales fusiformes. Le grand axe de celles-ci est, presque sans exception, tangentiel, c'est-à-dire disposé perpendiculairement au rayon de la blessure; et leurs filaments protoplasmiques intérieurs courent parallèlement à cet axe. En correspondance de cette disposition cellulaire intérieure, les ponts intercellulaires, où se prolongent les filaments protoplasmiques, vont, pour la plupart, de sommet à sommet des cellules fusiformes, et parallèlement au grand axe de ces dernières.

Au delà de cette zone annulaire (de 2 à 2,5 mm. environ, à partir du bord épithélial intérieur), on rencontre de grandes cellules, *dans lesquelles le nombre des filaments et des ponts protoplasmiques est extraordinairement considérable*; et c'est ici que se trouvent les divisions nucléaires. C'est donc en cet endroit-ci que se forment les nouvelles cellules. Dans cette zone, les espaces intercellulaires sont plus grands qu'ailleurs : de 3 à 6 μ de large, contre 1,8 à 3 μ qui représente la valeur moyenne normale pour l'épiderme. Et c'est cette plus considérable grandeur des espaces intercellulaires qui donne aux cellules la possibilité de recevoir le surplus de liquide nutritif qui est nécessaire à leur activité plus intense [1].

Si l'on suppose, pour un instant, qu'un flux nerveux continu coure à travers les ponts intercellulaires, l'expérience trouve dans cette hypothèse son explication immédiate.

Considérons, en effet, pour mieux éclaircir notre idée, un cours d'eau donné, qui, à un certain endroit, viendrait à se partager en plusieurs branches. Tôt ou tard l'équilibre dynamique s'établira; et alors la quantité d'eau respective, qui passera pendant chaque unité de temps en chacune de ces branches, sera constante. Si nous faisons maintenant en sorte que quelques-unes de ces branches soient artificiellement obstruées, l'écoulement de l'eau devra se faire entièrement par celles qui seront demeurées ouvertes, et le débit de celles-ci sera par conséquent accru à proportion.

Supposons maintenant qu'à travers les ponts intercellulaires, par exemple de l'épiderme, il se produise un semblable flux nerveux, qui, une fois que l'organisme a atteint son âge mûr,

---

1. Siegfried Garten, *Die Intercellularbrücken der Epithelien und ihre Function*, Arch. f. Anat. und Physiol., Leipzig, 1895, p. 407-409.

serait lui aussi en équilibre dynamique. Et enlevons un petit disque de peau, de la manière que Siegfried Garten a suivie. Le flux nerveux qui passait par les filaments et les ponts protoplasmiques des cellules situées dans le petit disque de peau que nous aurons enlevé, trouvera maintenant ces chemins barrés. Par conséquent, tout le flux devra passer par les branches extérieures au petit disque et rapprochées de lui.

L'augmentation du flux nerveux dans ces branches signifiera aussi une augmentation du stimulus trophique fonctionnel qu'il exerce; de sorte que les cellules situées le long de ces branches s'accroîtront et se multiplieront plus rapidement, en constituant de cette façon la zone de reproduction caractérisée par ses nombreuses divisions nucléaires. L'activation du procès vital de ces cellules attirera, par une attraction osmotique plus intense, une plus grande quantité de liquide nutritif; exactement comme la mèche d'une lampe qui, avivée par le courant d'air, attire à elle par capillarité une plus grande quantité de liquide combustible. Et cette plus grande quantité de liquide nutritif, s'infiltrant entre une cellule et l'autre, étendra les espaces intercellulaires, de manière qu'en cette zone ils présenteront un volume plus considérable.

Au fur et à mesure que l'épiderme se reconstituera, le flux nerveux en sus du normal tendra à passer par les chemins les plus courts; c'est-à-dire que le cercle de flux le plus intense et la zone de reproduction qui s'ensuit se rapprocheront du centre de la blessure.

La disposition tangentielle des cellules de la zone circulaire, située tout autour entre la zone de reproduction et la couche granuleuse centrale, serait due au même courant de flux nerveux qui commencerait à passer par les cellules nouvellement formées et serait forcé de tourner autour de la blessure, de même, osons-nous dire, que les eaux d'une rivière autour de la pile circulaire d'un pont. La direction de l'axe des cellules serait pour cela donnée par la direction du courant.

Pour Siegfried Garten, au contraire, on aurait tout autour de la blessure, malgré le pansement aseptique, une augmentation du courant sanguin. Celle-ci provoquerait un accroissement de la pression et de la quantité du liquide nutritif du tissu. Et conséquemment on aurait une augmentation du volume des espaces intercellulaires, et un accroissement dans la formation de nouvelles cellules dans la zone de reproduction. Quant à la disposition tangentielle des cellules de la zone circulaire, il pense qu'on pourrait l'expliquer par la théorie dite du sphincter, c'est-à-dire par la contraction des ponts intercellulaires, des cellules mêmes. Cette contraction ferait tourner le grand axe des cellules dans la direction de l'effort de traction qu'elle exerce sur les cellules mêmes. Dans le même temps, en raccourcissant les zones circulaires respectives de ces cellules, elle pousserait l'épithélium vers le centre de la surface de granulation, provoquant ainsi le rétrécissement graduel de l'ouverture de la blessure [1].

L'augmentation de l'affluence du sang et la contraction des ponts intercellulaires, auxquelles cette explication a recours, auraient cependant besoin d'être expliquées à leur tour. Il faut en outre rappeler que Roux, dans ses études sur la lutte des parties de l'organisme, a démontré que l'action trophique en général est toujours due à des stimulus fonctionnels; et que la plus grande affluence des substances nutritives nécessaires est la conséquence, plutôt que la cause, de l'accroissement qui est ainsi provoqué.

Cette expérience de Siegfried Garten dépose donc fortement en faveur de l'hypothèse qu'un flux nerveux continu passe par les ponts intercellulaires. Les noyaux, en tant que foyers d'énergie nerveuse, seraient justement les sources qui l'alimenteraient et qui, dans des conditions normales, le maintiendraient invariable. En même temps, pour chaque noyau, le flux nerveux dégagé par les autres, en passant par lui, agirait comme un stimulus fonctionnel trophique, pourvu qu'il en seconde le procès vital spécifique. De sorte que, toute variation en plus ou en moins de ce flux passant par des noyaux donnés, variation due à des circonstances extérieures à ces derniers, viendrait à provoquer une augmentation ou une diminution de leur masse d'abord, et ensuite de leur nombre.

1. Siegfried Garten, *ibid.*, 409-411.

Cette augmentation de flux nerveux dans des zones données, à la suite de l'ablation de parties limitrophes, viendrait ainsi à être la cause générale de la prolifération très active de cellules, par laquelle commencent tous les phénomènes de reproduction.

Rappelons aussi, comme exemple, l'expérience déjà citée plus haut de la régénération de la lentille chez le triton : la lentille une fois extirpée, les cellules situées le long du bord circulaire de la double couche épithéliale de l'iris, d'une portion de laquelle la nouvelle lentille aura ensuite son origine, ne font d'abord qu'augmenter remarquablement en nombre[1]. Cette augmentation est donc également susceptible de trouver son explication dans le fait, que la même quantité d'énergie nerveuse, qui se partageait auparavant entre la lentille et l'épithélium de l'iris, est maintenant forcée de passer tout entière par l'iris, ce qui produit pour chacune des cellules de celui-ci un stimulus trophique proportionnellement plus grand.

Comme il s'agit ensuite d'un équilibre troublé, on conçoit que son rétablissement puisse partir et procéder de n'importe laquelle des nombreuses parties qui entourent la partie retranchée. En d'autres termes, et plus en général, on comprend que la distribution nerveuse formatrice d'un organe puisse parvenir à ce dernier, dans les cas qu'elle soit empêchée de suivre les voies ordinaires, indifféremment de tout autre côté et même de celui tout à fait opposé au normal, ainsi que cela arrive, par exemple, dans une distribution électrique ou hydrodynamique quelconque; et que, par conséquent, il soit tout à fait indifférent que la régénération de la lentille s'accomplisse par le même chemin que dans l'ontogénèse ou par tout autre.

Comme enfin nous devons retenir que la régénération n'est autre chose qu'un cas particulier de la génération, et que la nature de l'une est substantiellement identique à celle de l'autre : car, pour nous servir des mots de Delage, « la génération n'est qu'une régénération d'un organisme complet par une partie plus ou moins étendue, détachée ou non de lui[2] »;

1. Erik Müller, art. cit., 30.
2. Delage, œuvre citée : *L'hérédité et les grands problèmes de la biologie générale*, 08.

ainsi, les causes qui régénèrent la lentille du triton, ou même un simple petit disque d'épiderme emporté, doivent avoir la même essence que celles de la génération complète.

Entre les deux phénomènes il existera toutefois la différence suivante : La régénération du petit disque de peau serait due, suivant ce que nous venons de dire, à ce que le flux nerveux continu de tout l'organisme et particulièrement de celles de ses parties qui sont proches de la partie emportée viendrait à rétablir son propre équilibre dynamique que l'opération avait troublé. Si nous acceptons la loi biogénétique fondamentale dans son premier degré d'approximation, la génération complète serait, au contraire, toute une suite de passages, de la part de la circulation ou distribution nerveuse de l'organisme en voie de développement, d'un système dynamique à un autre successif, tous les deux cependant en équilibre, vu que cette circulation se trouvait déjà en équilibre également dans l'une et dans l'autre des deux formes phylogénétiques correspondantes. Pour déterminer ce passage, il faudra donc qu'à chaque stade ontogénétique il survienne, en quelque endroit du système, quelque changement soudain, qui, troublant l'équilibre qui vient de s'établir, provoquerait le passage du flux nerveux continu de l'organisme entier à un équilibre dynamique nouveau.

Si les ponts intercellulaires ont réellement la signification que nous leur avons attribuée, on comprendra combien la présence en devra être étendue dans tous les organismes et à tout stade de leur développement. Or, il est superflu de nous arrêter ici pour faire relever que c'est là justement ce que les observations histologiques toujours plus soignées sont venues confirmer pleinement.

Rappelons, par exemple, la connexion protoplasmique observée par Hammar entre les sphères de segmentation de l'œuf de l'oursin : les cellules de la blastula sont toutes ensemble revêtues par une couche protoplasmique, extérieure à la blastula même, et qui n'adhère à chacune des cellules que dans la portion superficielle de celles-ci qui est tournée vers le dehors.

Cette couche, dans certaines préparations non suffisamment protégées contre le desséchement, se détache un peu de la blastula. On voit alors de minces filaments qui s'étendent, en nombre variable et avec une disposition plus ou moins régulière, depuis le protoplasma granuleux des différents blastomères jusqu'à l'intérieur de la couche même, et produisent de cette manière une connexion multiple des différentes cellules les unes avec les autres [1].

Sedgwick a trouvé la même chose en suivant le développement des œufs du *Peripatus*. Les deux cellules qui naissent de la segmentation de l'œuf ne se séparent pas complètement, mais elles restent unies par des filaments protoplasmiques ; les deux cellules qui naissent de chacune des deux premières se comportent de la même manière, et cela continue de la sorte indéfiniment. De manière que, pendant tout le développement, depuis la première segmentation de l'œuf jusqu'à l'état adulte, toutes les cellules de l'organisme restent en communication entre elles par l'intermédiaire de ces ponts protoplasmiques. « La connexion de cellule à cellule n'est point une structure secondaire acquise dans la suite du développement, mais elle est primaire, car elle date du commencement de la segmentation [2]. »

C'est donc par ces ponts interblastomériques que s'accomplira la circulation de flux nerveux ou propagation des excitations nucléaires d'un blastomère à l'autre ; Oscar Hertwig admettait d'ailleurs qu'elle peut, tant que les cellules ne sont pas limitées par des membranes, s'accomplir même par le simple contact intime de la couche corticale des corps protoplasmiques respectifs [3].

Il est d'ailleurs inutile de rappeler l'universalité des ponts intercellulaires, non seulement entre les cellules de chaque tissu, mais encore entre des cellules appartenant à des tissus

---

1. Hammar, *Ueber einen primären Zusammenhang zwischen den Furchungszellen des Seeigeleies*, Arch. f. mikrosk. Anat. und Entwickelungsgesch., XLVII Band, Erstes Heft, Bonn, Cohen, 1896, p. 14 et suiv.

2. Adam Sedgwick, *The Development of the Cape Species of Peripatus*, Quart. Journ. of microscopical Science, XXVI, 1886, p. 198-200, 208.

3. Oscar Hertwig, œuvre citée : *Die Zelle und die Gew.*, Zw. Buch, p. 33.

différents : entre des cellules épithéliales de conduits glandu-
laires et les cellules musculaires lisses contiguës, entre des
cellules épithéliales et celles du tissu connectif, entre des cellules du tissu connectif et celles de l'endothélium, entre des
cellules musculaires lisses et celles du tissu connectif, entre
des cellules du tissu connectif et des fibres musculaires striées,
entre des fibres musculaires striées et des cellules épithéliales,
et ainsi de suite [1].

Il faut en outre remarquer que, chez les animaux, cette circulation du flux nerveux pourra et devra certainement se servir,
à partir de certains stades du développement, non seulement
du réticulé protoplasmique unissant les cellules entre elles,
mais aussi du système nerveux lui-même avec toutes ses fibres
et fibrilles, au fur et à mesure qu'il viendra à se former. Ce
qui pousserait à supposer que, dans l'organisme adulte, les
décharges nerveuses ordinaires le long des nerfs divers ne
fussent que des intensifications momentanées des courants nerveux permanents, parcourant continuellement ces mêmes nerfs.

Cette très grande étendue des voies conductrices des excitations nucléaires en général, et des ponts intercellulaires en
particulier, dans les deux règnes animal et végétal, à elle seule
vient donc fortement à l'appui, ainsi que nous le disions, de
l'hypothèse que nous soutenons d'une circulation ou distribution
nerveuse dans tout l'organisme.

Par cette hypothèse nous approchons, bien que sous certains
rapports seulement, des théories les plus modernes de plusieurs
botanistes et physiologistes qui, frappés du fait de cette connexion protoplasmique générale entre les différentes cellules,
considèrent l'organisme pluricellulaire, non pas comme une
simple association ou colonie de cellules, mais bien plutôt
comme un corps protoplasmique unique et volumineux, où les

1. Voir, à simple titre d'exemple : Heidenhain, *Ueber das Vorkommen
von Intercellulabrücken zwischen glatten Muskelzellen und Epithelzellen
des äusseren Keimblattes und deren theoretische Bedeutung*, Anat. Anzeiger,
VIII, n°° 12 u. 13, 13 mai 1893, p. 404-410; et : Schuberg, *Ueber den Zusammenhang verschiedenartiger Gewebezellen im thierischen Organismus*, Aus
den Sitzungsberichten der Phys.-Med. Gesellsch. zu Würzburg, Sitzung von
25 Febr. 1893, p. 1-8.

noyaux se trouveraient insérés de distance en distance comme
des centres ou foyers d'énergie (synergides de Sachs), et où les
membranes et d'autres substances intermédiaires ne seraient
venues produire que des divisions partielles et constituer seulement de simples éléments de soutien pour le corps de l'organisme. Selon Sedgwick, par exemple, le corps de l'animal
adulte ne serait qu'un immense syncytium, dont les noyaux ou
centres de force se trouveraient disposés sur un réticulé protoplasmique continu, unique pour tout l'organisme [1].

Nous approchons particulièrement de l'idée que Oscar Hertwig
semble avoir des unions protoplasmiques; car, s'il est vrai que
chez lui il n'est jamais question d'un semblable flux nerveux
continu et qu'il se borne à parler simplement de transmission
des excitations nucléaires, cependant celle-ci implique, à notre
avis, celui-là. Aussi bien, pour résumer notre jugement sur ces
unions protoplasmiques, pouvons-nous presque adopter celui
que nous donne cet auteur par les mots suivants :

« Il est probable que la transmission des stimulus nucléaires
par l'intermédiaire des filaments protoplasmiques soit beaucoup
moins rapide et moins intensive que la conduction au moyen
des nerfs; mais par cela même peut-être est-elle plus continue
et, en raison de sa durée, plus efficace [2]. »

Il sera ensuite inutile de nous arrêter pour faire remarquer
que le règne végétal ne s'oppose aucunement à cette conception
d'un flux nerveux continu à travers tout l'organisme, car, si les
phénomènes nerveux y sont moins apparents que dans le règne
animal, ils ne cessent cependant de constituer, comme dans
celui-ci, l'essence même du phénomène vital.

Depuis les dispositions radiées du protoplasma autour du
noyau, depuis les mouvements amiboïdes, depuis les vibrations
les cils et des flagellums, jusqu'aux phénomènes psychiques les
plus complexes, partout où est la vie, on rencontre toujours
les manifestations de nature nerveuse. En même temps, la

1. Adam Sedgwick, art. cit., *The Dev. of the Cape Species of Peripatus*,
p. 203-206.
2. Oscar Hertwig, œuvre citée : *Die Zelle und die Gew.*, Zw. Buch, p. 40.

structure à réticulé ou à fibres qu'affecte le protoplasma en général; les courants protoplasmiques, particulièrement ceux des filaments longs et très minces tels que les pseudopodes du rhizopode *Gromia oviformis* qui, par leur particularité, font douter qu'ils ne soient que la conséquence et l'effet sensible de flux correspondants d'une énergie d'une autre nature; la striation par faisceaux de lignes courbes parallèles continues, sans coudes brusques, de chaque petite couche de la membrane des cellules végétales; la formation de la membrane dans un fragment énucléé de cellule végétale, par œuvre de l'excitation nucléaire se transmettant du noyau d'une autre cellule le long d'un conducteur protoplasmique quelconque; tout dépose en faveur de l'hypothèse que l'énergie vitale nerveuse pénètre toute substance vivante sous forme de flux ou courants.

Claude Bernard avait déjà remarqué que les anesthésiques n'agissent pas seulement sur le système nerveux, mais sur les cellules de n'importe quel tissu, animal ou végétal, amortissant et suspendant également l'activité vitale de chacune d'entre elles; et il en déduisait l'identité substantielle de toutes les manifestations vitales en général [1].

Cette identité substantielle serait encore démontrée par le fait que les phénomènes d'irrito-contractilité se rencontrent également dans les deux règnes animal et végétal; et que l'on a toutes les gradations possibles de passage entre les plantes dites « très sensitives » et celles que l'on considère comme non sensitives. Les plantes particulièrement sensitives montrent toutes de très belles unions protoplasmiques intercellulaires [2].

Rappelons, en outre, les mouvements microscopiques, au dedans de la membrane, du protoplasma des cellules des organismes végétaux, lesquels légitiment la définition bien connue de Huxley, d'après laquelle la plante ne serait qu' « un animal renfermé dans une boîte de bois ».

Mais personne n'ignore que, même en dehors de ces mouve-

1. Claude Bernard, *Leçons sur les phénomènes de la vie communs aux animaux et aux végétaux*, Paris, Baillière, 1878, p. 289-290.
2. Macfarlane, *Irrito-contractility in plants*, Biol. Lect. at the Mar. Biol. Lab. of Wood's Holl, Summer Session 1893, Boston, U. S. A., Ginn, 1894, p. 189, 204.

ments microscopiques, on connaît désormais, pour les plantes aussi, différentes espèces de mouvements visibles à l'œil nu, tout à fait comparables aux mouvements réflexes des animaux; c'est-à-dire dans lesquels on peut distinguer, comme dans ceux des animaux, une région de perception et une autre de motilité, et, enfin, la transmission d'une influence de la région perceptive à la région motrice.

En laissant de côté l'exemple trop connu de la mimeuse, il suffira de rappeler, par exemple, que, pour certaines plantes, on a pu démontrer que la sensibilité des racines à la gravitation réside dans leur partie extrême, tandis que les mouvements d'inflexion de la racine même, pour reprendre sa position verticale après avoir subi une déviation, s'accomplissent en une autre région. Cela se passe d'une façon analogue pour ce qui concerne la verticalité de la tige. Mais un exemple encore plus typique nous est fourni par l'herbe *setaria*. « Elle a une manière de germination remarquable. Quand la graine germe, elle n'émet pas une simple tige cylindrique, mais une tige délicate se terminant par une partie gonflée et pointue analogue à une tête de lance. Quand un groupe de sétarias est éclairé d'un côté, il s'infléchit fortement de ce côté, et toutes les pointes de lance pointent vers la lumière. Ces pointes ne sont pourtant pas courbées, tout le mouvement d'inflexion se produit sur la tige, et, chose remarquable, ce sont cependant les pointes mêmes et non les tiges qui perçoivent la lumière. Il est facile de le prouver en couvrant les sommets de quelques tiges d'un capuchon opaque : les graines ainsi abritées restent verticales, tandis que les autres infléchissent leurs tiges vers la lumière. La partie qui s'infléchit n'est donc pas affectée par la lumière; et la partie qui est affectée ne s'infléchit pas. La petite lance est l'organe de perception, la tige la région motrice, et il est clair qu'une influence est transmise de la pointe à la tige[1]. »

Par conséquent, nous sommes non seulement autorisés mais fortement poussés à admettre, pour les végétaux aussi, une circulation ou distribution nerveuse, qui, si elle se manifeste

1. Francis Darwin, *Le mouvement chez les plantes*, Revue scientifique, 1er mars 1902, p. 265.

seulement dans ses variations, à la suite de quelque changement dans les influences extérieures, ne cessera cependant pas pour cela d'exister lorsque, l'organisme étant en état de repos, elle se trouvera en équilibre dynamique. Cette circulation ou distribution nerveuse continue constituera, alors, pour les végétaux aussi bien que pour les animaux, ce « mince et pourtant très puissant lien » unissant les parties de l'organisme en « un tout sympathique », que Lewes reconnaissait pour le système nerveux en particulier [1].

Quant aux propriétés de chacune des excitations ou courants respectifs qui constituent ce flux nerveux général, il est suffisant, pour nous, de supposer que ces derniers soient capables de manières d'être spécifiquement différentes, composables et décomposables tour à tour; nous entendons par là que deux manières d'être spécifiques puissent, par exemple, se combiner entre elles et donner ainsi lieu à une troisième manière spécifique; ou bien que cette dernière puisse se décomposer pour donner lieu aux deux manières spécifiques précédentes, ou même à d'autres différentes de celles-ci.

Bien que, pour le moment, nous ne soyons pas en état de pouvoir découvrir quelles sont effectivement ces différentes manières d'être spécifiques, nous pouvons tout de même et nous devons nécessairement les supposer comme existantes, puisqu'il faut bien que des excitations nucléaires spécifiquement différentes d'un tissu à l'autre aient lieu dans les cellules des différents tissus. Ces manières d'être spécifiques pourront consister en quelque chose d'analogue aux intensités des courants électriques continus, ou bien en quelque forme de rythmicité offrant quelque similitude, par exemple, avec celle des courants électriques alternatifs, ou bien encore en d'autres particularités que maintenant nous ne pouvons peut-être pas même concevoir. Il suffira pour nous, répétons-le, de supposer que ces manières spécifiques soient composables et décomposables entre elles selon des lois déterminées, bien que tout à

1. Lewes, *The physical basis of mind*, New edition, London, Kegan Trench Trubner, 1893, p. 61.

fait inconnues jusqu'ici. Car le fait même de l'existence de ces lois impliquera aussi l'existence de lois correspondantes régissant la circulation ou distribution nerveuse en des réseaux déterminés.

La simple supposition de manières d'être spécifiques des différentes excitations, ou décharges, ou courants nucléaires, pouvant se composer ou se décomposer entre elles, suffirait pour jeter aussitôt un peu de lumière sur les deux procédés fondamentaux qui alternent entre eux en tout développement.

Les cellules, en augmentant leur nombre pendant l'ontogénèse, donnent lieu, en effet, ou à un simple accroissement de la masse du tissu auquel elles appartiennent déjà, ou bien, par leur différenciation ultérieure, à la formation de nouveaux tissus. L'hypothèse que nous venons d'indiquer une fois admise, nous pourrons nous imaginer, bien que fort en gros, que la cause des deux procédés aussi différents entre eux consiste en quelque chose d'analogue à ceci, — où nous substituons, pour plus de clarté, à chaque couple de divisions contemporaines de deux cellules, deux divisions successives équivalentes, — savoir :

qu'il y ait simple accroissement des cellules, lorsque les jonctions protoplasmiques qui unissaient une cellule à l'autre ne sont pas forcées, par l'action de la distribution nerveuse sur ce point, à se séparer ou à se bifurquer au moment où l'une des deux cellules se divise ou après qu'elle s'est divisée, mais qu'elles se prolongent tout simplement encore d'un trait intercellulaire; de manière que les deux cellules dérivées de cette dernière viennent s'insérer, avec celle qui était cependant demeurée indivise, comme en cascade le long d'un seul et même conducteur protoplasmique;

qu'il y ait, au contraire, une différenciation ultérieure lorsque les mêmes jonctions protoplasmiques sont forcées à se diviser par la même action de la distribution nerveuse sur ce point; de manière que l'excitation ou courant nerveux passant par le noyau de la cellule qui est cependant demeurée indivise soit forcé de se bifurquer et par conséquent de se décomposer en deux courants composants, qui iront passer chacun par l'une ou par l'autre des deux cellules nouveau-nées.

Il pourra cependant encore arriver que deux cellules, amenées par leurs séries respectives de divisions cellulaires en contact l'une avec l'autre, soient poussées, grâce à la différence de leurs tensions nerveuses, à se décharger l'une dans l'autre, et à donner lieu ainsi, en même temps qu'à l'union protoplasmique ou anastomose nouvelle, à la composition de spécificités distinctes en spécificités résultantes les plus diverses.

Ce qui ferait soupçonner que la cause des deux procédés ontogénétiques fondamentaux, si différents entre eux, consiste effectivement en quelque chose d'analogue, bien que de très loin, à ce que nous venons d'exposer, c'est, entre autres, l'observation de Hansemann. C'est-à-dire qu'à chaque apparition ontogénétique de nouveaux groupes spécifiques de cellules, amenant la formation de tissus et d'organes nouveaux, on a aussi, immédiatement ou peu de temps après, un changement dans la direction d'accroissement [1].

Cette hypothèse sur les deux ou trois manières possibles d'agir de la distribution nerveuse, par rapport aux unions protoplasmiques, au moment ou à la suite de la division des cellules respectives, pourrait rendre utile, du point de vue théorique au moins, de recourir à une manière de représentation schématique des arbres généalogiques des cellules d'un organisme en voie de développement qui différerait de la manière actuelle.

Nous voulons dire qu'il conviendrait alors de construire ces arbres généalogiques de manière à représenter, non pas toutes les générations passées outre la finale, laquelle serait par conséquent donnée par les seules terminaisons des différentes branches, mais plutôt cette génération finale et actuelle seulement, qui serait alors donnée par l'arbre généalogique tout entier.

Pour arriver à cela, il suffirait que, lorsqu'une cellule du schéma se partagerait en deux, on ne marquât pas les deux cellules filles en sus de la cellule mère, en les dérivant de celle-ci par le signe habituel de bifurcation; mais que l'on marquât une

1. Hansemann, *Studien über die Specificität, den Altruismus, und die Anaplasie der Zellen*, Berlin, Hirschwald, 1893, p. 41.

seule cellule en plus; celle qui est déjà marquée pouvant rester pour indiquer la seconde des nouveau-nées.

Si en même temps il était possible de connaître, et qu'il fût par conséquent possible de représenter en un schéma ainsi conçu, la manière dont la distribution nerveuse, déjà existante sur les différents points, viendrait à agir à chaque nouvelle division cellulaire, par rapport aux unions protoplasmiques respectives, l'arbre généalogique, qu'on viendrait ainsi à construire par degrés, servirait à représenter à chaque instant l'ensemble du réseau même de la circulation nerveuse continue, tel qu'il serait pendant tel stade donné du développement.

Ce schéma, avec ses ramifications principales, dont chacune présenterait probablement beaucoup d'anastomoses entre ses branches secondaires, pourrait peut-être venir à constituer à lui seul l'explication directe de certains phénomènes, dont la cause est restée jusqu'ici une inconnue.

Ces phénomènes consistent en ce que certaines parties de l'embryon, même éloignées entre elles, semblent exercer les unes sur les autres, et malgré l'absence de toute adaptation fonctionnelle, des influences réciproques, qui déterminent ou concourent à déterminer le développement de ces parties. Et il faut ici faire expressément remarquer que ces corrélations de développement ne doivent point être confondues avec les corrélations fonctionnelles proprement dites, justement à cause de ce qu'elles se manifestent lorsque les différentes parties de l'embryon sont encore tout à fait incapables de commencer leur propre fonction.

Si l'on accepte l'hypothèse d'une circulation ou distribution nerveuse de l'organisme, telle qu'elle serait représentée par le schéma que nous venons d'indiquer, on pourrait donc essayer un commencement d'explication de ces phénomènes de corrélation, en supposant les différentes parties qui exercent cette influence réciproque comme disposées, soit sur un même embranchement ou réseau partiel du système circulatoire général; soit sur des embranchements ou réseaux partiels même différents mais divergeant, à un point donné et commun, d'une même branche principale; soit enfin, quand les parties seraient contiguës entre elles, sur des embranchements ou réseaux partiels même différents, mais pourvus de communications directes, entre quelques-uns de leurs noyaux respectifs. Tandis que l'absence de toute action réciproque analogue entre d'autres parties, même contiguës elles aussi, pourra s'expliquer d'elle-même par le manque de toute communication directe semblable entre les noyaux des deux embranchements ou réseaux partiels relatifs à ces parties, ce qui rendra ces réseaux, sous certains rapports, tout à fait indépendants les uns des autres, si en même temps ils ne divergent pas d'une branche principale commune.

« Une question fort importante, écrit Delage, serait de savoir s'il se forme des communications protoplasmiques secondaires entre des cellules voisines qui ne sont pas sœurs, mais qui ont été amenées secondairement en contact l'une avec l'autre, par exemple à la suite d'une invagination chez les animaux, ou de la greffe chez les plantes[1]. » Dans les cas où cela n'arriverait pas, on pourra donc avoir la coexistence, autonome sous certains rapports, de systèmes circulatoires partiels, quelque rapprochés et quelque enclavés qu'ils puissent être les uns dans les autres.

Roux distingue par le nom de « corrélations de différenciation » les influences réciproques de nature épigénétique qui s'établissent, en une certaine mesure du moins, ainsi qu'il l'admet lui aussi, entre cellule et cellule en déterminant ou concourant à déterminer le développement. Nous pourrons donc appeler ces embranchements ou réseaux partiels du système circulatoire général du nom de « réseaux de corrélation ». Et nous verrons que, conformément aux suppositions théoriques que nous venons de faire, bien des faits semblent effectivement prouver que chacun de ces réseaux serait capable d'une existence à lui, indépendante, dans certaines limites, des autres embranchements ou réseaux partiels.

Au nombre des phénomènes de corrélation de développement appartiennent aussi ceux qu'on nomme des accroissements compensateurs. Les expériences de Ribbert (1889) et de ses

---

1. Delage, œuvre citée : *L'hérédité et les grands problèmes de la biol. gén.*, p. 33.

élèves sur les mammifères ont montré qu'après le retranchement d'organes *non encore en fonction*, par exemple d'un tes-
ticule ou d'un ovaire juvénile ou de plusieurs glandes juvéniles
du lait, l'autre ou les autres organes égaux subissent dans leurs
parties spécifiques un accroissement à proportion, comme pour
compenser leurs compagnons absents. Ceci semblerait démontrer que les réseaux de corrélation relatifs à chacun de ces
organes égaux appariés doivent partir de quelque branche principale commune, de manière que tout le flux de cette branche,
empêché de se bifurquer comme d'ordinaire par l'absence de
l'un des réseaux, viendrait se verser tout entier sur l'organe
subsistant.

Tandis que les phénomènes de corrélation de développement
sembleraient déposer en faveur d'une circulation nerveuse continue, grâce aux liens dont ils démontrent l'existence entre
certaines parties de l'organisme et certaines autres, qui de
prime abord sembleraient devoir être indépendantes les unes
des autres, un phénomène contraire, celui de la complète indépendance formative anormale de certaines parties par rapport
à toutes celles qui les environnent, semble prouver la même
chose par une voie indirecte, car ce phénomène pourrait être
attribué à l'isolement qui se serait accidentellement produit, pour
certaines parties, de tout le reste de la circulation nerveuse, à
laquelle il appartient, dans notre hypothèse, de subordonner
et de coordonner les différents développements partiels en un
tout harmonique. « La prolifération sans limites, écrit Bard en
parlant des tumeurs, d'une cellule devenue anarchique, entrée
en révolte contre la collectivité, est due à la rupture de l'équilibre préétabli qui subordonne, à l'état normal, la prolifération
de chaque cellule aux besoins de cette collectivité »[1].

Si l'hypothèse d'une circulation ou distribution nerveuse continue générale trouve ainsi un appui dans certains phénomènes
particuliers du développement, c'est encore elle qui, mieux que
toute autre, rend compte du procédé fondamental même de
toute ontogénèse; lequel ne consiste, ainsi que l'a très bien dit

1. Bard, *La spécificité cellulaire et ses principales conséquences*, La Semaine
médicale, Paris, 10 mars 1894, p. 118.

Roux, qu'en une suite de localisations inégales de l'accroissement.

« Une région donnée s'accroît, écrit Delage, tandis que les parties voisines dans lesquelles elle est encadrée ne s'accroissent pas ou s'accroissent moins ; il faut donc, de toute nécessité, que cette région ou fasse une saillie au dehors, ou s'invagine et forme une cavité. Mais l'accroissement cesse à un moment donné dans cette région, et se transporte à une autre place, et le même phénomène se reproduit en ce nouveau point [1]. »

L'expédient morphoplastique dont se sert l'ontogénèse est donc toujours *le même*, toujours *de la même nature identique* ; et cela lors même que les tissus, déjà en partie différenciés, commencent à différer entre eux dans leurs propriétés les plus substantielles.

L'hypothèse d'un flux nerveux trophique continu étant admise, ces localisations successives, inégales de l'accroissement, s'expliqueraient d'elles-mêmes par les changements de distribution auxquels ce flux serait assujetti à chaque nouveau stade ontogénétique, pour les causes que nous allons examiner dans le chapitre suivant. Ces changements de distribution, provoquant tantôt ici tantôt là une plus grande affluence nerveuse, activeraient, aux endroits correspondants, la prolifération des cellules. D'où plus tard viendrait nécessairement à s'ensuivre l'invagination ou l'évagination voulue.

Mais les phénomènes ontogénétiques qui donnent le mieux l'impression d'une pareille distribution nerveuse trophique, laquelle changerait et se déplacerait continuellement, arrosant de préférence tantôt une région tantôt une autre de l'organisme en voie de développement, ce sont les phénomènes dits involutifs ; c'est-à-dire les phénomènes de réduction se produisant dans les tissus d'un organe qui, après s'être formé au cours de l'ontogénèse, tend à disparaître à un stade ultérieur ; par exemple, l'involution de la queue du têtard pendant la métamorphose de celui-ci en grenouille.

L'atrophie et la dégénération de la peau, de la corde dorsale,

1. Delage, œuvre citée : *L'hérédité et les grands problèmes de la biol. gén.*, p 174.

des fibres nerveuses et musculaires, par lesquelles cette involution se produit, ont été décrites particulièrement par Osborn.
Il a constaté, ainsi que Metschnikoff, une grande activité pha-
gocytique de la part de certaines cellules, avec formation de
vraies et de fausses cellules géantes. Malgré cela, il n'attribue
pas à ces phagocytes le rôle le plus important dans l'élimination du matériel. L'ensemble du procès vise, en effet, dans sa
plus grande partie, à entraîner le matériel cellulaire en procès
de désagrégement, à l'engager dans les voies lymphatiques et
sanguines, pour l'utiliser ensuite à la construction d'autres
organes et tissus propres de l'animal adulte.

Ceci indiquerait donc que la plus grande activité phago-
cytique serait, non pas la cause, mais plutôt l'effet du moins
de résistance vitale de l'organe. Cette dernière semblerait, au
contraire, être due exclusivement à ce fait, que l'organe même
serait, à ce stade ontogénétique, comme abandonné par
l'énergie particulière qui l'avait formé, qui l'avait jusqu'ici
maintenu en pleine activité vitale, et qui viendrait maintenant,
non pas à cesser, mais à se verser sur d'autres régions : cette
affluence du matériel cellulaire en procès de désagrégement
vers d'autres organes et tissus en voie de formation, semblerait en effet démontrer que, contemporainement à la diminution ou à la cessation du stimulus trophique dans une région
donnée, on aurait un accroissement de ce même stimulus dans
une autre région.

Cette utilisation, comme matériel nutritif, de la substance des
cellules qui se désagrègent est rendue nécessaire par le fait que
les animaux, pendant leur métamorphose, ne mangent presque
rien. Il s'ensuit que, si le matériel nutritif, que les parties abandonnées, grâce à leur rapidité normale de désagrégement,
pourront céder aux parties qui sont maintenant plus abondam-
ment arrosées par l'énergie trophique, sera insuffisant, la
disparition des tissus abandonnés devra s'accélérer. C'est ce
que démontrent les recherches mêmes d'Osborn relatives à
l'influence du jeûne sur la métamorphose, par lesquelles il
résulte une sensible accélération de celle-ci produite par l'ina-
nition, grâce justement à la réduction et à l'absorption plus

rapides auxquelles sont alors assujetties les parties appelées à disparaître[1].

Dans la disparition de la queue chez le têtard, on a donc une involution de tissus, non pas sénile, mais prématurée, « dans laquelle la nature détruit, d'une manière qui peut nous paraître cruelle, des cellules qui ne font que de naître ». L'hypothèse de la distribution nerveuse trophique nous semble la seule qui puisse donner une explication satisfaisante de ce phénomène.

La lutte des parties de l'organisme ne peut, en effet, être la cause exclusive de cette involution de tissus jeunes. Cette lutte ne suffit pas, à elle seule, à expliquer l'exactitude de l'époque et de la manière de production de ces involutions physiologiques. Même en admettant que cette lutte ait quelque participation effective à la production de ce phénomène, nous devrons toujours admettre, en plus, qu'un stimulus ontogénétique attiseur, comme dirait Roux, viendrait exercer à la date préétablie son action trophique sur les parties qui devraient l'emporter, tandis qu'il abandonnerait les autres, jusqu'alors favorisées, mais qui seraient maintenant condamnées à succomber dans la lutte. La distribution nerveuse trophique avec ses changements demeurerait alors au fond le facteur unique du phénomène.

Mais si les involutions physiologiques ontogénétiques sont dues au fait que la distribution nerveuse trophique abandonne une région pour se verser sur une autre, de semblables changements et déplacements de la distribution même devront alors être également la cause de toutes les invaginations et les évaginations, de tous les phénomènes ontogénétiques morphologiques en général : et avec beaucoup de probabilité, par conséquent, de ces phénomènes ontogénétiques aussi qui ne seraient pas de nature exclusivement morphologique.

Pour produire chacune de ces modifications ontogénétiques successives dans la distribution nerveuse trophique, il pourrait suffire en théorie qu'au moment voulu il s'activât, ne fût-ce que sur un seul point du système circulatoire, un seul nouveau

1. Osborn, *Alte und neue Probleme der Phylogenese*, Ergeb. d. Anat. u. Entwickelungsgesch., herausg. v. Merkel u. Bonnet, III Band : 1893, Wiesbaden, Bergmann, 1894, p. 198.

courant spécifique déterminé, différent du courant précédent sur ce même point. Ce serait justement là, ainsi que nous l'avons déjà dit, le rôle qui devrait appartenir à la zone centrale du développement. C'est donc cette zone qui sera l'objet des recherches que nous allons exposer dans le chapitre suivant.

CHAPITRE III

1. — *Phénomènes qui font soupçonner l'existence d'une zone centrale du développement.*

Le seul groupe d'organismes pour lesquels on peut dire que l'existence d'une zone centrale du développement est directe-ment démontrée, ce sont les unicellulaires, où cette zone est constituée par le noyau. Pour les pluricellulaires, ce n'est qu'indirectement que nous pouvons arriver à la même conclu-sion sur l'existence d'une zone centrale.

L'expérience a démontré, on le sait, que la condition néces-saire et suffisante du développement ontogénétique des infu-soires et de tous les organismes unicellulaires en général, c'est la présence du noyau. Ce dernier constitue donc pour eux une zone centrale effective du développement; et pour eux, l'onto-génèse consiste, par conséquent, en une vraie et propre centro-épigénèse.

Si l'on partage une amibe ou un rhizopode ou un infusoire, déjà complètement développés, en autant de fragments, celui de ces morceaux qui demeure pourvu du noyau, fût-il le plus petit de tous, est encore capable de reconstituer par une nou-velle formation tous les organes absents et de se développer encore en un individu normal; tandis que les autres fragments énucléés en sont incapables, quand même ils auraient des dimensions bien plus considérables. Par contre, des organes d'infusoires qui pour leur développement ont exigé l'action formative du noyau, deviennent sous certains rapports indépendants de celui-ci, une fois qu'ils sont formés; tels, par exemple, les cils et les vacuoles contractiles de bien des protistes qui continuent pendant un certain temps leur fonction même dans le fragment énucléé.

Rappelons surtout les expériences de mérotomie de Nussbaum et de Gruber sur les infusoires. Si l'on coupe, par exemple, un Stentor transversalement en trois morceaux, dont chacun contienne une portion du noyau moniliforme, dans l'espace de vingt-quatre heures chacun régénère sa propre partie absente. L'extrémité antérieure régénère la postérieure, et réciproquement; le morceau du milieu reforme les deux extrémités, c'est-à-dire le champ frontal assez compliqué, avec sa bouche, son pharynx, ses longs cils, etc., aussi bien que la partie postérieure plus simple. Si cependant le fragment ne contient aucune portion du micronucléus ni du macronucléus, eût-il des proportions plus grandes que celles des fragments demeurés nucléés, la régénération n'est pas même indiquée; et cela bien que le fragment reste en vie pour quelque temps encore, pendant deux ou trois jours même, complètement doué de ses facultés de locomotion, de vibration des cils, de pulsation de la vésicule contractile, de défécation, de préhension, d'ingestion et de digestion des aliments[1].

Gruber rapporte, par contre, l'expérience suivante, qui a jeté l'alarme au camp, car, selon quelques-uns, elle semblait contredire les précédentes.

Il choisit un *Stentor cœruleus* qui montrait déjà les premiers stades de la division spontanée, c'est-à-dire chez lequel avait déjà commencé la formation d'une bande ciliée péristomique latérale, et il le partagea en deux moitiés. Comme, dans ce stade, le macronucléus, de moniliforme qu'il est d'ordinaire,

1. Voir, par exemple, Balbiani, *Recherches expérimentales sur la mérotomie des infusoires ciliés*, Recueil Zool. Suisse, t. V, n° 1, 1888, p. 48-49, 51; et Verworn, *Die physiologische Bedeutung des Zellkerns*, Archiv für die gesammte Physiologie, 41 Band, Bonn, Strauss, 1892, p. 13-14.

se ramasse en forme ronde ou de haricot, ainsi Gruber parvint à l'enlever complètement de l'une et de l'autre moitié. L'amputation fut exécutée de façon à partager l'infusoire à peu près en deux moitiés telles qu'elles se seraient plus tard séparées spontanément. Dans le fragment qui contenait le péristome originaire, il suffit de la simple cicatrisation de la blessure pour redonner un individu complet. Dans l'autre fragment, qui contenait l'extrémité postérieure, la blessure se ferma également et l'extrémité antérieure poursuivit son développement, jusqu'à la formation complète du champ péristomique et de la spirale buccale[1].

Cette expérience semblait exclure que l'action formatrice du noyau comme centre du développement de l'organisme unicellulaire, vînt s'exercer d'une façon continue pendant tout le développement même. Mais les considérations qui vont suivre viennent infirmer complètement cette conclusion prématurée.

Nous devons avant tout rappeler cette autre expérience de Gruber : Il retrancha de l'extrémité antérieure d'un Stentor un petit fragment complètement énucléé contenant une petite portion de la couronne péristomique. La cicatrisation de la blessure, précédée du recoquillement ordinaire du fragment sur lui-même, eut pour effet que la petite portion de la couronne péristomique vint à se fermer, et à donner par là au fragment l'aspect d'un petit infusoire complet, qui se serait formé par voie de régénération. Que ce n'était pas là le cas, c'est ce qu'a démontré une observation plus soigneuse, par laquelle on a reconnu que le complètement n'était qu'apparent, car aucune partie effectivement absente ne s'était reproduite, et que là où l'ancienne bouche avait été enlevée il ne s'en était point formé une nouvelle[2]. C'est pourquoi on pourrait même soupçonner que quelque phénomène analogue serait cause que, une fois que les organes du champ péristomique seraient déjà tous formés dans leurs parties fondamentales, ils se disposent, dans

1. Gruber, *Ueber künstliche Tellung bei Infusorien*, Zweite Mitteilung, Biol. Centralbl., V Band, n° 5, 1er mai, p. 139-140.
2. Gruber, *ibid*, 139-140.

la moitié énucléée postérieure, à peu près comme ils l'auraient fait à la suite d'une division spontanée achevée.

Mais nous voulons bien admettre une vraie et propre continuation du développement. En premier lieu, nous devons observer qu'il n'est pas du tout certain que cette moitié postérieure fût complètement dépourvue de substance macro- ou micronucléaire. Les micronucléus, en effet, arrivent quelquefois chez le *Stentor cœruleus* jusqu'au nombre de 54 ou 66, et il est toujours difficile de les voir, *surtout chez les individus en voie de division spontanée*[1].

En second lieu, et surtout, nous devons nous rendre compte de la signification que viennent à avoir les fragments énucléés d'individus adultes persistant en vie, encore et seulement pendant quelque temps, quand on considère en même temps l'incapacité générative absolue de ces fragments mêmes. Cela ne dénote autre chose qu'une sorte de prolongement posthume temporaire de cette action spéciale, ou de cette série d'actions tant simultanées que successives du noyau, lesquelles étaient exercées par ce dernier au moment de son retranchement ou pendant les moments qui ne l'ont précédé que de peu.

Nous pouvons supposer, comme nous le verrons, que cette action posthume du noyau, ou « Nachwirkung », soit due au fait suivant; savoir, que chacun des différents courants nerveux, susceptibles d'être lancés au même instant ou à des instants successifs par le noyau dans le protoplasma, y dépose, — soit qu'il en emporte une petite portion du noyau, soit qu'il la reproduise en partie de nouveau pendant et le long de son chemin, — celle-là, d'entre toutes les substances nucléaires, qui justement lui a donné l'origine. Cette substance, une fois ainsi déposée dans le protoplasma, constituerait comme une réserve qui, bien qu'incapable d'auto-accroissement parce qu'elle se trouve en dehors du noyau, serait cependant toujours capable, en s'épuisant par degrés, de reproduire encore le même courant pendant un certain espace de temps. Elle aboutirait ainsi,

1. H. P. Johnson, *A contribution to the Morphology and Biology of the Stentors*, Journal of Morphology, vol. VIII, n° 3, Boston, U. S. A., Ginn, August 1893, p. 499.

par rapport au retranchement du noyau, aux mêmes effets que pourrait donner une propagation fort lente du courant respectif à travers le protoplasma [1].

Pour cela, on peut comprendre comment, dans l'expérience de Gruber, la zone adorale étant déjà dans un stade de formation avancé, il ait pu suffire que cette série d'actions simultanées ou successives du noyau, que le noyau même avait déjà activée dans les moments qui avaient précédé de peu son retranchement, se soit prolongée de quelque peu pour qu'elle achevât le nouveau développement déjà si avancé. Presque comme si toute la série des impulsions nucléaires successives eût désormais déjà été donnée et que, chacune de ces impulsions se propageant avec lenteur, il ne restât qu'à en voir les effets.

A l'une ou à l'autre de ces conclusions, ou de la présence non aperçue d'un micronucléus, ou de l'action nucléaire posthume, on est nécessairement amené, nous le répétons, par le fait que les fragments nucléés de l'infusoire déjà complètement développé sont seuls capables de régénération. En effet, cette faculté de réorganisation, pour ainsi dire, de la substance protoplasmique, qui va jusqu'à lui redonner en des dimensions proportionnellement plus petites la forme même de l'individu complet, ne peut certainement provenir des propriétés de la substance même qui constitue le protoplasma, d' « unités physiologiques » spécifiques de cette substance, pour lesquelles cette forme entière de l'individu serait la seule disposition d'équilibre. Cela doit être exclu, car une même quantité de protoplasma, représentant la même partie du corps de l'infusoire, mais dépourvue de noyau, ne manifeste aucune tendance à se régénérer, toute capable qu'elle est de survivre à l'amputation, même pendant quelques jours. Ce besoin de se disposer dans la forme spécifique d'équilibre ordinaire n'existe donc qu'en présence du noyau.

En même temps, le matériel qui se dispose en cette forme

---

1. Comparez l'hypothèse, analogue sous certains rapports, différente sous d'autres, de Verworn, sur l'action posthume du noyau due à une réserve de substances produites et versées à mesure par le noyau dans le protoplasma, et qui dure jusqu'à ce que la réserve même vienne à s'épuiser, dans l'article cité : *Die phys. Bedeutung des Zellkerns*, p. 90; et dans : *Die Bewegung der lebendigen Substanz*, Iéna, Fischer, 1892.

spécifique d'équilibre donnée, c'est, non pas le nucléaire, mais le protoplasmique. La substance nucléaire, sans participer elle-même au mouvement réorganisateur, provoque celui de la substance protoplasmique. Cette dernière est, sous ce rapport, tout à fait indifférente. Cela est démontré, entre autres, par l'expérience de Gruber, que les quatre fragments nucléés coupés dans un même individu moyennant une section transversale et une longitudinale, mettent tous le même temps à se réorganiser dans la forme spécifique complète et par conséquent à constituer leur zone adorale, les antérieurs, qui en contiennent déjà une portion et qu'on pourrait supposer constitués par des molécules protoplasmiques mieux prédisposées à cette formation, aussi bien que les postérieurs, les plus éloignés de la zone même [1].

Ce mouvement réorganisateur de la substance protoplasmique déjà organisée indifféremment vers n'importe quelle autre organisation différente, dépose donc fortement en faveur de l'hypothèse qu'il serait dû à une énergie formatrice particulière, à une « formgestaltende Energie », comme dirait Nussbaum, émanant du noyau, laquelle, se servant de la substance protoplasmique comme d'un simple soutien ou véhicule, comme d'un matériel constructif indifférent, serait effectivement ce qui tend à se disposer de cette unique manière donnée qui constitue pour elle le seul système possible d'équilibre dynamique. Par les considérations que nous avons exposées plus haut, nous devons soupçonner que cette énergie formatrice soit de nature nerveuse.

Cette fonction ontogénétique du noyau, que les unicellulaires nous révèlent ainsi, peut nous amener à des déductions très importantes par rapport à tous les organismes en général. En effet, les unicellulaires compliqués, à organes multiples remplissant des fonctions distinctes et indépendantes, tels que, par exemple, un *Stentor cœruleus* ou un *Paramœcium caudatum*, bien loin de différer substantiellement des pluricellulaires, leur sont comparables sous tous les rapports essentiels.

1. Gruber, *ibid.*, p. 138.

« Entre les différenciations intérieures d'une cellule complexe, dit Delage, telle que le corps de certains infusoires, et les organes de l'être pluricellulaire, je pense qu'il n'y a qu'une différence contingente, en rapport moins avec les nécessités de la différenciation qu'avec celles de la taille de l'organisme[1]. »

« Quelque grande que soit, ainsi s'exprime à son tour Whitman, la différence entre un infusoire et un animal hautement organisé, elle ne peut point être de nature qualitative. Nous pouvons retenir que les mêmes éléments vitaux servent de base chez tous les deux, seulement en des combinaisons toujours nouvelles. Cette ressemblance se manifeste fort clairement dans la correspondance de beaucoup d'organes des infusoires avec ceux des organismes supérieurs; rappelons seulement les membranelles des infusoires tout à fait analogues aux « cellules de coin », « corner-cells », du mollusque *Cyclas cornea*[2]. »

Or, nous avons déjà vu que les membranelles et leur manière respective de disposition peuvent se reproduire, quand on sectionne l'infusoire en autant de fragments nucléés, indifféremment en quelque point que ce soit du protoplasma de l'ancien individu, sous la seule action du noyau en tant que centre irradiateur de l'énergie formatrice de l'organisme entier. Il est donc probable qu'à un semblable procès de nature centro-épigénétique soient dues aussi la formation et la manière de disposition des cellules de coin du mollusque *Cyclas cornea*. Mais alors, pour tous les pluricellulaires en général, nous pouvons soupçonner que tout procès formatif, à commencer par l'ontogénèse normale, soit de nature centro-épigénétique.

A l'appui de cette hypothèse viendraient aussi, par exemple, les expériences de King sur la régénération chez l'*Asteria vulgaris*. Elles ont donné, entre autres, les résultats suivants :

Chacun des bras coupés tout près du disque peut vivre même pendant deux semaines, mais il est incapable de régé-

---

1. Delage, œuvre citée : *L'hérédité et les grands problèmes de la biol. gén.*, p. 97.
2. Whitman, *The inadequacy of the Cell-Theory of development*, Biol. Lect. at the Mar. Biol. Lab. of Wood's Holl, Summer Session 1893, Boston, U. S. A., Ginn, 1894, p. 118; et : Journal of Morphology, Boston, U. S. A., August 1893, vol. VIII, n° 3, p. 651-652, fig. 2 et 3.

nérer l'animal tout entier. Si la cinquième partie du disque demeure, la régénération peut avoir lieu en des cas exceptionnels. Les parties absentes se reforment toujours si une moitié du disque est présente.

Si l'on ampute les cinq différents bras d'un même animal par autant de sections transversales, la première tout près du disque, les autres à quatre distances différentes du disque même, la portion régénérée après un certain temps, le même pour tous les cinq bras, est plus grande pour le premier, et d'autant plus petite, pour les quatre autres, que la coupure a été faite plus loin du disque.

Cette partie régénérée, sortant du bras amputé, a une base ou section transversale bien plus étroite que celle du bras amputé lui-même; c'est signe que la régénération ne se fait pas par l'action indistinctement de toutes les parties immédiatement proches de la surface d'amputation [1].

Ces expériences sembleraient donc dénoter une zone déterminée, où le procès de régénération aurait comme son point de départ, et à l'activité de laquelle il serait principalement dû.

D'un autre côté, l'existence de cette zone centrale formatrice est implicite presque de nécessité dans les expériences mêmes de Roux, que nous avons rappelées plus haut, sur la formation des demi-embryons de grenouille.

Elles démontrent, en effet, que chaque moitié, droite ou gauche, antérieure ou postérieure, peut se développer pour son propre compte. Si l'on admet en même temps que ce développement soit toutefois complètement de nature épigénétique, c'est-à-dire qu'il soit dû tout entier à des « différenciations corrélatives » que les cellules exercent les unes sur les autres, il s'ensuit qu'au moins chaque quadrant de l'embryon devra avoir un système de réseaux de corrélation à lui, indépendant des systèmes des autres quadrants. Mais les quatre quadrants ont une zone qui est commune pour tous. Par conséquent, au moins ces quatre systèmes autonomes de réseaux de corré-

1. Helen Dean King, *Regeneration in Asteria vulgaris*, Arch. f. Entwickelungsmech. d. Org., 7 Band, 2 u. 3 Heft, Leipzig, Engelmann, 18 oct. 1898, p. 351-361, planche VIII, particulièrement fig. 11.

lation, relatifs à chacun des quadrants, devront diverger de cette zone commune.

Ceci suffit donc pour affirmer que cette dernière devra faire partie d'une zone centrale du développement, dans le sens que nous avons plus haut exposé; et que de cette zone devront partir et diverger, indépendants les uns des autres, les différents grands réseaux de corrélation ou embranchements principaux de la distribution nerveuse générale. Ces derniers se bifurqueraient ensuite en des ramifications toujours plus petites, de la même façon, pourrait-on presque dire, que les gros troncs artériels partent du cœur, pour se subdiviser ensuite continuellement jusqu'aux derniers vaisseaux capillaires.

Il conviendra toutefois d'examiner ce phénomène encore de plus près.

Nous devons admettre que chacun des deux noyaux blastomériques obtenus de l'œuf de grenouille après la première segmentation, une fois qu'il eût été complètement isolé, serait capable de donner un embryon complet. Mais, dans les expériences de Roux, la disposition du vitellus nutritif ou deutoplasma dans le blastomère illésé, se conserve, grâce à la permanence du blastomère offensé à sa place, identique à celle qui, dans le développement normal, aurait appartenu à ce même blastomère. Pour cela, de toutes les énergies potentielles spécifiques que le noyau blastomérique illésé serait capable d'activer successivement, celles-là seules commenceraient et continueraient à s'activer, qui, dans le développement normal, se seraient justement versées dans la moitié ovulaire offrant cette disposition deutoplasmique déterminée.

Il faut, en effet, songer, et nous le verrons encore mieux ensuite dans le pénultième chapitre, que l'activation graduelle des énergies potentielles spécifiques successives de la part de la zone centrale du développement, apportera nécessairement autant de modifications correspondantes dans la distribution nerveuse générale, dont chacune exigera la dépense d'une certaine quantité de travail. Cette quantité de travail sera très petite pour chacune des énergies potentielles spécifiques, lorsque son activation provoquera une très petite modification dans le système dynamique de circulation déjà existant. Ceci n'arrivera que si cette énergie spécifique s'active dans son propre stade ontogénétique, et qu'elle puisse en ce moment-là se verser dans les voies normales du système circulatoire général qui lui sont propres. Dans tous les autres cas, cette énergie ne pourra pas « se dégager » de son propre état potentiel, parce que la quantité de travail qu'elle devrait produire serait supérieure à la quantité de cette énergie spécifique contenue en puissance dans la zone centrale.

C'est pourquoi, une fois que le développement de la moitié ovulaire illésée est commencé, on comprend que la zone centrale respective, bien qu'elle soit au fond la même que dans l'embryon complet, ne vienne à activer que les énergies potentielles spécifiques propres du demi-embryon correspondant, et ne donne lieu qu'à une demi-formation.

Cette demi-formation pourrait néanmoins constituer, à chaque instant de son développement, quelque autonomes que fussent les grands réseaux de corrélation respectifs, un système incomplet et non en équilibre d'actions et de réactions nucléaires réciproques, par le fait que, à ses propres tensions nerveuses le long du plan de rupture, ne viendrait point s'opposer le système équipollent de tensions de la moitié absente. Ce système incomplet de tensions nucléaires, par lui-même non en équilibre, pourrait cependant être, ne fût-ce que provisoirement, empêché de s'équilibrer à son aise, par la disposition particulière du vitellus nutritif et par la présence de la moitié ovulaire offensée juxtaposée encore avec celle qui se développe. En effet, dès que, à cause de l'accroissement continuel de l'énergie du système nucléaire, ces digues artificielles ne suffiraient plus, et que l'équilibre viendrait à se rompre définitivement, la postgénération aurait lieu.

Il faut cependant remarquer que quelques demi-monstres, qui arrivent presque à atteindre la maturité de leur développement, sembleraient au contraire dénoter, même pour ce système incomplet d'actions et de réactions nucléaires, un équilibre effectif existant dès le commencement et se maintenant ensuite pendant tous les stades du développement. A moins que ces demi-monstres ne fussent dus, au contraire, à une auto-équilibration locale près de la surface de rupture, qui se serait produite parce que l'équilibration directe de la postgénération serait venue à manquer. L'exemple typique de ces demi-monstres, c'est le fameux *Hemitherium anterius*, sur lequel Roux insiste tant; il est constitué par un fœtus de demi-veau proche de la naissance, chez lequel il manque toute la partie postérieure du tronc, comme si elle avait été emportée par une coupe transversale [1].

Quoi qu'il en soit, un fait qui déposerait en faveur de l'hypothèse que le vitellus nutritif fonctionne comme une digue provisoire à un système d'actions et de réactions nucléaires par lui-même non en équilibre, c'est qu'on n'a des demi-embryons que de ces œufs où, comme chez les Amphibies et les Cténophores, le vitellus nutritif est abondant. Tandis que chez les animaux à œufs pauvres de vitellus nutritif et à cellules de segmentation presque égales, comme les Échinodermes et les Ascidies, ou l'on a aussitôt, du blastomère isolé, une génération complète, ou la postgénération se fait de très bonne heure [2].

Un autre fait qui dépose en faveur de cette hypothèse, c'est que, vers la fin de la période du frai, lorsque la vitalité des œufs, et conséquemment celle des noyaux blastomériques, est moins grande, la formation de demi-embryons purs s'obtient bien plus facilement [3].

Si, les théories préformistes une fois exclues, on peut dire que le fait seul de la formation de demi-embryons vient directement démontrer l'hypothèse d'une centro-épigénèse à réseaux de corrélation divergents et autonomes, cette hypothèse vient à être confirmée d'une façon indirecte par toute une série

---

1. Wilhelm Roux, art. cité : *Ueber die künstliche Hervorbringung « halber » Embryonen*, etc., Virchow's Archiv, Bd. 114, Oktober 1888, p. 135, Gesamm. Abhandl., Zw. Bd., p. 446.

2. Wilhelm Roux, *Ueber das entwickelungsmechanische Vermögen der beiden ersten Furchungszellen des Eies*, Verhandlungen der Anat. Gesellsch., Wien, 1892, p. 55-56; Gesamm. Abhandl., Zw. Bd., p. 809-810.

3. Wilhelm Roux, *Die Methoden zur Hervorbringung halber Froschembryonen und zum Nachweis der Beziehung der ersten Furchungsebenen des Frosches zur Medianebene des Embryo*, Anatomischer Anzeiger, Bd. IX, Februar 1894, p. 257, Gesamm. Abhandl., Zw. Bd., p. 954.

d'autres faits que Roux lui-même a décrits et commentés à l'ordinaire avec le plus grand soin.

Les monstres acéphales naturels ou artificiels, par exemple, et en général tous les monstres privés de parties entières de l'organisme et normaux dans le reste, dénotent qu'aucune action ou réaction formative n'est exercée par la tête ou par ces autres parties sur le reste de l'organisme. Ils déposent ainsi en faveur d'une centro-épigénèse à réseaux de corrélation indépendants, où il faut supposer que l'action formative s'irradie toute du centre vers la périphérie. Il suffit que chez tous' ces monstres privés de quelque partie, une seule partie donnée du corps soit toujours présente; savoir, le lieu de la zone centrale du développement.

Roux, dans ses recherches sur la formation des demiembryons, a observé une fois, comme exemple des corrélations mécaniques de masse dérangées par l'absence d'une moitié embryonnaire, un écartement latéral de la corde et de la partie dorsale de l'endoblaste par rapport à la ligne médiane marquée par la semi-medulla et par la partie ventrale. « C'est un fait intéressant, remarque-t-il, que les parties axiales puissent venir à se placer et à se former si remarquablement écartées l'une par rapport à l'autre. Car cela démontre encore une fois que le développement de plusieurs parties, et même de parties principales n'est pas lié à la « forme » comme telle; l'embryon ne mène point une « vie formelle[1] ». — Ce fait confirmerait l'hypothèse de réseaux de corrélation indépendants, dont le déplacement matériel n'altérerait pas leurs capacités formatives respectives, justement parce qu'il laisserait inaltérés les rapports de corrélation des différentes parties dans chaque réseau.

En outre, les déformations de figure mêmes qui intéressent l'organisme tout entier, et par conséquent aussi chacun des différents réseaux, ne sembleraient pas altérer sensiblement ces rapports intérieurs de corrélation entre les différentes parties de chaque réseau : ainsi, des œufs de grenouille ayant été

---

1. Wilhelm Roux, art. cité : *Ueber die künstliche Hervorbringung « halber » Embryonen*, etc., Virchow's Archiv, Bd. 114, Okt. 1888, p. 132, Gesamm. Abhandl., Zw. Bd. p. 442.

comprimés d'une manière continue pendant leur développement, la blastula et la gastrula ayant été fortement écrasées, tordues, ployées, il s'en développa des embryons d'un aspect intérieur et extérieur tel qu'il eût été si l'on avait d'abord laissé ces embryons se développer d'une façon normale, et qu'ils n'eussent été déformés que plus tard par la même compression[1].

« Dans le développement des œufs de grenouille il arrive très souvent, écrit encore Roux, que l'ouverture buccale de la gastrula ne soit pas encore fermée lorsque commence déjà à paraître la saillie ou bourrelet de la lame dorsale. Cet état peut même durer en partie jusqu'au moment de la fermeture du tube médullaire et de la formation des plis branchiaux. Ces formations-ci et les autres de la moitié antérieure du corps peuvent continuer à se développer de manière, à en juger du moins par l'aspect, tout à fait normale, bien que la moitié postérieure du corps affecte une forme tout à fait anormale à cause de l'ouverture susdite demeurée béante. Un autre cas qui étonne encore davantage, c'est que, lors même que la saillie ou bourrelet médullaire vient à manquer complètement, la gastrula n'en change pas moins peu à peu sa forme ronde en celle de poire, ce qui d'ordinaire n'arrive qu'après la formation du tube médullaire. Ces façons de procéder et d'autres semblables révèlent que les parties qui continuent à se développer normalement n'ont besoin, pour leur développement, ni des parties absentes, ni même que les parties arriérées se trouvent à leur même degré normal de développement. C'est-à-dire, elles dénotent que les parties à développement normal peuvent se développer toutes seules en une mesure correspondante, indépendamment de ces parties arriérées ou absentes[2]. »

« Des anachronismes de développement, poursuit Roux dans une étude successive, se rencontrent aussi dans le retard ou

1. Wilhelm Roux, *Ueber die ersten Theilungen des Froscheies und jihre Beziehungen zu der Organbildung des Embryo*, Anatomischer Anzeiger, Bd. VIII, 1893, n° 18, p. 608-609, Gesamm. Abhandl., Zw. Bd., p. 926.
2. Wilhelm Roux, *Zur Orientirung über einige Probleme der embryonalen Entwickelung*, Zeitschrift für Biologie, Bd. XXI, München, Juli 1885, p. 478-479, Gesamm. Abhandl., Zw. Bd., p. 203-204.

l'accélération du développement de chacun des feuillets l'un par rapport à l'autre. Par exemple, plusieurs embryons, d'ailleurs normaux, où le bourrelet médullaire n'a presque pas encore paru, montrent déjà dans le feuillet moyen, dans l'entoderme et dans la corde dorsale, des formations qui n'apparaissent normalement que vers le moment de la fermeture du tube médullaire. En ces cas-ci, on a donc un retard évident du développement dans le district de l'ectoblaste par rapport au développement des deux autres feuillets. On a aussi, bien qu'à un moindre degré, des inégalités dans la rapidité du développement des deux moitiés latérales du corps. Elles offrent alors l'avantage de pouvoir observer deux différents degrés de développement dans le même objet[1]. »

« Si des parties aussi grandes de l'organisme, conclut notre auteur, dans une autre encore de ses études, peuvent demeurer en arrière dans leur développement ou même manquer, sans que les autres soient pour cela dérangées dans leur développement, il s'ensuit assurément que le développement de ces dernières n'est point lié à des actions ou à des réactions réciproques avec les parties absentes. Il ne s'accomplit donc pas par les influences que toutes les parties de l'ensemble exerceraient les unes sur les autres[2]. » — Et c'est justement là ce qui se passerait en une centro-épigénèse à réseaux de corrélation divergents et autonomes.

Avec la centro-épigénèse s'accordent particulièrement les monstres doubles, à double symétrie de disposition de leurs organes. Voici comment Roux s'exprime à ce sujet : « Chez ces monstres, le morceau qui manque d'une manière également symétrique à chacun des deux individus peut être effectivement un fragment quelconque « à volonté » limité « par un plan ». Les organes sont presque tous dans leur forme normale jusqu'au plan de réunion, comme si, de deux jumeaux normaux, et seulement après leur naissance, on eût détaché, moyennant

---

1. Wilhelm Roux, art. cité : *Ueber die künstliche Hervorbr. « halber » Embr.*, etc., Virchow's Archiv, 128-129, Gesamm. Abhandl., Zw. Bd., 438.

2. Wilhelm Roux, *Ueber Mosaikarbeit und neuere Entwickelungshypothesen*, Anat. Hefte, herausg. von Merkel u. Bonnet, Februarheft 1893, p. 320; Gesamm. Abhandl., Zw. Bd., p. 859.

un plan, deux morceaux symétriques, et que les deux jumeaux mêmes eussent été ensuite réunis en juxtaposant les deux surfaces planes de la section. » — « Le fait que deux formations, bien qu'unies par une surface aussi étendue, se sont cependant développées simultanément en deux corps distincts, dont chacun est « centré » en lui-même, démontre directement qu'il n'y a point eu activation d'actions réciproques générales qui eussent tendu à faire de ces corps un tout unique[1]. »

Selon l'hypothèse centro-épigénétique, ces monstres doubles seraient dus au fait que les deux premiers blastomères, identiques entre eux parce qu'ils provenaient de la segmentation d'un seul et même œuf, seraient venus, à cause de circonstances anormales qui les auraient rendus indépendants l'un de l'autre, à constituer deux centres distincts de *ralliement*, deux zones centrales du développement. La conséquence nécessaire de l'action indépendante de ces deux centres du développement, ce serait la « centration » de chaque individu pour son propre compte. Tandis que l'identité des deux premiers noyaux blastomériques entre eux, lesquels en se multipliant iraient ensuite constituer les deux zones centrales respectives, aurait pour résultat l'identité des actions formatives partant de ces zones. Par conséquent, même les actions formatives, telles qu'elles viendraient à se produire le long de tous les points de l'un quelconque des infinis plans symétriques par rapport à ces centres, et celles-là seules qui se produiraient le long de ces plans, viendraient à être égales et contraires, et ainsi à se contre-balancer ou à s'élider. De cette manière s'expliquerait pourquoi les portions qui viennent à manquer respectivement chez l'un et l'autre individu doivent toujours être égales entre elles.

Si tous ces différents faits, qui ont fixé l'attention de Roux ou ont été l'objet spécial de ses études, viennent confirmer, les uns directement, les autres indirectement, l'hypothèse d'une centro-épigénèse à réseaux de corrélation divergents et autonomes, un appui ultérieur, encore plus indirect mais toujours

---

1. Wilhelm Roux, *ibid : Ueber Mosaïkarbeit*, etc., Anat. Hefte, p. 320, Gesamm. Abhandl., Zw. Bd., p. 859-860.

efficace pourtant, sera apporté à cette hypothèse par tout le chapitre suivant. Il tendra, en effet, à montrer que, si toute une série de faits nous force à rejeter le préformisme, toute une série d'autres faits nous force à son tour à rejeter l'épigénèse simple. Ce qui donnera par soi-même une grande probabilité d'être vraie à toute autre hypothèse, avec laquelle au contraire viendraient s'accorder l'une et l'autre série de faits.

Le fait même, enfin, de la symétrie que le plus grand nombre des organismes présentent par rapport à un point, à une droite ou à un plan, et cet autre fait de l'accroissement à ramification divergente, loi générale du développement organique, concourent à leur tour à démontrer que cette centro-épigénèse à réseaux de distribution nerveuse divergents et autonomes serait en harmonie aussi avec les phénomènes biologiques les plus généraux.

Quelqu'un pourrait objecter toutefois la difficulté de concevoir comment cette série d'énergies spécifiques s'activant l'une après l'autre, toutes sur un même point de l'organisme en voie de développement, peut donner lieu à une suite de systèmes dynamiques de distribution aussi compliqués que nous devons nécessairement supposer ceux qui constituent les stades successifs de l'ontogénèse. Pour dissiper tous les doutes à cet égard, il suffira cependant de faire attention à la simple expérience hydrodynamique suivante :

Supposons un récipient cylindrique très grand de verre, déjà en grande partie rempli d'eau à l'état de repos, et ayant un trou en un endroit quelconque de sa base. Par ce trou, et moyennant une pompe foulante convenable, faisons entrer d'autre eau avec une vitesse variant d'un instant à l'autre. Pour fixer les idées et rendre le phénomène plus visible, supposons que la vitesse varie à chaque seconde, brusquement, tantôt en plus, tantôt en moins, avec des différences de grandeur fort considérables. Les très grandes dimensions du volume d'eau existant déjà dans le récipient étant données, la série des systèmes successifs très compliqués de courants auxquels l'eau injectée donnera lieu à chaque instant, à cause du choc et des rencontres de ses nouvelles masses survenantes avec les précédentes, et que nous pourrons rendre en partie visibles en colorant au préalable l'eau même à injecter, dépendra de toute la série, et seulement de cette série de vitesses différentes avec lesquelles on aura fait entrer cette eau dans le récipient.

Une série donnée d'actions dynamiques, qualitativement égales mais quantitativement différentes, partant successivement et toujours du même point, peut donc donner lieu à une succession de systèmes dynamiques, d'une configuration aussi compliquée qu'on peut se l'imaginer. Des séries différentes, c'est-à-dire où les variations quantitatives de la même action dynamique se succéderaient d'une manière différente, donneront lieu à des systèmes dynamiques de configuration différente aussi.

Nous pourrons, pour cela, comparer, bien que fort en gros, cette eau qui entre dans le récipient toujours par le même trou et avec une vitesse différente à chaque instant, à la série de courants nerveux de différente spécificité qui, selon notre hypothèse, seraient successivement lancés dans le soma en voie de formation ou dans la grande masse du jaune d'œuf, par l'action de la substance germinale, toujours du même et seul point de l'organisme, qui viendra de cette façon à constituer la zone centrale du développement.

Resterait à ce point la question touchant l'ubication probable de cette zone centrale. Mais, tout importante qu'elle est, nous n'aurons pas besoin de nous y arrêter longtemps.

Il faut d'abord et avant tout remarquer en thèse très générale que, pour le règne végétal, et pour les plantes supérieures en particulier, on doit retenir que la feuille constitue le vrai individu, et que par conséquent elle est due à une centro-épigénèse à elle. La fleur ne serait alors que le produit de nombreuses centro-épigénèses dépendantes les unes des autres. Les activités respectivement simultanées ou de peu successives de centres multiples, et l'action réciproque de ces centres les uns sur les autres suivant leur position respective, seraient ce qui modifierait chacune des centro-épigénèses, de manière à lui faire produire, par exemple, au lieu de la feuille ordinaire, ici un pétale, là un pistil.

Il n'est même pas impossible qu'un centre, ou un groupe donné de ces centres, peut-être même à cause de sa position particulière, devienne, pendant le cours ou au terme des centro-épigénèses particulières produisant les différentes parties de la fleur, relativement à tous ses autres compagnons et, par ricochet, relativement à toute la fleur même, le centre dirigeant d'un développement ultérieur; de sorte que l'on aurait, pour tout le développement de la fleur, ou pour une partie du moins de ce développement, une centro-épigénèse du second degré.

Par analogie, on peut concevoir la possibilité de centro-épigénèses d'un degré quelconque même supérieur au second.

« Il peut arriver, écrit Le Dantec, que l'individu sexué soit d'un ordre plus élevé que l'individu asexué, et provienne de l'individualisation d'une agglomération de parties ressemblant à des individus asexués. La chose est discutable chez les Méduses; elle ne l'est pas chez les Phanérogames. Une fleur correspond morphologiquement à une agglomération à forme fixe de parties ressemblant aux individus asexués de la plante. Gœthe avait déjà signalé cette particularité. L'individu asexué d'un végétal c'est l'entre-nœud muni d'une feuille et d'un bourgeon axillaire; la fleur est beaucoup plus complexe [1]. »

Des centro-épigénèses d'un degré supérieur au premier peuvent ainsi expliquer la transformation graduelle de simples colonies d'individus (coralliaires, ancêtres des actuels échinodermes), en des organismes plus complexes, tendant toujours plus à une individualisation propre. On expliquerait aisément par là la transformation, par exemple, des individus primitifs de la colonie en les organes de cet organisme, graduellement toujours plus différents les uns des autres (siphonophores). Avec l'accroissement de la centralisation (annélides, arthropodes), la centro-épigénèse du second ou de n'importe quel degré viendrait à s'approcher, avec une approximation toujours plus grande, d'une centro-épigénèse de nouveau simple ou du premier degré.

« La gastrula, ajoute encore Le Dantec, unité morphologique

1. Le Dantec, *Traité de Biologie*, Paris, Félix Alcan, 1903, p. 413.

d'ordre plus élevé que la cellule, peut elle-même bourgeonner
des gastrulas, comme la cellule bourgeonnait des cellules. Ce
bourgeonnement peut se faire en une direction toujours la
même, et l'on a alors des associations linéaires de gastrulas,
comme dans les vers, les arthropodes, etc.; ou bien il se fait
dans tous les sens, et l'on a alors des associations ressemblant
à des plantes, par exemple, les colonies de Polypes hydraires
ou coralliaires; il peut se faire radialement, et l'on a alors
les échinodermes. Les vertébrés eux-mêmes seraient le résultat
d'une association individualisée, d'une série linéaire primitivement comparable à un ver annelé. C'est la théorie du poly-
zoïsme humain de Durand de Gros et Edmond Perrier [1]. »

Cela étant dit, l'ubication probable de la zone centrale du
développement dans les différents types d'organismes n'exigera
pas d'être traitée ici d'une façon spéciale.

Le lieu où nous devrons la supposer, situé naturellement
dans le plan de symétrie de l'organisme, ressort déjà et res-
sortira toujours mieux comme par lui-même de tout ce que nous
avons dit jusqu'ici et de tout ce que nous allons exposer par la
suite. Il importe seulement de faire observer ici, que cette zone
ne devra point être imaginée comme un tissu à soi, nettement
séparé des tissus somatiques environnants; mais plutôt comme
une simple partie non distinguable d'un tissu, dont les fonctions somatiques particulières soient telles qu'elles prédisposent
mieux cette partie à la fonction déterminante du développement, et du reste duquel elle vienne à différer par des passages
graduels insensibles.

Nous avons déjà dit que l'hypothèse centro-épigénétique
rend nécessaire de distinguer la zone germinale effective, ou
vrai lieu d'origine de la substance germinale, de la zone germinale apparente, qui ne serait autre chose que le lieu de réception de la substance éliminée ou sécrétée par la zone germinale
effective, et le lieu de formation, au moyen de ce matériel, des
cellules sexuelles respectives. Tandis que nous devons supposer
que la zone germinale effective ne soit que la zone centrale du

---

1. Le Dantec, *ibid.*, p. 412.

développement, il est clair que la zone germinale apparente pourra, au contraire, se trouver en un endroit quelconque de l'organisme.

En thèse générale, pour les végétaux supérieurs, la zone germinale apparente des cellules asexuées du bourgeonnement et celle des cellules sexuelles féminines sembleraient coïncider à peu près avec l'effective, c'est-à-dire, avec la zone centrale de la feuille et de la fleur respectivement.

Ainsi s'expliquerait le phénomène jusqu'ici incompréhensible des Xénies, dans lequel, comme on sait, à la suite d'une fécondation hybride, la fleur prend souvent, dans sa forme, sa grandeur, sa couleur, et dans la structure de ses tissus, les caractères de la variété à laquelle appartenait le pollen; dans lequel, c'est-à-dire, ainsi que l'avait déjà remarqué Darwin lui-même, « l'élément mâle, en harmonie avec sa fonction, affecte non seulement le germe, mais aussi différentes parties de la plante mère, et cela de la même manière dont il affecte les mêmes parties du rejeton séminal dérivant des deux mêmes parents [1] ».

Pour les animaux pluricellulaires, partons de cette considération fort simple que, s'il y a une zone centrale du développement, il est bien probable que, dans tous les cas où les blastomères présentent une rapidité de multiplication différente, elle soit formée par les blastomères à multiplication la plus rapide. En effet, cette plus grande rapidité de division dénotera, dans la plupart des cas, une vitalité ou énergie plus grande, qu'elle soit provoquée par la plus grande richesse de protoplasma, ou par toute autre condition spéciale favorisant la nutrition. Et cette plus grande énergie devra faire en sorte que les cellules respectives viennent à prendre la prépondérance sur les autres.

« La zone, écrit Oscar Hertwig, où se trouvent les cellules embryonnaires les plus petites et qui se divisent le plus rapidement, devient le lieu de l'invagination gastrulaire; elle devient

1. Darwin, œuvre citée : *The var. of animals and plants under domestication*, eight impression of the second edition, vol. I, London, Murray, 1889, chap. XI, p. 433.

ainsi comme un centre fixe de cristallisation pour le développement animal ultérieur[1]. »

Mais ces blastomères sont ceux qui ensuite, dans les vertébrés par exemple, vont constituer le tube médullaire et plus
tard la moelle.

Or, nous verrons précisément que tout semblerait nous mener
à la conclusion que, chez les animaux à système nerveux distinct,
la zone centrale est constituée par la partie la moins différenciée
du système nerveux même ; probablement, chez les vertébrés,
par la partie axiale intérieure la plus profonde de la moelle.
Celle-ci, ayant achevé son œuvre déterminante du développement, viendrait à constituer, à titre de fonction somatique à
elle propre, nous dirions presque le lieu de répercussion ou de
contre-coup amorti des infinies activités nerveuses différentes
de tout le reste du système nerveux même, ou plutôt de l'organisme tout entier.

Comme nous l'avons déjà dit, c'est de ce que nous avons
exposé jusqu'ici et spécialement de tout ce que nous allons
encore exposer, que cette ubication de la zone centrale ressor-
tira comme d'elle-même. C'est pourquoi nous pouvons maintenant passer à examiner, bien que très rapidement, la question
de la composition et de la structure probables de la substance
qui constitue cette zone, substance qui ne sera donc autre chose
que la germinale. Ceci nous amènera à dire un mot de la différence, non pas substantielle, mais d'un ordre secondaire, par
laquelle il est probable que les noyaux germinaux se distinguent
des somatiques.

2. — *Hypothèse sur la structure de la substance germinale.*

Nous avons vu que, suivant l'hypothèse centro-épigénétique,
l'ontogénèse peut se réduire à une série de modifications dans
la distribution nerveuse générale de l'organisme. La loi de
Hœckel, dans son premier degré d'approximation, étant donnée,

1. Oscar Hertwig, *Zeit- und Streitfragen der Biologie, Mechanik und
Biologie*, Iéna, Fischer, 1897, p. 180.

nous devons cependant supposer, nous l'avons déjà dit, que cette distribution nerveuse constitue par elle-même, à chaque stade ontogénétique, un système dynamique en équilibre, parce que cette même distribution était en équilibre dans l'espèce ancestrale correspondante. Pour déterminer le passage d'un système dynamique à l'autre, il faut donc qu'à chaque nouveau stade ontogénétique il s'active, dans la zone centrale, une nouvelle énergie spécifique, laquelle dérangeant l'équilibre dynamique qui vient de se former provoque le passage à un équilibre dynamique nouveau.

Cela nous porte à supposer que la substance germinale soit constituée d'une quantité de parcelles matérielles, dont chacune serait propre à activer seulement l'énergie nerveuse spécifique respective. Nous pourrons appeler chacune de ces parcelles matérielles du nom d'éléments potentiels spécifiques.

Quant à la possibilité qu'il y ait des substances propres à contenir respectivement à l'état potentiel, non seulement des formes déterminées d'énergie, mais des manières d'être spécifiques différentes d'une même forme d'énergie, c'est ce que nous devons ici admettre provisoirement; sauf à reprendre plus loin la question pour mieux l'éclaircir et y appuyer plus fortement.

Il importe seulement de faire remarquer ici que l'analyse chimique des parcelles matérielles du noyau qui contiennent effectivement la masse héréditaire, pourrait bien difficilement nous fournir quelque lumière sur la diversité éventuelle des différentes substances qui composent l'ensemble de la substance germinale. Car elle ne peut donner, pour le moment du moins, que la composition du résidu, homogène peut-être, en quoi viendront à se désagréger ou à se décomposer toutes ces substances composantes, une fois que la vie en aura cessé.

Suivant le plus grand nombre des biologistes, nous pourrons retenir nous aussi que la masse héréditaire, et par conséquent l'ensemble des éléments potentiels spécifiques, soit contenue et distribuée, pendant ce qu'on appelle intervalle de repos, dans les granules de chromatine disposés à la façon des grains d'un chapelet sur le réticulé nucléaire; et, pendant la mitose, dans les chromosomes, et précisément dans ces petits disques de chromatine que le filament chromatique, en quoi vient à se contracter le réticulé nucléaire avec ses granules, présente souvent superposés l'un à l'autre et séparés l'un de l'autre par autant de couches divisives de linine.

Nous devons cependant faire observer que cette manière de disposition dans le noyau des différents éléments potentiels spécifiques n'aura quelque importance pour nous que par rapport à la division nucléaire ; car nous devrons retenir, d'accord avec les épigénésistes, ainsi que nous le verrons bientôt, que celle-ci se fait d'une manière qualitativement toujours égale.

Elle n'aura, au contraire, aucune importance pour nous par rapport aux effets qu'elle aura sur l'activation sériellement ordonnée de ces éléments. De ce dernier point de vue nous pourrions même supposer ces éléments disséminés et mêlés n'importe comment dans le noyau germinal.

En effet, nous l'avons déjà dit, l'activation de chaque élément potentiel spécifique dans le stade ontogénétique respectif ne dépendra point de sa position par rapport aux autres; mais plutôt de ce fait que, dans ce stade seulement, son activation n'exigera que la dépense d'une quantité de travail modérée, non supérieure à la quantité d'énergie que l'élément même contient en puissance. Tandis que son activation en un autre stade quelconque, à cause de la modification bien plus grande qu'elle apporterait dans la distribution nerveuse déjà existante, exigerait une quantité de travail supérieure à celle qui pourrait être exécutée par la quantité d'énergie que l'élément contiendrait emmagasinée.

L'hypothèse centro-épigénétique d'une seule zone limitée contenant la substance germinale, et l'autre qui s'ensuit touchant la structure de cette substance germinale comme constituée par une quantité de parcelles matérielles différentes représentant chacune un élément potentiel spécifique à soi, soulèvent la question, que nous avons déjà indiquée au premier chapitre, de la somatisation nucléaire.

Admettons, en effet, l'existence d'une zone centrale germinale, distincte du soma. N'oublions cependant pas que tous les noyaux proviennent par division du premier, celui de l'œuf. En admettant, par conséquent, avec les épigénésistes, la division nucléaire qualitativement égale, les noyaux appelés à devenir somatiques devront au commencement être égaux à ceux qui viendront au contraire constituer la zone centrale du développement. Comment se fera donc la somatisation nucléaire des cellules qui iront constituer tous les différents tissus du corps?

Il se présente tout d'abord la question préjudicielle : Devons-nous vraiment admettre cette division nucléaire qualitativement toujours égale? Ou devons-nous, au contraire, retenir, avec les préformistes, qu'outre les divisions nucléaires égales on peut avoir aussi des divisions inégales? Nous pensons que sur ce point il est impossible de ne pas donner raison aux épigénésistes.

Il n'existe aucune observation qui fasse supposer, même de loin, une division nucléaire qualitativement inégale. « L'étude soigneuse de la division longitudinale des chromosomes, écrit Strasburger, ne peut absolument suggérer que l'idée d'une division égale, plutôt qu'inégale; pour admettre cette dernière tout point d'appui reposant sur les faits nous fait défaut [1]. »

Tout en laissant de côté les preuves indirectes, qui sont les mêmes qu'on peut alléguer contre le préformisme, conséquence implicite de la division inégale, deux ordres de faits déposent surtout, d'une façon directe, contre cette dernière.

Premièrement, elle ne se fait jamais en aucun noyau du très vaste royaume des unicellulaires et des pluricellulaires primordiaux, simples colonies de cellules toutes égales les unes aux autres; car l'hérédité démontre d'une façon directe que la division nucléaire se fait en eux d'une manière toujours parfaitement égale.

Mais ce sont surtout les expériences tant de fois répétées et si vivement discutées sur le déplacement respectif et sur l'isolement des blastomères, qui démontrent directement que la division nucléaire se fait d'une manière égale même dans les premières segmentations de l'œuf. Rappelons, par exemple, les

---

1. Strasburger, *Ueber periodische Reduktion der Chromosomenzahl im Entwickelungsgang der Organismen*, Biol. Centralbl., XIV Bd., nᵒˢ 23 et 24, Leipzig, 1 et 15 déc. 1894, p. 835.

expériences de Chabry sur les Ascidies, celles de Wilson sur l'*Amphioxus*, celles de Herbst sur la séparation des blastomères de l'oursin moyennant la simple addition de chlorure de potassium à l'eau de mer ordinaire; de Driesch sur l'*Echinus microtuberculatus*, d'Oscar Hertwig sur les œufs de grenouille, de Raphaël Zoia sur les méduses, et ainsi de suite. Ces expériences dans lesquelles un des premiers, ou un des quatre premiers, ou des huit, ou des seize, ou des trente-deux premiers blastomères donnait, une fois isolé, un embryon entier parfaitement formé, seulement de dimensions plus petites à proportion, ou bien dans lesquelles les blastomères, déplacés n'importe comment d'une façon permanente les uns par rapport aux autres, donnaient tout de même un développement tout à fait normal, constituent la démonstration la plus décisive qu'on eût jamais pu désirer de ce que dans les successives divisions blastomériques les noyaux demeurent tous égaux au premier, celui de l'œuf d'où ils proviennent.

Tandis que, comme nous l'avons déjà vu, les cas opposés de formations de demi-embryons ou d'embryons incomplets, à la suite de la séparation ou de l'occision de l'un des deux premiers ou de quelques-uns des premiers blastomères, se produisant toujours et seulement dans des œufs riches en deutoplasma, n'impliquent point que le noyau ou les noyaux demeurés pour former ces embryons partiels doivent être différents du premier, celui de l'œuf.

Nous examinerons en son temps, au chapitre suivant, les hypothèses subsidiaires, très compliquées et insoutenables, auxquelles ont dû recourir les partisans de la division inégale, pour tâcher de mettre d'accord avec leur hypothèse principale qui les excluait par elle-même, soit ces expériences sur l'isolement et le déplacement des blastomères, soit encore les autres faits offrant le même genre d'incompatibilité, tels que la postgénération et la régénération. Il nous suffira ici de citer et d'adopter la conclusion que sur ces expériences a donnée Oscar Hertwig; savoir, « qu'il est évident que le fait qu'on peut pratiquer ces déplacements et isolements des blastomères sans nuire au produit du développement n'est possible qu'à la condition que tout noyau ait les mêmes caractères que les autres, c'est-à-dire que tous les noyaux dérivent du noyau de segmentation par voie de division intégrale [1] ».

Observons que, pour rendre cette dernière matériellement possible même en un noyau germinal constitué par d'infinies parcelles matérielles différentes infiniment petites, c'est-à-dire pour permettre la division de chacune de ces parcelles ou substances en les deux noyaux fils, il suffirait qu'elles se disposassent pendant la mitose dans les différents petits disques de chromatine du filament chromatique en autant de petites couches transversales l'une sur l'autre, précisément dans la même disposition selon laquelle ces petits disques se présentent dans le filament chromatique lui-même.

La division nucléaire qualitativement toujours égale étant ainsi admise, nous devons à notre tour nous demander : Est-ce qu'elle implique vraiment que les noyaux de toutes les cellules doivent se conserver pendant tout le développement toujours égaux entre eux?

Avant de répondre à cette question, nous devons résoudre cette autre question préjudicielle : Devons-nous exclure, avec les épigénésistes, ou admettre, avec les préformistes, la somatisation nucléaire?

De même que pour la première question préjudicielle il nous a semblé impossible de ne pas donner raison aux épigénésistes, de même nous semble-t-il pour cette seconde question également impossible de ne pas donner raison aux préformistes. Nous ne répéterons certainement pas ici tous les arguments par lesquels ils soutiennent leur thèse. Dans leur partie substantielle, ils peuvent se résumer par les mots suivants de Weismann :

« La chromatine imprime à la cellule dans le noyau de laquelle elle se trouve, un caractère spécifique. Comme les milliers de cellules qui composent l'organisme possèdent des caractères tout à fait différents, ainsi la chromatine qui y préside ne peut pas être partout égale, mais elle doit, au contraire, être différente pour chaque espèce de cellules.

1. Oscar Hertwig, œuvre citée : *Die Zelle und die Gew.*, Zw. Buch, p. 69.

« La diversité des fonctions que manifestent les différents groupes de cellules du corps nous force à supposer en elles une substance active différente aussi. Les cellules sont donc des centres de force différents, desquels la substance déterminante doit être différente elle aussi, ainsi que sont différentes les forces mêmes qu'ils développent [1]. »

Les épigénésistes sont, au contraire, enclins à admettre, comme on sait, que toutes les cellules somatiques de l'organisme indistinctement aient des noyaux identiques constitués par le même idioplasma. Oscar Hertwig arrive même à affirmer que toute cellule somatique, s'il était possible de la mettre en des conditions qui la rendissent capable de s'alimenter et de se conserver en vie par elle-même séparée du reste de l'organisme, pourrait fonctionner comme cellule germinale [2].

Et certains faits, fournis tous par les organismes inférieurs à spécialisation de tissus pas fort prononcée, paraissent leur donner raison.

Si l'on place un fragment de *Begonia phyllomaniaca* sur le terrain dans l'air humide, après en avoir coupé les nervures en différents endroits, après quelque temps on trouve dans le voisinage de chaque blessure une ou plusieurs petites plantes nouvelles. Un fragment quelconque d'hydre ou de méduse possède la faculté de reformer l'animal tout entier, sans accroître sa masse, mais plutôt par une différenciation et un arrangement nouveaux des cellules déjà existantes.

Or, une théorie qui admettrait, à côté de la division nucléaire égale, une graduelle et lente somatisation nucléaire, par l'action d'une zone déterminée qui seule demeurerait constituée par la substance germinale, concilierait les différents faits les plus contradictoires qu'ont rapportés tantôt les épigénésistes, tantôt les préformistes.

Du reste, Oscar Hertwig qui, comme nous venons de le voir, est un partisan déterminé de l'égalité idioplasmatique de tous

---

1. Weismann, *Das Keimplasma, Eine theorie der Vererbung*, Iéna, Fischer 1892, p. 43, 268.
2. Oscar Hertwig, œuvre citée : *Die Zelle und die Gew.*, Zw. Buch. p. 304-305.

les noyaux, semble lui aussi admettre, en un autre endroit, la possibilité d'une certaine somatisation nucléaire : « L'hypothèse d'une division nucléaire qualitativement égale n'implique pas l'autre, que la substance idioplasmatique du noyau doive pour cela être quelque chose d'immuable.... Les idioplasmas de tel groupe de cellules ou de tel autre d'un organisme, lesquels, à la suite de l'ubication et de la fonction différentes qui leur sont échues dans le tout différencié par la division du travail, se trouvent durablement en des conditions inégales par rapport aux autres, peuvent recevoir en une certaine mesure l'empreinte d'un caractère local [1]. »

Si nous admettons que chaque nouveau courant spécifique qui traverse un noyau donné, y dépose la même substance qui aurait été propre à produire, et qui sera à l'occasion propre à reproduire ce même courant spécifique, — hypothèse que nous nous réservons de mieux exposer ensuite, — nous pourrons concevoir la somatisation nucléaire comme une acquisition graduelle d'éléments potentiels spécifiques somatiques toujours nouveaux.

Le fait que toute cellule, tant que la différenciation n'en est pas trop prononcée, peut, à l'occasion, pourvu qu'elle soit isolée de ses compagnes, s'élever au rang de cellule germinale, indiquerait que ces nouveaux éléments somatiques, qui seraient ainsi acquis peu à peu, ne feraient d'abord que s'ajouter simplement aux éléments germinaux déjà existants, sans cependant les altérer, mais les réduisant seulement à cet état potentiel d'où, en des conditions normales, ils ne sortiront désormais plus.

En d'autres termes, nous devons supposer que tous les éléments germinaux persistent inaltérés dans les noyaux en voie de somatisation, jusqu'à ce que le nombre ou la masse des éléments somatiques acquis dépassent une limite donnée. Une fois cette limite dépassée, au contraire, ce seraient alors les nécessités mêmes de la nutrition ou de l'espace qui viendraient à faire disparaître peu à peu les divers éléments

1. Oscar Hertwig, œuvre citée : *Zeit- und Streitfragen der Biologie, Präf. oder Ep.?* Iéna, Fischer, 1894, p. 142-143.

germinaux, et à faire perdre ainsi au noyau respectif toute capacité générative.

De plus, les éléments somatiques mêmes que chaque noyau a progressivement acquis, un à un, à chaque stade successif du développement, une fois que l'ontogénèse serait achevée, et le noyau étant alors exposé toujours au même courant spécifique, ou au même groupe limité de courants spécifiques de l'état adulte, viendraient également à disparaître peu à peu, pour ne laisser la place qu'au petit ou très petit nombre des derniers éléments somatiques dont la masse s'accroîtrait toujours plus. La cellule perdrait ainsi par degrés son aspect indifférencié embryonnaire, pour s'affirmer toujours plus décidément dans ses caractéristiques somatiques définitives.

Tandis que, pour Weismann, entre les noyaux germinaux destinés à conserver la masse héréditaire tout entière, et les noyaux somatiques que les premiers ont seulement pourvus des fragments de cette masse héréditaire qui sont indispensables à leur fonction, il y aurait une opposition fondamentale, et que le passage ontogénétique des uns aux autres se produirait d'un coup par un saut brusque au commencement même du développement; dans l'hypothèse centro-épigénétique, au contraire, il n'existerait aucune différence substantielle entre eux, parce qu'ils ne différeraient que par le nombre et par les spécificités des éléments potentiels respectifs, et le passage des uns aux autres s'effectuerait graduellement et lentement. Ce passage, en outre, ne serait dû, nous le répétons, qu'à l'acquisition, de la part des noyaux destinés à devenir somatiques, d'éléments potentiels spécifiques toujours nouveaux, qui, s'ajoutant d'abord simplement aux éléments germinaux déjà existants, finiraient, à cause des nécessités mêmes de la nutrition et de l'espace, par les faire disparaître peu à peu et par se substituer enfin complètement à eux.

Sans avoir besoin de recourir à l'hypothèse subsidiaire d'u. idioplasma de réserve ou à toute autre aussi compliquée, on expliquerait de cette manière comme par lui-même le fait, fréquent dans le règne végétal, de la possession de la capacité germinale de la part de cellules, qui appartiennent pourtant à des tissus somatiques déjà parvenus à un certain degré de différenciation.

On expliquerait aussi aisément qu'un fragment quelconque d'hydre ou de méduse se réorganise de manière à redonner, sans aucune augmentation correspondante de sa masse, l'individu entier.

Comme, en effet, la différenciation histologique chez l'hydre n'est pas fort prononcée, nous pouvions même *a priori* nous attendre à ce que, dans toutes ou presque toutes ses cellules, les éléments potentiels spécifiques germinaux coexistassent, encore au complet, avec les somatiques, spéciaux pour chacune des cellules, et acquis par elle pendant le développement. L'isolement du fragment de tout le reste de l'organisme arrêtant la distribution nerveuse générale, il devra avoir pour conséquence de réduire à l'état potentiel définitif les éléments somatiques qui étaient en activité dans l'individu entier, et de mettre ainsi les éléments germinaux en condition de se réactiver. Ainsi donc, la cellule ou le groupe de cellules qui par leur vigueur auront la prépondérance sur les autres, formeront alors, par rapport à ces dernières, la zone centrale du développement ; et la distribution nerveuse, en passant ainsi de nouveau par toute la série ordinaire des stades ontogénétiques, se fera de nouveau dans le fragment telle qu'elle était dans l'individu entier.

Ce sont souvent les circonstances extérieures qui déterminent lesquelles des cellules du fragment doivent aller constituer la zone centrale. Ainsi, si du tronc de l'hydre on retranche en même temps l'extrémité de la racine et celle de la tête, suivant que l'on replante le fragment ainsi obtenu avec sa surface d'amputation inférieure en bas, ou qu'on le retourne de manière que l'extrémité qui portait la tête du polype soit maintenant fichée dans le sable de l'aquarium, la tête se reproduira respectivement ou au même pôle qu'auparavant, ou au pôle originairement aboral.

Une activation analogue de nouveaux centres de développement, à la suite d'ablations, de coupures ou d'autres circonstances anormales quelconques, sur les points les plus différents de l'organisme, lesquels en voie normale auraient continué à constituer des portions somatiques particulières de ce dernier, serait également propre à expliquer les phénomènes semblables de l'hétéromorphose en général.

Quelquefois deux groupes distincts de cellules semblent comme lutter entre eux pour arriver à constituer la zone centrale du développement, et y parvenir l'un aussi bien que l'autre, en donnant par là lieu à des monstres doubles. Ainsi, si du tronc de l'hydre on retranche de même et la racine et la tête, et que l'on suspende le fragment libre horizontalement dans l'eau, il se forme une tête à chacune des deux extrémités.

D'une façon analogue, Morgan, dans ses expériences sur la régénération de la *Planaria maculata*, a obtenu une fois, d'un fragment qui avait été retranché moyennant deux sections transversales, deux têtes, l'une à l'extrémité antérieure, l'autre à l'extrémité postérieure [1].

Cette activation simultanée de deux centres du développement peut se faire aussi au commencement de l'ontogénèse dans les cellules mêmes de la blastula : « Pour des causes qui échappent encore à notre connaissance, il se produit souvent, dans les œufs de poissons, deux invaginations gastrulaires, au lieu d'une, en des points séparés de la blastula. Selon la position réciproque de ces deux invaginations, qui peuvent être qualifiées comme les points de cristallisation pour le développement ultérieur, les cellules embryonnaires de la blastula sont respectivement entraînées dans l'un ou l'autre procès de développement, amenées en une position réciproque bien déterminée, et utilisées dans la formation d'organes distincts [2] »

La *Planaria maculata* que nous venons de citer peut servir à représenter le point de passage entre les animaux chez lesquels toutes les cellules somatiques indistinctement conservent intacte leur capacité générative, et ceux chez lesquels, au contraire,

1. Morgan, *Experimental studies on the Regeneration of Planaria maculata*, Arch. f. Entwickelungsmech. d. Org., VII Band, 2 u. 3 Heft, Leipzig, Engelmann, 18 Okt. 1898, p. 381, 395.

2. Oscar Hertwig, œuvre citée : *Zeit- und Streitfragen der Biologie*, Präf. o. Ep.?, p. 60.

quelques tissus commencent à toucher à ce degré de spécialisation au delà duquel cette capacité est perdue. Morgan a trouvé,
en effet, que l'extrémité antérieure du corps située devant les
yeux, une fois amputée, est incapable de régénérer l'animal ;
tandis que, si l'amputation est faite derrière les yeux, on a le
développement d'un nouvel individu. Lors même que l'on partage en deux ces derniers fragments le long de leur plan de
symétrie, chacune des moitiés demeure capable de reproduire
l'organisme entier. De même, des fragments pris aux régions
latérales ou postérieures du corps produisent de nouveaux vers,
quand même ils seraient plus petits que le fragment pris au
devant des yeux et incapable de régénération. Cela démontre,
conclut Morgan, que l'incapacité de régénération de ce dernier
fragment n'est pas à attribuer entièrement à ses petites dimensions, mais à quelque autre facteur, et peut-être justement à la
plus grande spécialisation de l'extrémité antérieure [1].

Un autre fait qui déposerait en faveur d'une somatisation
nucléaire s'accomplissant graduellement pendant le développement, c'est que le pouvoir de régénération diminue avec l'âge,
car il est bien plus grand dans les embryons que dans les
adultes. Tandis que, par exemple, chez une grenouille adulte,
les extrémités coupées ne se régénèrent point, Barfurth a
démontré que pendant les premiers stades du développement
cette régénération se fait d'une manière complète. Et Roux a
trouvé que les moitiés mêmes, latérales ou antérieures, d'embryons de grenouille très jeunes, une fois amputées, se recomplètent entièrement en quelques heures [2].

D'un autre côté, s'il est très vrai que la régénération de la
lentille chez le triton, par l'action de tissus différents de ceux
qui lui donnent origine pendant l'ontogénèse, exclut à elle
seule le préformisme, elle n'est cependant nullement contraire
à une somatisation nucléaire même la plus complète. Cette
dernière étant admise, le passage de certaines cellules des

1. Morgan, art. cité plus haut, p. 366, 371, 395.
2. Roux, *Ueber die verschiedene Entwickelung isolirter erster Blastome-
ren*, Arch. f. Entwickelungsmech. der Organismen, 1895, I Band, 4 Heft,
p. 614.

propriétés d'un tissu à celles d'un autre indiquerait seulement la possibilité que des noyaux somatisés d'une certaine manière, sous l'action qu'exerceraient sur eux les excitations autres qu'à l'ordinaire des noyaux environnants, ou la façon d'être anormale sur ce point de la circulation nerveuse générale, viennent à se somatiser d'une manière différente, par l'acquisition graduelle d'autres éléments potentiels spécifiques somatiques différents des précédents. Par lui-même ce passage est bien loin d'impliquer que tous les noyaux des diverses cellules soient composés d'un même idioplasma identique.

Et cette prétendue identité idioplasmatique nucléaire chercherait en vain un appui plus solide dans les expériences sur la greffe végétale et animale.

Pour que ces expériences puissent déposer en faveur d'une telle hypothèse, il faudrait qu'elles démontrassent une affinité ou « harmonicité », comme dirait Vöchting, plus grande entre tissus différents d'un même individu ou d'individus d'une même espèce, qu'entre tissus égaux d'espèces différentes. Or, cette démonstration n'est fournie par aucun exemple de greffe animale.

On a, il est vrai, les exemples de transfusion du sang, ne réussissant point quand elle est faite d'un animal d'une espèce à un autre d'espèce différente, tandis qu'elle réussit parfaitement entre animaux de la même espèce. On a les expériences de Bert sur la transplantation réussie d'un fragment de queue d'une souris dans le tissu cellulaire sous-cutané d'une autre partie du corps du même animal, ou d'un autre individu de la même espèce ou d'une espèce voisine, ainsi que *Mus decumanus* et *Mus rattus*; tandis qu'elle ne réussit pas entre des espèces plus éloignées, telles que *Mus rattus* et *Mus sylvaticus*. On a les expériences d'Ollier et Schmitt sur les transplantations de fragments du tissu osseux, réussies d'un endroit du corps à un autre du même individu ou d'un autre individu de la même espèce, et non réussies quand elles ont été faites entre individus de différentes espèces [1].

---

1. Oscar Hertwig, œuvre citée : *Die Zelle und die Gew.*, II, p. 24 et suiv.

Mais toutes ces expériences dénotent seulement qu'il y a plus d'affinité entre les parties *d'un même tissu ou de tissus semblables* quand elles appartiennent à des individus de la même espèce ou d'espèces voisines, que quand elles sont prises à des individus d'espèces différentes. Elles ne dénotent point qu'entre parties *de tissus différents*, pourvu qu'elles soient prises au même individu ou à des individus de la même espèce, il y ait plus d'affinité qu'entre parties d'un même tissu prises à des espèces différentes.

D'un autre côté, les expériences de Joest ont démontré la possibilité de véritables « greffes hétéroplastiques » chez les Annélides, chez lesquels il est aisé d'obtenir des transplantations même entre espèces différentes. Contrairement aux expériences d'Ollier et Schmitt que nous venons de rappeler, la transplantation sur l'homme de portions du tissu osseux et du tissu corné empruntées à des mammifères carnivores ou rongeurs a complètement réussi. On est même parvenu, comme on sait, à greffer un ergot de coq sur l'oreille d'un bœuf. Et M. Born, dans ses célèbres expériences, est parvenu à transplanter des parties déterminées d'embryons assez jeunes de *Rana esculenta* sur les parties complémentaires d'autres embryons, non seulement de la même espèce, mais aussi d'espèces différentes (*Rana fusca, arvalis* et *esculenta*) et même de genres différents (*Rana esculenta* et *Bombinator igneus*) [1].

Toutes ces expériences montrent que la plasticité, ou capacité de transformation, de la substance organique vivante, s'étend bien plus loin qu'entre les seuls individus de la même espèce. Elle ne peut par conséquent pas s'expliquer par l'identité idioplasmatique nucléaire qui, en tout cas, ne pourrait exister que pour les tissus d'un même individu et pour les individus d'une même espèce.

Ce sont plutôt certaines greffes végétales qui sembleraient déposer en faveur d'un idioplasma nucléaire unique identique

---

1. Voir, par exemple, Oscar Hertwig, *ibid.*, 25 ; Delage, œuvre citée : *L'Hérédité*, etc., p. 114 ; G. Born, *Ueber Verwachsungsversuche mit Amphibienlarven*, Leipzig, Engelmann, 1897, p. 146 et suiv.

pour toute la plante. En effet, si l'on opère sur des plantes de
la même espèce, on parvient à obtenir la greffe de parties mises
même en des rapports anormaux, telle, par exemple, la greffe
d'une racine sur une feuille. Tandis que quand il s'agit de
réunir, même en des rapports tout à fait normaux, des parties
de végétaux appartenant à des espèces différentes, le résultat
de la greffe n'est pas certain, et souvent elle ne réussit pas.

Or, ceci peut s'expliquer par le fait que chez de nombreuses
espèces de végétaux, ainsi, que nous l'avons vu, presque toutes
les cellules gardent la faculté reproductrice. Ce qu'on appelle
« affinité végétative » pourrait, donc, n'être autre chose que
l'effet direct de la permanence de la totalité des éléments
potentiels spécifiques germinaux, en sus des somatiques spéciaux pour chacun des divers tissus, dans tous ou presque tous
les noyaux qui ne dépassent pas un certain degré de différenciation.

En tirant la conclusion de tout ce que nous avons dit jusqu'ici, on a à résoudre le paradoxe apparent que voici : D'un
côté, il semblerait que, d'accord avec les épigénésistes, on doive
rejeter, comme inadmissible et comme réfutée par les faits,
une division nucléaire qui pendant le même développement
devrait être tantôt intégrale, tantôt partielle tour à tour, et
n'admettre à sa place qu'une division nucléaire qualitativement
toujours égale. De l'autre côté il paraîtrait que, d'accord avec
les préformistes, on doive exclure une substance nucléaire
identique pour toutes les cellules d'un même organisme, et que
l'on doive accepter, au contraire, l'hypothèse d'une effective
somatisation nucléaire. Il s'ensuit que cette somatisation
nucléaire ne pourra s'accomplir que graduellement et seulement
par un procès de nature épigénétique.

Mais une fois qu'on a admis la division nucléaire égale et la
somatisation nucléaire graduelle par un procès de nature épigénétique, il s'ensuit nécessairement l'hypothèse d'une centro-épigénèse. En effet, si les noyaux des cellules des différents tissus
du corps finissent par se somatiser complètement, il est certain
qu'au contraire une portion déterminée des noyaux qui constituent l'organisme ne se somatise point : c'est la partie destinée

à fournir la substance germinale aux cellules reproductrices. Et si les premiers noyaux se somatisent par un procès de nature épigénétique, ce procès, bien qu'il entraîne tout l'organisme, doit laisser les seconds inaltérés. Cela ne sera possible que dans le cas où ce même procès serait dû à des actions ayant leur point de départ dans la zone des noyaux germinaux, et dont l'activation par l'action de ces derniers se ferait de manière à ne pas en altérer la substance germinale respective.

La continuité de la substance germinale, la spécificité des cellules et la nature épigénétique du procès de formation des organismes, — ces trois conceptions qui, séparément, une à une, trouvent faveur auprès du plus grand nombre, — impliquent donc, si elles sont coexistantes, celle d'une centro-épigénèse.

Un autre fait, qui n'a peut-être pas été observé autant qu'il le méritait, viendrait à l'appui de l'hypothèse que le procès du développement, non seulement soit de nature épigénétique, mais qu'il soit en outre dû à des actions partant sans cesse et successivement d'un point extérieur à toutes les parties indistinctement qui varient, et qui serait au contraire par lui-même invariable : c'est la tendance élastique, non seulement à subir sans dommage des déformations, mais aussi à revenir à la manière d'être normale dès que l'action déformatrice a cessé, tendance que les organismes en voie de développement possèdent en une mesure bien plus grande que les adultes. C'est justement cette plus grande élasticité de l'organisme jeune qui fait que ce dernier est *bien moins plastique* que l'organisme adulte.

Or, c'est là ce que l'hypothèse centro-épigénétique permettrait de déduire même *a priori*. Suivant cette hypothèse, en effet, l'organisme jeune est plus élastique parce que, toutes les cellules étant moins spécialisées, elles sont d'autant plus facilement disposées à prendre n'importe quelle nouvelle caractéristique somatique qui leur sera imposée. Pour la cellule non spécialisée, ou à peine aux premiers stades de la spécialisation, il est indifférent que le stimulus somatisateur soit l'ontogénétique, provenant par voie indirecte ou médiatement de la zone centrale, ou bien le fonctionnel provoqué par le milieu extérieur. C'est elle qui est vraiment plastique. Par conséquent le soma jeune serait plastique lui aussi, n'était la zone centrale du développement qui exerce sur lui une action formatrice incessante. Cette action, lors même qu'elle est plus faible que le stimulus fonctionnel du milieu extérieur, et conséquemment impuissante à lui résister, a cependant l'avantage d'être, à différence de celui-ci, continuellement en action; et de gagner par conséquent le terrain perdu dès que l'action du milieu ambiant vient à cesser.

Par contre, les cellules du soma adulte sont moins plastiques, parce qu'elles sont déjà remarquablement spécialisées. Mais toute modification, que leur faible plasticité rend possible en elles, demeure, parce que l'action contraire de la zone centrale du développement a désormais cessé. L'organisme adulte est beaucoup moins élastique, mais, dans les résultats durables, il est plus plastique que le jeune.

Et c'est précisément là, ainsi que nous le disions plus haut, ce que viennent confirmer autant les faits les plus communs de la vie de tous les jours que les expériences embryologiques les plus délicates : Des modifications remarquables qui briseraient l'organisme adulte, sont au contraire fort bien supportées par l'organisme jeune. Et ces modifications peuvent être d'autant plus remarquables, sans aucun dommage, que l'organisme est plus près des premiers stades embryonnaires. Mais, d'autre part, les mêmes faits soigneusement examinés nous apprennent, nous le répétons, que plus l'organisme est jeune, plus grande est sa force d'élasticité, qui tend, dès que l'action modificatrice a cessé, à le ramener à son état primitif. C'est ainsi que, par exemple, un trauma ou une fracture quelconque ne sont jamais aussi préjudiciables à l'enfant qu'à l'adulte; mais c'est également ainsi que, à parité d'intensité et de durée dans l'action éducative de modification des tendances innées, les résultats de celle-ci sont d'autant plus durables que l'enfant a plus grandi.

Cette élasticité du développement a été démontrée par Roux, avec son soin habituel, de la manière suivante :

Dans une de ses expériences sur les effets que les déformations passives ont dans les premiers stades du développement, il parvint à plier dans leur enveloppe de gélatine, en les

serrant entre deux aiguilles, quelques embryons de grenouille :
« Si après la déformation les aiguilles étaient tout de suite
éloignées, l'embryon reprenait immédiatement sa forme primi-
ive. Si, au contraire, elles étaient maintenues en place pendant
quelques heures, la déformation acquérait d'abord un certain
caractère de permanence; car, si elle finissait par disparaître
celte fois aussi, c'était cependant seulement au bout de plusieurs
heures. Preuve qu'une adaptation intérieure à la nouvelle
forme avait déjà commencé. Et cette adaptation disparaissait
de nouveau au cours du développement ultérieur, par l'action
peut-être des mêmes forces d'accroissement tendant à constituer la forme normale et que la déformation n'avait que pour
un temps empêchées d'agir [1]. »

Roux donne à cette élasticité dynamique du développement
le nom de « mécanisme d'auto-régulation ». Observons, encore
une fois, que le manque de cette élasticité chez les organismes
adultes, qui sont en revanche plastiques par rapport aux actions
déformatrices un peu persistantes du milieu, dénoterait que ce
mécanisme ne fonctionne que pendant la vie embryonnaire. Or,
dans l'action continue exercée par la zone centrale du développement on aurait précisément un semblable mécanisme d'auto-
régulation, actif pendant toute l'ontogénèse et n'ayant plus
aucune action une fois le développement achevé.

Un autre exemple de l'élasticité dynamique du développement,
non moins caractéristique, sous certains rapports, que le précédent, a été observé plusieurs fois par Roux dans la postgénération de ses demi-embryons : « Dans la postgénération des
feuillets blastodermiques, on observe que des cellules vitellines
trop jeunes aux noyaux non encore colorables par le carmin,
ou même des résidus de substance non encore cellulée, font
obstacle à l'avancement de la différenciation. La formation du
feuillet continuant son progrès, elle est déviée vers l'intérieur
ou bien partagée en deux couches. Après avoir tourné autour
de cet obstacle, la différenciation reprend aussitôt sa route

1. Wilhelm Roux, *Zur Orientirung über einige Probleme der embryonalen
Entwickelung*, Zeitschr. f. Biol., Bd. XXI, München, Juli 1885, p. 515-516,
Gesamm. Abhandl., Zw. Bd., p. 245.

normale : voilà encore un procédé tout à fait incompréhensible dans son essence [1]. »

Ce procédé ferait presque songer par analogie au courant électrique qui, incité par la force électromotrice de la pile à passer de l'une à l'autre des deux plaques fichées dans le sol, dévie de la ligne droite et tourne autour de l'obstacle lorsqu'il rencontre sur son chemin des corps moins bons conducteurs que la terre.

Bornons-nous ici à faire observer que ce procédé nous aide à expliquer l'interpolation de quelques formations ou stades ontogénétiques nouveaux (placenta, et semblables) dans la série des stades ontogénétiques anciens, sans que les termes antérieurs ni les postérieurs, ni même le dernier terme de cette série ancienne, viennent à être sensiblement altérés :

« Nous avons sujet de retenir, écrit Orr, que la manière d'accroissement pour quelque période particulière du développement, peut être secondairement changée sans altérer radicalement l'accroissement antécédent ni le successif. On peut citer, comme un exemple de cela, les organes et les modifications embryonnaires qui rendent l'embryon apte à accomplir un développement partiel dans le corps du parent et lui permettent d'en recevoir la nourriture, par exemple, le placenta [2]. »

Ces organes et ces modifications embryonnaires qui ont pu s'interpoler dans la série des stades ontogénétiques, sans l'altérer dans le reste, on peut donc les citer peut-être, eux aussi, comme une preuve que les organismes en voie de développement sont élastiques mais non plastiques, tandis que les adultes sont plastiques et non élastiques.

A ces faits on peut encore ajouter cet autre, que la grande accumulation de matières vitellines dans la cellule-œuf, tandis qu'elle exerce une grande influence sur les premiers stades du développement, finit cependant par n'en avoir aucune sur les autres. « L'organisation de l'œuf, écrit Hertwig, qui repose

1. Wilhelm Roux, *Ueber die künstliche Hervorbringung « halber » Embryonen*, etc., Virchow's Archiv, Bd. 114, Oktober 1888, p. 276, Gesamm. Abhandl., Zw. Bd., p. 501.
2. Orr, *A Theory of Development and Heredity*, New York, Macmillan. 1893, p. 210.

sur la disposition du deutoplasma, n'est, en dernière analyse, dans le procès du développement, qu'un facteur subordonné, de nature secondaire et passagère. » « Des œufs d'animaux appartenant à des branches différentes peuvent présenter un type de segmentation et des formes embryonnaires initiales semblables, tandis que des œufs d'animaux appartenant à des groupes voisins d'une même branche se segmentent selon un type tout à fait différent, et montrent des différences extraordinaires dans leurs blastulas et leurs gastrulas. Pendant les premiers stades du développement, la distribution des éléments vitellins dans l'œuf imprime donc, à la segmentation, à la blastula, à la gastrula, etc., un caractère tout spécial; mais elle n'a aucune influence sur l'essence même de l'espèce animale, ni, par conséquent, sur la formation d'une espèce animale déterminée [1]. »

On a donc ici des développements qui, altérés dans leurs premiers stades par l'action qu'exercent les matières vitellines, reprennent ensuite leur cours normal, comme s'ils n'avaient pas subi cette altération. En d'autres termes, la substance vitelline n'altère le développement normal que temporairement, seulement aussi longtemps que son action continue à se faire sentir. Ce fait est analogue, au fond, à celui que mettent en évidence les expériences citées plus haut sur le déplacement des blastomères; expériences où, ces blastomères étant, par exemple, contraints de se ranger tous dans un plan, parce qu'on les a comprimés entre deux lames, ils reprennent dès qu'ils sont délivrés leur disposition normale. L'un et l'autre de ces faits constituent ainsi une nouvelle confirmation de cette capacité auto-régulatrice ou élastique du développement qui trouve dans la centro-épigénèse son explication la plus adéquate.

L'hypothèse centro-épigénétique implique encore, ainsi que nous avons vu, que la distribution nerveuse, en chaque stade du développement, constitue par elle-même un système en parfait équilibre dynamique; et que ce système n'est troublé

1. Oscar Hertwig, œuvre citée : *Die Zelle und die Gew.*, II, p. 265-266.

dans son équilibre, et forcé à s'équilibrer en un système différent qu'à la suite de l'activation de la part de la zone centrale
d'un élément potentiel spécifique nouveau. Aussi, est-ce de
cette supposition que nous sommes parti pour bâtir notre
hypothèse.

Il s'ensuit que, lorsque l'activation des éléments potentiels
spécifiques, successifs à un stade donné, est empêchée par des
circonstances anormales déterminées, le développement s'arrê-
tera, sans que l'organisme, demeuré de cette manière à un stade
ontogénétique arriéré, cesse pour cela de constituer un système
dynamique en parfait équilibre.

Or, ces arrêts, transitoires ou définitifs, d'un développement
donné sont très fréquents; bien plus fréquents qu'on ne le
croit communément. Tous les phénomènes dits de réversion
atavique appartiendraient à cette catégorie. Les métamorphoses
mêmes ne seraient, au fond, à l'exception de certains phénomènes caractéristiques et remarquables qui sont venus s'ajouter
ensuite, que des arrêts de développement pareils, qui reprennent
ensuite leur marche dès que les conditions du milieu, et par
contre-coup donc celles de l'organisme, sont redevenues favorables à cette reprise.

Comme exemple typique de ces arrêts du développement on
peut indiquer celui, bien connu, des salamandres aquatiques
ou tritons. Ces batraciens urodèles, à un stade donné de leur
ontogénèse, vont à terre, perdent leurs branchies et s'habituent
à la respiration pulmonaire. Si toutefois on les empêche de
faire cela en les tenant dans un vase fermé, ils ne perdent pas
leurs branchies. Elles se maintiennent au contraire, et le triton
s'arrête pour toute sa vie au degré inférieur de développement
que ses proches parents, les perennibranches, ne dépassent
jamais.

L'hypothèse centro-épigénétique, telle qu'elle a été déduite,
dès le commencement, de la loi biogénétique fondamentale dans
son premier degré d'approximation d'une répétition intégrale
de la phylogénèse de la part de l'ontogénèse, implique aussi que,
chez deux espèces dérivant d'une espèce ancestrale commune,
la série des éléments potentiels spécifiques soit identique jus-

qu'au stade ontogénétique correspondant à cette espèce ancestrale, et que les deux espèces aient au contraire deux séries
respectives d'éléments différentes au delà de ce stade.

Il s'ensuit que, dans les croisements, le développement
pourra très bien se poursuivre tant que les deux séries d'éléments germinaux seront identiques, et qu'il devra au contraire
s'arrêter lorsque, par leur diversité même, les éléments respectifs, qui chercheront à s'activer en même temps, se feront
obstacle les uns aux autres. Et cet arrêt de développement
devra donner à l'organisme l'aspect même de l'espèce ancestrale commune. De plus, certains éléments germinaux relativement trop faibles par rapport aux autres et pour cela
incapables désormais de s'activer pendant l'ontogénèse de
l'organisme pur sang, pourront, s'ils sont communs aux deux
espèces, en s'additionnant, et grâce à l'affaiblissement contem-
porain des autres qui sont au contraire différents dans une
espèce et dans l'autre, venir à acquérir l'énergie nécessaire à
leur activation, et faire ainsi paraître dans le croisement certains caractères ancestraux, que les deux espèces actuelles ne
présentent plus en aucun de leurs stades ontogénétiques.

De cette manière, par cet arrêt du développement au stade
ontogénétique au delà duquel les éléments germinaux respectifs des deux espèces cessent d'être égaux entre eux, on
explique, donc, de la manière la plus directe possible, comment il se fait que tous les hybrides présentent les phénomènes
de la réversion atavique que nous avons rappelée plus haut.

« Le produit d'un croisement de deux espèces, écrit Orr,
peut continuer son développement tant que les deux impulsions
héritées sont égales; mais lorsque les deux impulsions commencent à pousser l'accroissement en des directions opposées,
le développement doit cesser. Cela explique pourquoi la progéniture imparfaitement développée d'une espèce croisée ressemble à une forme ancestrale [1]. »

Ainsi, on sait que chez le mulet il paraît souvent, aux
jambes antérieures et aux épaules, une zébrure marquée qui

---

[1]. Orr, œuvre citée : *A Theory of Dev. and Heredity*, p. 230-231.

chez le cheval, ainsi que chez l'âne, ne se voit que très rarement et n'est en général que très faible, mais qui doit être précisément attribuée à la forme souche des deux espèces. Du croisement de certaines races de pigeons, il naît des petits ayant le plumage ardoisé du pigeon sauvage, bien que les races employées pour le croisement offrent une coloration toute différente; il est cependant démontré que ces races dérivent justement de cette race sauvage. De même les métis des canards domestiques rappellent le canard sauvage. Et un métis d'un cochon allemand et d'un japonais est venu à ressembler absolument au sanglier. Les bâtards de *Datura ferox* avec *Datura lævis*, tous deux à fleurs blanches, possèdent régulièrement des fleurs bleues; et Darwin démontre que cela doit être considéré comme un retour à une forme ancestrale à fleurs bleues. L'instinct de couver, qui est si souvent perdu chez les poules domestiques, reparaît toujours chez leurs métis. Les métis des canards manifestent des instincts migrateurs. Le mulet est plus difficile à dompter complètement que l'âne ou que le cheval [1].

Tous ces exemples nous paraissent donc constituer la démonstration la plus sûre, que les stimulus ontogénétiques de deux espèces dérivant d'une espèce ancestrale commune, doivent être égaux entre eux pendant toute une première longue série de stades du développement, et commencer seulement à devenir différents dans les stades ultérieurs. C'est là précisément ce que suppose l'hypothèse centro-épigénétique, bien mieux, ce qu'aucune autre hypothèse n'est parvenue jusqu'ici à expliquer.

En outre, l'hypothèse centro-épigénétique nous dit que plus l'espèce ancestrale commune sera éloignée, plus la série des éléments germinaux égaux viendra à s'abréger. Or, il est connu que Morgan, par exemple, a obtenu des hybrides avec des œufs d'*Asterias* fertilisés avec du sperme d'*Arbacia*, qui appartient au genre *Echinus*. Les deux parents appartenaient donc, non seulement à deux genres, mais à deux classes différentes. Ces hybrides n'ont toutefois jamais dépassé la phase

---

1. Darwin, œuvre citée : *Animals and plants under domestication*, II, p. 13-21 : *Crossing as a direct cause of reversion*, et 254.

larvaire *pluteus*, qui ne représente que l'un des tout premiers stades de l'ontogénèse [1].

L'hypothèse centro-épigénétique, enfin, établit comme terme du développement le moment où tous les éléments germinaux auront achevé de s'activer. Remarquons qu'alors la zone centrale n'aura plus à employer ses toujours nouvelles acquisitions de substance, pour accroître sa propre masse dans son ensemble ni pour restaurer les masses d'aucun d'entre ses éléments spécifiques, comme lorsque celles-ci étaient à mesure dépensées à chaque activation respective de l'un ou de l'autre élément. Ceci pourrait peut-être expliquer pourquoi les cellules sexuelles qui, suivant notre hypothèse, ne seraient que le réceptacle de la substance germinale sécrétée par la zone centrale, ne « mûrissent », le plus souvent, qu'au terme du développement.

Avec la cessation de l'activation d'éléments potentiels spécifiques toujours nouveaux, cessera l'action perturbatrice de la zone centrale sur l'équilibre dynamique de chaque stade ontogénétique. L'organisme parviendra de cette manière à l'équilibre définitif de l'état adulte. Seulement, le stimulus fonctionnel, dans sa signification la plus large, avec toutes ses infinies variations possibles, pourra maintenant s'y substituer comme nouvelle cause perturbatrice.

De même qu'auparavant l'action perturbatrice de la zone centrale intervenait, rompant l'équilibre à peine formé, et provoquait ainsi le passage à un état ontogénétique successif, de même, maintenant, chaque changement durable du stimulus fonctionnel, en dérangeant l'équilibre dynamique de l'état adulte, viendra également à provoquer une distribution nerveuse générale différente. Par chaque cellule de l'organisme entier ou de portions données de l'organisme, il passera, en conséquence, un flux nerveux spécifiquement différent de celui d'auparavant, et spécifiquement différent d'une cellule à l'autre.

Dans chaque noyau de ces cellules il viendra pour cela à se former et à se déposer un élément potentiel spécifique particulier, qui s'ajoutera à l'élément ou aux éléments déjà existants.

---

1. Morgan, *Experimental studies on Echinoderm Eggs*, Anat. Anzeiger, IX Band, n°⁵ 5 u. 6, 23 Dez. 1900, p. 141-152.

Seulement, tous ces éléments, les nouveaux comme les anciens, déposés dans les noyaux somatiques, se perdront avec la mort de l'individu; et ceux-là seuls échapperont à cette destruction qui seront déposés dans la substance germinale de la zone centrale. La variation durable du stimulus fonctionnel aura eu ainsi pour tout effet, dans les rapports de l'espèce, la simple addition d'un élément potentiel spécifique de plus dans la substance germinale.

C'est pourquoi nous devrions, maintenant, passer à l'examen de la manière dont ce nouvel élément agit pendant l'ontogénèse de l'organisme successif. Mais c'est là ce qui formera objet d'étude pour un des chapitres prochains.

Ayant ainsi terminé cette rapide revue des faits les plus marquants qui, à notre avis, s'ils ne démontrent pas l'hypothèse centro-épigénétique, déposent cependant fortement en sa faveur, nous pouvons passer au chapitre suivant; lequel, ainsi que nous l'avons déjà dit, constituera lui aussi une autre preuve, si indirecte soit-elle, de cette même hypothèse. Car, en démontrant que, pendant que toute une série de faits nous force à rejeter l'épigénèse simple, toute une autre série nous force à rejeter le préformisme, il donnera plus de probabilité d'être conforme à la vérité à une hypothèse qui est, au contraire, susceptible de s'accorder également avec les faits de l'une et de l'autre série.

CHAPITRE IV

FAITS QUI FORCENT A REJETER L'ÉPIGÉNÈSE SIMPLE; ET FAITS
QUI FORCENT A REJETER LE PRÉFORMISME. — INADMISSIBILITÉ
D'UNE SUBSTANCE GERMINALE HOMOGÈNE; ET INADMISSIBILITÉ
DES GERMES PRÉFORMISTES.

1. — *Faits qui forcent à rejeter l'épigénèse simple.*

Roux appelle auto-différenciation d'une partie déterminée de
l'organisme le procès où, par hypothèse, « les causes productrices de ce qu'il y a de spécifique dans la différenciation de cette
partie résident dans cette partie même ». Et il appelle différenciation dépendante ou corrélative le procès opposé, où, par
hypothèse, ce qu'il y a de spécifique dans le changement qui
vient à se produire dans une partie donnée de l'organisme
pendant son développement, est déterminé par des causes qui
résident en dehors de cette partie [1].

Si l'ontogénèse ne consiste qu'en autant d'auto-différencia-
tions, nous qualifierons le développement comme évolutionniste.
Si, au contraire, l'ontogénèse se produit uniquement par voie
de différenciations corrélatives, nous dirons que le procès est
de nature épigénétique.

Remarquons que, théoriquement, une hypothèse intermédiaire
ou mixte serait aussi concevable, selon laquelle une portion
donnée de l'organisme se différencierait par la coopération de

---

1. Wilhelm Roux, *Die Methoden zur Hervorbringung halber Froschembryonen und zum Nachweis der Beziehung der ersten Furchungsebenen
des Froscheies zur Medianebene des Embryo*, Anat. Anzeiger, Bd. IX,
Februar 1894, p. 277-278; Gesamm. Abhandl., II, p. 978.

causes qui résideraient en elle et de causes qui résideraient en dehors d'elle. Si toutefois les causes qui résideraient, à un moment donné de l'ontogénèse, dans la partie en question, ne devaient leur origine à aucun procès antécédent de nature épigénétique, le développement devrait être considéré, au fond, jusqu'à ce moment du moins, comme purement évolutionniste. Si, au contraire, les causes intérieures devaient elles aussi leur origine à un procès antécédent de nature épigénétique, tout le développement serait alors essentiellement de cette même nature.

Whitman soutient que la conception des évolutionnistes modernes diffère substantiellement de celle des anciens ovistes et spermatistes, en ce que : ces derniers n'admettaient point la formation, pendant le développement, de parties structurales nouvelles, tandis qu'elle est naturellement admise par les évolutionnistes modernes. Selon la définition de Mivart, que Whitman accepte complètement : « Le mot évolution peut aujourd'hui être employé pour indiquer que la formation successive de parties qui n'existaient pas auparavant est due, non pas à leur imposition par le dehors, mais à leur génération par le dedans [1] ».

Selon cette définition, identique au fond à celle de Roux que nous venons de citer, l'évolutionnisme, il est bon de le répéter, réduit au minimum, ou considère comme nulle absolument, l'influence que les différentes autres parties de l'organisme exercent dans le développement successif de chacune d'elles, chacune ayant en elle-même, ou tout au plus dans son voisinage immédiat, la raison de son développement ultérieur; tandis que cette influence est élevée au maximum d'importance et considérée comme la cause unique de tout développement par l'hypothèse épigénétique.

En ce sens-là nous pouvons accepter, nous aussi, la définition de Mivart. Remarquons qu'elle n'implique nullement la notion de germes préformistes; car nous pouvons supposer que les causes intérieures qu'elle admet se produisent elles-mêmes à

---

1. Whitman, *Evolution and Epigenesis*, Biol. Lect. at the Mar. Biol. Lab. of Wood's Holl, Summer Session 1894, Boston, U. S. A., Ginn, 1896, p. 224.

mesure au cours du développement, plutôt que de les supposer déjà existantes même dans la substance germinale. Dans le premier cas, on aura un évolutionnisme sans germes préformistes; dans le second, un évolutionnisme avec germes préformistes que nous appellerons préformisme proprement dit. Le préformisme proprement dit, type Weismann, par exemple, tout en rentrant donc dans la définition que nous venons de donner pour l'évolutionnisme, en est un cas particulier, plus limité, approchant davantage de la conception préformiste des ovistes et des spermatistes.

Quant aux procès de nature épigénétique, il sera possible avant tout d'en concevoir deux sortes distinctes, qui seraient l'une à l'autre comme les deux catégories de l'évolutionnisme que nous venons d'indiquer.

On pourra concevoir, en effet, et l'on a effectivement conçu, des procès de nature épigénétique avec des germes préformistes ou bien sans germes préformistes.

Dans les premiers, les causes produisant chacune des spécificités du développement existeraient déjà même dans la substance germinale. Seulement leur « dégagement » ou leur « entrée en fonction », au moment et au lieu opportuns, dépendrait de l'action réciproque des différentes parties de l'organisme les unes sur les autres (par exemple, De Vries, Oscar Hertwig, etc.). Dans les seconds, au contraire, les causes produisant les différentes spécificités du développement viendraient elles-mêmes à se produire au fur et à mesure, au cours de l'ontogénèse, et toujours grâce à l'action réciproque des diverses parties de l'organisme entre elles.

Nous appellerons ces deux procès respectivement du nom d'épigénèse à germes préformistes, et d'épigénèse sans germes préformistes ou épigénèse proprement dite.

Théoriquement, ces deux procès peuvent, cependant, se diviser à leur tour, l'un aussi bien que l'autre, dans les deux nouvelles catégories suivantes.

L'action réciproque des différentes parties de l'organisme entre elles peut se concevoir comme telle, qu'aucune partie ne vienne, par rapport à son action formative sur les autres, à différer en rien de ses compagnes; mais que toutes doivent, sous ce rapport, être considérées comme également nécessaires et comme équipollentes. Ou bien, on peut supposer, au contraire, que parmi toutes les parties il y en ait quelqu'une dont l'action sur les autres se distingue par quelque chose de spécial des actions respectives de toutes les parties restantes, de manière que cette partie acquière par rapport à ses compagnes une importance bien plus grande.

Nous appellerons le premier de ces procès du nom d'épigénèse simple, ou d'épigénèse tout court; laquelle pourra par conséquent être en outre avec ou sans germes préformistes. Et nous appellerons le second, dans lequel l'action formative viendrait spécialement à se localiser en quelque zone déterminée de l'organisme, du nom d'épigénèse localisée ou centralisée; en un mot, du nom de centro-épigénèse. En pratique, elle ne sera concevable que sans germes préformistes.

Dans toutes les diverses théories indistinctement sans germes préformistes, la substance germinale sera, enfin, susceptible d'être supposée comme constituée par une matière unique homogène, ou bien par un matériel qui, quoique non composé de germes préformistes, vienne à être formé d'une quantité plus ou moins grande de parcelles spécifiques, différentes les unes des autres.

Parmi toutes ces hypothèses qu'il est possible de faire sur la nature du procès du développement et sur la structure de la substance germinale, il nous suffira de considérer ici, et toujours fort rapidement encore, sauf quelque mention isolée que nous pourrons faire, à l'occasion, des autres aussi, les suivantes seules, qui sont les plus discutées, et que nous groupons comme suit.

Sur la nature du procès du développement :

1° Épigénèse simple, avec ou sans germes préformistes;

2° Évolutionnisme à germes préformistes ou préformisme proprement dit.

Et sur la structure de la substance germinale :

1° Substance germinale constituée par une matière homogène;

2° Substance germinale constituée par une matière non

homogène. Cette catégorie comprendra, comme cas particulier, celui où cette substance serait constituée par des germes préformistes.

Cela étant posé, nous pouvons passer sans plus à une rapide revue des faits principaux, qui démontrent que l'épigénèse simple, avec ou sans germes préformistes, est inadmissible. Ceci nous obligera à revenir de temps à autre sur des faits et des arguments dont nous nous sommes déjà occupé dans le chapitre précédent.

*
* *

Au nombre des premiers faits contraires à l'épigénèse simple, nous devons certainement ranger la formation, déjà citée et discutée plus haut, des demi-embryons de grenouille, droits et gauches, antérieurs et postérieurs, obtenue en tuant, à l'aide d'une aiguille à demi rougie au feu, l'un des deux premiers blastomères. Aussi est-il connu que ce sont précisément ces demi-embryons qui ont servi à Roux pour la construction de sa théorie évolutionniste, qui assimile le développement, limitativement du moins à chacun des quatre quadrants de l'embryon, à un « ouvrage de mosaïque ».

Tant que les demi-formations venant de blastomères isolés se bornent aux toutes premières segmentations, tant que, par exemple, l'un des deux premiers blastomères, une fois isolé, se borne à donner la moitié du nombre total des micromères, ou bien que les premières sphères de segmentation dérivant du blastomère isolé se succèdent et se disposent dans le même ordre que si le blastomère était demeuré uni à l'autre, on ne peut assurément pas dire encore que ces phénomènes constituent une preuve quelconque contre l'épigénèse simple. Puisque, en général, nous pouvons retenir que le deutoplasma seul est la cause immédiate du nombre, de la diverse grandeur réciproque, et de la disposition relative dans l'espace que prennent les premiers blastomères, par conséquent, si les conditions deutoplasmiques du blastomère et de l'ensemble du groupe blastomérique qui en dérive ne viennent pas à s'altérer à la suite de l'isolement du blastomère même, on conçoit que les premières segmentations doivent s'y produire exactement de la même manière que si l'isolement n'était point arrivé.

Ainsi, par exemple, les blastomères isolés du stade à deux ou à quatre cellules de l'œuf du gastéropode *Ilyanassa obsoleta*, lesquels se segmentent de la même manière essentiellement que s'ils faisaient partie du groupe blastomérique complet, ne pourraient pas par eux-mêmes constituer, tant que le groupe blastomérique partiel ne vient à prendre aucune forme vraiment spécifique, une preuve quelconque pour ou contre telle ou telle théorie du développement quelle qu'elle soit. Car chez l'*Ilyanassa obsoleta* le jaune d'œuf se distingue par sa grande abondance, sa grande densité, et sa grande compacité[1]. Caractéristiques, qui nous assurent que dans le blastomère isolé les conditions deutoplasmiques ne viennent certainement pas à changer de ce qu'elles sont lorsque le blastomère reste uni à son compagnon.

Mais l'action déterminatrice prépondérante du deutoplasma se borne, en général, aux seuls premiers stades pré-gastrulaires. Et elle n'a aucune influence sur la forme définitive de l'embryon, de la même manière, par exemple, que la compression pendant quelque temps entre deux lames, tout en bouleversant l'ordre des blastomères, n'exerce sur cette forme aucune influence. Les premiers stades de la segmentation n'ont pour cela aucune valeur morphologique spécifique; ainsi que cela est prouvé par le fait que, comme nous l'avons déjà vu, des espèces voisines peuvent avoir des systèmes de segmentation différents, et que des espèces fort éloignées entre elles peuvent avoir des systèmes de segmentation presque pareils[2].

Il s'ensuit que, lorsque le développement commence à ébaucher sa forme effectivement spécifique, c'est signe que l'action de la substance germinale commence à l'emporter sur l'action deutoplasmique, quelle que soit d'ailleurs la manière dont celle-là vient à s'exercer.

1. H. E. Crampton, Ir., *Experimental studies on Gasteropod Development*, Arch. f. Entwickelungsmech. d. Organismen, Dritter Band, Erstes Heft, Leipzig, Engelmann, 24 März 1896.
2. Cfr. E. B. Wilson, *The Cell-lineage of Nereis*, Journ. of Morph., vol. VI, n° 3, Boston, U. S. A., Ginn, Juli 1892, p. 455.

Par conséquent, l'épigénèse simple ne peut certainement pas avoir recours, pour expliquer les demi-embryons de Roux, au fait que les conditions deutoplasmiques persistent inaltérées dans le blastomère illésé, car ces demi-embryons parviennent à des stades de développement très avancé et représentent pour cela des formations tout à fait spécifiques.

C'est justement de cette manière, par contre, que Driesch semble vouloir expliquer ces demi-formations : « Chaque parcelle de la moitié survivante conserve, ainsi que le montrent les figures de Roux, la position qu'elle aurait eue même dans le développement normal. Donc, sur chaque parcelle, et respectivement sur chaque blastomère après que la segmentation a eu lieu, agissent les mêmes facteurs formatifs (Organbildungsfactoren), par conséquent la même résultante formative aussi, qui auraient agi dans le développement normal; ergo : demi-embryon[2] ».

Cela ne peut pas constituer une explication du point de vue de l'épigénèse; car, lorsque le demi-embryon a commencé à prendre les formes caractéristiques de son espèce, et qu'il indique par là, nous le répétons, que l'action spécifique de la substance germinale a désormais pris la prépondérance sur celle du deutoplasma, on ne pourra point dire que les mêmes facteurs formatifs continuent d'agir sur chaque noyau blastomérique, si ce n'est en excluant toute action formative de la part de la substance nucléaire idioplasmatique de toute une moitié, droite ou gauche, antérieure ou postérieure, sur l'autre moitié qui se développe. Or, ceci est justement le contraire de ce que présuppose l'épigénèse simple, qui attribue la tendance du développement à s'arranger dans sa forme spécifique d'équilibre, à l'action et à la réaction réciproques de toutes les petites masses innombrables d'un même et unique idioplasma, actives en même temps dans tous les noyaux de l'organisme entier.

C'est donc avec raison que Roux peut soutenir que ses demi-embryons constituent à eux seuls la réfutation la plus directe et décisive de la théorie de l'épigénèse.

2. Driesch, *Analytische Theorie der organischen Entwickelung*, Leipzig, Engelmann, 1894, p. 15-16.

Si nous passons des demi-embryons à la régénération des organes amputés, nous savons que celle-ci constitue un des arguments les plus solides que les épigénésistes allèguent d'ordinaire contre le préformisme. Mais les préformistes citent, de leur côté, certains cas particuliers de régénération comme défavorables à l'épigénèse : « La régénération chez les tritons, remarque Roux, a lieu lors même que les quatre extrémités ont été amputées toutes en même temps. Ce dont nous devons tirer la conclusion que, pour la formation de chaque nouvelle extrémité, la présence des autres n'est, tout au moins, pas nécessaire. C'est-à-dire qu'il n'est pas nécessaire pour cette formation qu'il sorte de ces autres extrémités aucune corrélation formative [1]. »

Les anachronismes de développement, où l'on a, par exemple, un retard dans la formation de certaines parties par rapport à celle des autres, où l'on a jusqu'à des inégalités dans la vitesse du développement des feuillets blastodermiques entre eux, ou de toute une moitié latérale du corps par rapport à l'autre, au point qu'on peut quelquefois observer dans le même embryon deux différents degrés de développement dans l'une et dans l'autre moitié, sont eux aussi au nombre des phénomènes que l'épigénèse simple est incapable d'expliquer : « Comment les conceptions épigénétiques de Hertwig, écrit encore Roux, — et ses paroles, que nous avons déjà citées en partie plus haut, méritent bien que nous les rapportions de nouveau ici, — peuvent s'accorder avec ces anachronismes dans le développement des feuillets, ou même avec l'absence, qu'on a aussi observée, d'un des feuillets, l'endoblaste, n'empêchant point la structure essentiellement normale des parties des deux autres feuillets, ou enfin avec la formation des demi-embryons, c'est ce que nous pouvons bien laisser à juger au lecteur. Car, si des parties aussi grandes de l'organisme peuvent rester en arrière dans leur développement, ou même manquer, sans que les autres soient pour cela dérangées dans leur développement, il s'ensuit assurément que le développement de ces dernières n'est

1. Wilhelm Roux, art. cité : *Ueber Mosaikarbeit*, etc., Anat. Hefte, Febr. 1893, p. 299, Gesamm. Abhandl., II, 839.

pas lié à des actions et réactions réciproques avec les parties absentes. Il ne s'accomplit donc pas par l'influence réciproque exercée par toutes les parties de l'ensemble les unes sur les autres [1] ».

Il en est de même des monstres acéphales, ainsi que de tous les monstres en général, qui manquent de parties entières de l'organisme et sont normaux dans le reste, lesquels dénotent que l'action ou la réaction formative de la tête ou de ces autres parties est nulle sur le reste de l'organisme.

A la non-nécessité, pour le développement, de la présence de la tête, semblerait répondre, chez les monstres acéphales omphalosites, la nécessité, au contraire, de la présence d'autres parties bien déterminées : « Lorsqu'on étudie comparativement, écrit Dareste, les monstres omphalosites acéphales, on voit que la région somatique, à peu près complète dans certains cas, est assez souvent incomplète. Isidore Geoffroy Saint-Hilaire est même parti de ce fait pour rattacher les monstres acéphales à trois types différents : les vrais Acéphales, chez lesquels la région thoracique est aussi développée que la région abdominale; les Paracéphales, réduits à la région abdominale; les Mylacéphales, réduits à la région du sacrum. Ces trois types résultent d'inégalités dans le développement de l'axe cérébro-spinal. Mais comment se fait-il que la partie postérieure de cet axe existe toujours, tandis que la partie antérieure manque dans une étendue plus ou moins considérable? Pourquoi les faits ne se présentent-ils pas, dans d'autres cas, en sens inverse? Cela tient évidemment à un fait encore ignoré d'embryogénie. Nous devons pour le moment nous borner à poser la question [2] ».

Cependant, quelques autres variétés de monstres omphalosites sembleraient démontrer que la présence de n'importe quelle portion de l'axe vertébral suffit pour permettre certains développements partiels : par exemple, dans la céphalidie,

---

1. Wilhelm Roux, *ibid.*, Anat. Hefte, 320, Gesamm. Abhandl., II, 859.
2. Dareste, *Recherches sur la production artificielle des monstruosités*, Paris, Reinwald, 1891, p. 495.

l'embryon est en général réduit presque à la tête seule[1]. Remarquons que ces monstres contiennent le plus souvent l'extrémité antérieure de la moelle épinière, qui, au stade encore embryonnaire où le développement partiel vient à s'arrêter, devra se trouver à un degré de différenciation peu avancé. Chez quelques-uns de ces monstres omphalosites céphalidiques, une grande partie de cette extrémité antérieure de la moelle épinière aura même pu subir, après l'arrêt prématuré du développement partiel, un procès de réabsorption.

Nous allons bientôt voir que Born est parvenu à obtenir artificiellement un cas analogue à ces monstres omphalosites céphalidiques, en greffant sur un têtard complet un morceau de têtard comprenant la tête seule avec une portion à peine de la moelle allongée.

Sur les monstres doubles à double symétrie, il sera bon d'écrire encore une fois *in extenso* les mots suivants de Roux, bien que nous en ayons déjà rapporté une grande partie dans le chapitre précédent :

« Contre la conception du développement individuel s'achevant par le moyen d'une action générale réciproque formative de toutes les parties tendant à former l'ensemble; s'élève aussi directement le fait de l'existence des doubles formations à double symétrie de disposition des organes. Chez ces monstres, le morceau qui, d'une manière également symétrique, manque à chacun des deux individus, peut être n'importe quel fragment à volonté limité par un plan. Les organes sont presque tous dans leur forme normale jusqu'au plan de réunion, comme si de deux jumeaux normaux, et seulement après leur naissance, on avait détaché, moyennant un plan, deux morceaux symétriques, et qu'on eût ensuite réuni les deux jumeaux mêmes en juxtaposant les deux surfaces planes de la section. Autant cette formation de portions d'organes, qui procède d'une façon normale jusqu'au plan de limitation, lequel peut être quelconque, — par exemple, la forme en 8 qu'affectent la double cornée ou la double lentille du troisième œil que quelques-uns

1. Dareste, *ibid.*, 498.

de ces doubles embryons ont en commun, — est favorable
à l'hypothèse d'une capacité d'auto-différenciation possédée
même par des parties de ces organes, autant le fait que deux
formations, bien qu'unies par une surface aussi étendue, se
sont cependant développées contemporainement en deux corps
distincts, dont chacun est centré en lui-même, démontre, au
contraire, directement, que des actions réciproques générales
tendant à faire de ces corps un tout unique, ne sont pas venues
à s'activer [1]. »

Nous remarquerons cependant, à notre tour, que la théorie
évolutionniste n'explique point, comme le prétend Roux, que
les deux organismes soient parfaitement coupés le long d'un
plan de symétrie, plutôt que d'une surface irrégulière quelconque. Cette théorie se borne à démontrer, pour les organes
qui s'auto-différencient, la possibilité d'arrêter leur développement à n'importe quelle surface donnée à volonté, sans
altérer pourtant, dans toute la portion existante, leur forme
normale ordinaire, pas même près du lieu de rupture. Mais
elle n'explique pas pourquoi la surface de division doit être un
plan et parfaitement symétrique par rapport aux deux individus.
On devrait plutôt s'attendre à un enclavement réciproque et
multiple des deux organismes, qui donnerait lieu à une surface
de division asymétrique et irrégulière au possible.

La continuation du développement dans le fragment de
queue du têtard semblerait aussi déposer et contre l'épigénèse
et contre le préformisme. Dans ses expériences sur les têtards,
Born a, en effet, constaté l'exactitude de l'affirmation de
Vulpian, que les queues amputées, non seulement continuent
à vivre pendant quelque temps encore (quelques-unes pendant
13 jours encore), mais continuent de s'accroître et de se différencier dans leurs divers tissus. Il a, en outre, observé les
procès suivants de formations nouvelles :

« Peu de jours après l'amputation, les bords de la nageoire
du fragment caudal commencent, par leur accroissement, à
dépasser la surface d'amputation de l'axe, et finissent par se

1. Wilhelm Roux, art. cité : *Ueber Mosaïkarbeit*, etc., Anat. Hefte, 320,
Gesamm. Abhandl., II, 859-860.

réunir au-devant d'elle en une haute nageoire marginale demi-circulaire. Pendant ce procès, l'axe ne demeure pas tout à fait inactif, mais la corde aussi bien que la moelle épinière croissent et se prolongent dans la nageoire demi-circulaire qui vient de se former. La musculature métamérique ne montre, au contraire, aucun accroissement, et cesse par une tranche nette à l'ancienne surface d'amputation. Les prolongements de la corde et de la moelle épinière atteignent cependant à peine la moitié tout au plus de la longueur de la nageoire demi-circulaire qui s'est formée devant l'ancien axe. Cette nageoire de nouvelle formation est constituée par le tissu muqueux embryonnaire typique parsemé de cellules pigmentaires. On n'y remarque aucun système de vaisseaux. »

« Cette observation démontre donc, continue Born, que la provision de vitellus nutritif dans le fragment caudal amputé d'un têtard, ne sert pas seulement, ainsi que l'avait déjà montré Vulpian, à un accroissement ultérieur, à une différenciation ultérieure des tissus, et à une formation nouvelle partant de la surface d'amputation, mais, qu'en outre de la nageoire, la corde et la moelle épinière ont part, elles aussi, à cette nouvelle formation. Il est intéressant que la queue du têtard soit capable d'une pareille néoformation régénérative, non seulement dans la direction de la tête vers la queue, mais même dans la direction opposée [1]. »

Nous disions donc que ces phénomènes que présente la queue amputée de têtard peuvent être cités par les préformistes contre les épigénésistes aussi bien que par ceux-ci contre ceux-là. En effet, tandis que les premiers pourraient objecter que la continuation de la différenciation histologique dans le fragment de queue retranché de tout le reste de l'organisme, dénoterait que ce dernier n'a aucune action sur le développement de celui-là ; les épigénésistes, de leur côté, pourraient faire observer que la capacité régénérative du fragment caudal, même dans le sens de la queue vers la tête, ne peut pas être expliquée par le préformisme, même à l'aide de l'idioplasma de réserve, car celui-ci

_____

1. Born, *Ueber Verwachsungsversuche mit Amphibienlarven*, Leipzig, Engelmann, 1897, p. 32-33.

ne pourrait fournir que la régénération dans le sens de la tête vers la queue.

Quant aux célèbres expériences de Born lui-même sur les greffes de portions de têtards entre elles ou sur des têtards complets, tandis qu'elles sont contraires à l'épigénèse simple, elles sont en même temps favorables, elles aussi, à un procès d'accroissement de nature épigénétique.

Tout d'abord, elles sont contraires à l'épigénèse : en effet, dans toutes les greffes de parties de têtard sur des têtards complets, les parties greffées ont continué leur développement normal, comme si elles étaient demeurées réunies à leur propre organisme. Donc la portion restante de cet organisme n'a, même en voie normale, aucune influence sur le développement de ces parties.

Ainsi, par exemple, une larve de *Rana esculenta*, dont on avait retranché la portion extrême de la tête au-devant des yeux, comprenant une partie du cerveau antérieur, les fosses nasales et la cavité buccale, a été greffée à la moitié caudale du ventre d'une larve complète, en formant un angle aigu entre le dos de la première et le ventre de la seconde, de manière que la partie ventrale de la première fût tournée vers la tête de l'autre. Ayant tué la double larve, après lui avoir accordé douze jours de développement, on a constaté que « tous les organes de la première larve s'étaient développés d'une manière complète et aussi exactement, jusqu'à la surface d'amputation ou de greffe, que si leurs environs et leurs rapports avec eux étaient demeurés tout à fait normaux [1] ».

La portion antérieure d'une larve, si courte qu'elle n'arrivait que peu au delà du commencement de la moelle allongée, greffée sur le ventre d'une larve complète, a continué à se développer d'une façon normale. « Toutes les parties se sont complètement développées jusqu'à la surface d'amputation : les trabécules cartilagineuses, les quadrata avec leur revêtement de muscles masticateurs, les cartilages de Meckel avec les cartilages de la lèvre inférieure, et derrière ceux-ci encore l'hyoïde [2]. »

1. Born, *ibid.*, 97.
2. Born, *ibid.*, 108-109.

D'après ces exemples et d'autres semblables, Born conclut en ces termes : « Quoique, au moment de la greffe, il n'y eût aucune trace de crâne primordial, et que le mésoderme, d'où se forme le crâne même, se trouvât encore en un état presque informe et tout à fait indifférencié, cependant les parties compliquées et caractéristiques de ce crâne se sont formées jusqu'à la surface d'amputation d'une manière complète et dans leur forme parfaite, et non seulement les parties entières, mais encore, suivant l'endroit où la coupure avait été faite, des portions et des fragments de ces parties.

« Le développement, à partir du stade où l'amputation a été exécutée, consiste donc essentiellement en une auto-différenciation de chacune des parties. Une influence corrélative, soit des parties voisines, soit de l'organisme entier, ne se laisse jamais constater, ni négativement, ni positivement. Cela signifie que le développement, depuis ce stade, correspond complètement à la théorie de la mosaïque de Roux [1]. »

Avec tout cela, nous verrons bientôt que toute une série d'expériences de Born lui-même, et jusqu'aux expériences mêmes que nous venons de rapporter, si on les considère sous un autre point de vue, sont, au contraire, non moins défavorables aux hypothèses évolutionnistes en général, et aux préformistes proprement dites en particulier.

En résumé, les observations et expériences que nous avons jusqu'ici rappelées, depuis les demi-embryons de Roux jusqu'aux portions de têtard de Born, démontrent toutes la possibilité que des parties de l'organisme, pourvu qu'elles contiennent une portion quelconque de l'axe vertébral, se développent indépendamment des parties restantes ; et par là elles prouvent sans plus l'inadmissibilité de l'épigénèse simple.

Mais les préformistes ont encore une objection fondamentale à faire aux épigénésistes, qui ont en vain essayé d'y répliquer ; c'est que l'épigénèse rend nécessaire de renoncer à la somatisation nucléaire. Ces deux hypothèses sont en effet inconciliables entre elles. Il s'ensuit que tout fait, toute considération qui

1. Born, *ibid.*, 204-205.

dépose en faveur de la somatisation nucléaire, dépose pour cela même contre l'épigénèse. Or, ainsi que nous l'avons vu au chapitre précédent, toute une série de faits et de considérations, qu'il serait inutile de répéter ici, nous force justement à admettre la somatisation nucléaire comme une réalité qui s'impose.

Les préformistes peuvent enfin objecter à l'épigénèse, et non sans raison, que par son « équilibre atteint » elle n'explique pas la cessation de l'ontogénèse autant que le préformisme même. En effet, pourquoi les actions et les réactions réciproques de toutes les parties entre elles, qui jusqu'alors ont produit le développement, tout à coup ne produisent-elles plus ensuite aucun changement une fois que l'état adulte est atteint? C'est qu'alors seulement l'équilibre dynamique est atteint, répondent les épigénésistes. Mais si les formes ontogénétiques successives répètent les phylogénétiques, comment se fait-il que l'équilibre dynamique, qu'on avait pour chacune de ces dernières, ne subsiste plus pour aucune des premières? Et si le fait, que l'équilibre ne se retrouve plus à aucun stade, dépendait de ce que la substance vivante formatrice serait changée, comment donc cette substance nouvelle repasserait-elle, pendant toute une longue série de stades, par les mêmes formes phylogénétiques ancestrales? — Pour expliquer l'arrêt de développement, les préformistes, au contraire, se tirent aisément d'embarras, puisque selon leur doctrine cet arrêt n'aurait lieu que lorsque et dès que, dans chaque cellule, il n'y a plus qu'une seule espèce de germes préformistes ou déterminants.

Ayant ainsi terminé cette rapide revue des objections principales qui nous forcent à rejeter l'épigénèse, nous pouvons passer à considérer, aussi succinctement, toute une autre série d'objections qui, en revanche, sont contraires au préformisme.

2. — *Faits qui forcent à rejeter le préformisme.*

Si, pour nous borner à la théorie préformiste la plus typique, à laquelle toutes les autres, au fond, peuvent se réduire, nous considérons celle de Weismann, nous nous heurtons tout d'abord à un argument tout simple, mais si fort en même temps, qu'il devrait suffire à lui seul pour effrayer, c'est le mot, les partisans les plus convaincus de cette doctrine.

En effet, la théorie préformiste de Weismann le force à supposer, pour les parcelles infiniment nombreuses constituant les divers déterminants ou les divers groupes de déterminants, une architecture, ou manière raide de disposition, excessivement compliquée. Or, le fait élémentaire de la reproduction démontre que la constitution du plasma germinatif, quelle qu'elle soit, ne vient point à s'altérer lorsque ce dernier se divise et se distribue entre le nombre incalculable de celulles germinales qui peuvent être produites par chaque organisme et par toutes ses générations successives. Weismann devrait donc encore nous expliquer comment la subdivision d'un plasma germinatif donné en ses dérivés peut laisser intacte, ou reproduire identique, dans chacune des parties de subdivision, cette architecture si compliquée. C'est la même difficulté, au fond, que rencontraient les anciens ovistes et spermatistes, et à laquelle ils avaient tâché d'obvier par leur emboîtement des germes [1].

Weismann a tenté ensuite de parer à cette objection ; et cela en considérant comme des facteurs destinés à présider à la division ordonnée de chaque plasma germinatif, ou de chacun des ides, dans les groupes successifs toujours plus petits de déterminants, outre l'architecture du plasma lui-même, l'inégale rapidité aussi de multiplication des divers déterminants et les forces d'attraction exercées par ces derniers les uns sur les autres [2]. Mais l'architecture du plasma demeure, par nécessité et de l'aveu même de cet auteur, le facteur principal, et par conséquent l'objection de l'inconciliabilité de cette raide architecture avec les divisions intégrales continues, auxquelles le plasma doit être assujetti sans s'altérer en rien, reste en toute sa vigueur.

Un autre argument qui se présente aussitôt contre le préfor-

1. Voyez, par exemple, entre autres, Oscar Hertwig, œuvre citée : *Präf. o. Epigenese?*, 11.

2. Weismann, *Das Keimplasma, Eine Theorie der Vererbung*, Iéna, Fischer, 1892, p. 86.

misme, c'est que, à l'exception des développements partiels cités dans la section précédente, lesquels contenaient tous une même zone bien déterminée de l'organisme, on n'a jamais obtenu le développement ou la continuation du développement de parties somatiques, bien que vitales pendant quelque temps, quand elles étaient détachées du reste de l'organisme.

Car on n'osera certainement pas appeler continuation du développement normal de parties détachées du reste de l'organisme le simple accroissement de leur masse, que des parties retranchées de l'organisme fœtal subissent quand elles sont transplantées sur des tissus particulièrement propres, à cause de leur grande richesse en vaisseaux sanguins, à fournir une nourriture abondante à leurs nouveaux hôtes.

Simple accroissement de leur masse, dû, en grande partie, à une effective multiplication des cellules respectives, qui se produit, soit en des directions déterminées exclusivement par la nutrition ou par la résistance moins grande du milieu, soit avec des altérations morphologiques nulles ou tout à fait aspécifiques, suivant que la portion retranchée consiste en un fragment informe de tissu ou en un organe dont la forme propre est déjà ébauchée. Nous rappellerons, par exemple, les transplantations, exécutées par Zahn, de portions de tissus fœtaux, cartilagineux ou osseux, dans les poumons et les reins d'autres individus de la même espèce ou d'espèce différente[1]. Ou bien les transplantations, exécutées par Fischer, des membres antérieurs et postérieurs d'embryons de poule, surtout d'un de 11 jours seulement d'incubation, dans des crêtes ou fraises de coqs[2].

Il est vrai que l'un et l'autre, Fischer en particulier, ont observé que, dans ces membres de l'embryon de poule qui au moment du retranchement ne présentaient aucun commencement du procès d'ossification ou en présentaient le commencement à peine, ce même procès d'ossification commençait ou

1. Zahn, *Ueber das Schicksal der in den Organismus implantirten Gewebe*, Virchow's Archiv, 95 Bd., Drittes Heft, 5 März 1884, particulièrement, par exemple, p. 374-375, 380, 381.

2. Fischer, *Ueber Transplantationen von organischem Material*, Deutsche Zeitschr. d. Chirurgie, 17 Bd., Erstes, Zw., Dr. u. Viertes Heft, 1882, particulièrement, par exemple, p. 362-363, 370-371.

se poursuivait dans le membre transplanté[1]. Mais ce procès d'ossification ne peut être considéré que comme la simple accumulation et l'intensification qui s'ensuit d'effets de l'activité vitale spécifique qui, déjà en œuvre avant le retranchement, continue telle quelle après la greffe.

Par conséquent, nous pensons que Roux est tout à fait dans l'erreur lorsque, à propos de ces expériences de Zahn, de Fischer et d'autres analogues, il écrit les mots suivants : « Ces expériences ont démontré que des parties embryonnaires, isolées de toutes les autres, peuvent, non seulement croître, mais encore continuer à se différencier dans leur texture d'une manière presque normale. Il s'ensuit que la différenciation de ces parties n'est pas une fonction de la réciprocité d'actions et de réactions entre ces parties et les autres parties de l'organisme. En d'autres termes on a là la démonstration, pour beaucoup de parties de l'organisme qui se développe, d'une certaine auto-différenciation histologique et morphologique[2] ».

Cela n'est pas juste, car ces expériences ne démontrent, nous le répétons, qu'un simple accroissement de masse de ces tissus, morphologiquement tout à fait aspécifique, et que là où il se manifeste une continuation de la différenciation histologique, qui était déjà commencée ou sur le point de commencer au moment du retranchement, elle est explicable par la simple accumulation d'effets d'un même procès vital, qui ne fait que continuer tel qu'il était avant le retranchement même.

Contre le préformisme dépose encore la grande modificabilité de l'organisme tant en voie de développement qu'adulte, à laquelle il doit sa remarquable capacité de s'adapter à des conditions même tout anormales. En effet, le préformisme, avec ses déterminants reliés en une solide architecture et présidant chacun à la formation même des parcelles les plus petites ainsi qu'à leurs moindres variations, implique, il est inutile de le nier, une grande raideur morphologique, que cette grande

---

1. Par exemple, Zahn, *ibid.*, 382 et suiv. ; Fischer, *ibid.*, 370, 374.
2. Wilhelm Roux, art. cité : *Zur Orientirung über einige Probleme der embr. Entwickelung*, Zeitschr. für Biol., Bd. XXI, Juli 1885, p. 480-482, Gesamm. Abhandl., II, 206-207.

modiflcabilité des organismes vient, au contraire, contredire.

« Les galles, par exemple, écrit Oscar Hertwig, déposent fortement contre la théorie du plasma germinatif de Weismann. Elles nous apprennent que des cellules du corps végétal peuvent servir à des buts tout autres que celui qui pouvait être prévu dans le cours du développement, en s'adaptant dans leur forme à de nouvelles conditions; et que ces cellules sont poussées à une formation spécifique, non pas moyennant des déterminants spéciaux dans le noyau, mais à l'aide de stimulus extérieurs [1]. »

L'hirondelle de mer, qui se nourrit habituellement de poissons, a un estomac revêtu d'une tunique muqueuse molle. Si on la nourrit avec du blé pendant quelques semaines, son estomac se revêt d'un enduit corné, fortifie sa musculature et prend les caractères d'un gésier [2]. — Si ces estomacs appartenaient à deux variétés d'une même espèce, Weismann n'hésiterait point à en attribuer la diversité à des déterminants distincts *ad hoc*. Supposition qui serait tout à fait erronée, ainsi que le démontrent les faits.

Loeb a démontré que le dessin coloré du sac vitellin d'un embryon de poisson (Fundulus) n'est pas en lui-même prédéterminé, mais qu'il dépend de la distribution des vaisseaux sanguins. Les cellules pigmentaires sont d'abord distribuées uniformément, mais dès que la circulation du sac vitellin s'est établie elles émigrent vers les vaisseaux, — attirées probablement, ainsi que le suppose Loeb, par une substance chimique du sang, — et donnent lieu par là à un dessin déterminé. Graf, de même, a récemment démontré que les dessins colorés des sangsues ne sont pas eux-mêmes hérités, mais qu'ils dépendent de la disposition de fibres musculaires au milieu desquelles émigrent les cellules pigmentaires amiboïdes. En chacun de ces cas, conclut Wilson, il serait absurde d'imaginer une série spéciale de « déterminants » pour tel ou tel dessin coloré donné [3].

1. Oscar Hertwig, œuvre citée : *Präf. o. Ep.* ? 48-49.
2. Delage, œuvre citée : *L'hérédité*, etc., 604.
3. E. B. Wilson, *The embryological criterion of homology*, Biol. Lect. at the Mar. Biol. Lab. of Wood's Holl, Summer Session 1894, Boston, U. S. A., Ginn, 1896, p. 116.

Tout le monde connaît la structure statique spéciale des os. La matière s'y trouve accumulée seulement aux points de la plus grande pression, parvenant ainsi à sa meilleure utilisation possible. Or, on sait que J. Wolff a découvert, et que Kastor, Martiny et J. Rabe ont confirmé, que des structures semblables se forment aussi en des circonstances tout à fait nouvelles et anormales, en rapport avec les nouvelles conditions statiques, par exemple, dans les os fracturés et ressoudés à angle. « Il résulte de cela, dit Roux, que ces formations n'ont pas besoin d'être fixées, héréditaires, mais qu'elles se produisent toujours d'elles-mêmes suivant leurs conditions occasionnelles. Comme la structure statique des os ne se forme d'une manière sûrement reconnaissable qu'après les premières années de la vie, ainsi on ne peut rien dire sur leur éventuelle transmission héréditaire, sans des recherches spéciales en ce sens[1]. »

Toute la tératogénèse, en général, tant naturelle qu'artificielle, est très contraire au préformisme. Elle dénote que l'organisme, lors même qu'il est encore en voie de développement, sait s'adapter à des conditions exceptionnelles tout à fait différentes des normales. Et il parvient à cela en donnant lieu à des formations anormales, dont le développement ne peut, par conséquent, être dû qu'à un procès de nature épigénétique plutôt que préformiste.

Prenons un exemple quelconque parmi les plus simples. Dans l'hémitérie de la *spina bifida*, la fente spinale est ordinairement recouverte par une couche constituée par un tissu fibreux, comparable à celui des cicatrices, et qui, en certains cas, prend plus ou moins complètement les caractères de la peau. Alors la fente spinale n'est pas visible du dehors. Mais lorsque la fente spinale se trouve dans la région lombaire, il n'est pas rare qu'une touffe de poils considérablement développés paraisse à l'extérieur[2].

Comment Weismann pourrait-il attribuer à cette touffe aussi ses déterminants respectifs? Et si cette touffe se produit sans

---

1. Roux, œuvre citée : *Der Kampf d. Th. im Organismus*, 28.
2. Dareste, œuvre citée : *Recherches sur la production artificielle des monstruosités*, p. 327, 538.

être représentée dans le plasma germinatif par ses déterminants respectifs, pourquoi la même chose ne pourrait-elle pas avoir lieu, dans le développement normal, pour d'autres parties de l'organisme? Le développement normal et l'anormal ne diffèrent pas substantiellement entre eux ; et les causes productrices de l'un sont de la même nature que celles de l'autre.

Weismann reconnaît tout le premier la grande valeur du principe de la modificabilité des organismes, tant embryonnaires qu'adultes, au moyen de l'adaptation fonctionnelle. « Si ce principe n'existait pas, écrit-il, l'organisme viendrait à être formé à l'instar d'un édifice, dont chaque pierre est préparée avant qu'on ait choisi l'emplacement et peut-être même l'usage de cet édifice. Une semblable ontogénèse prédéterminée en tous ses détails ne pourrait point produire un organisme propre à la vie. Les influences que les organismes rencontrent pendant leur développement ne sont jamais exactement semblables, et pour que les organismes puissent s'y adapter il faut qu'ils aient une certaine somme de liberté [1]. »

Cette grande capacité d'adaptation cependant ne s'accorde guère, nous ne le répéterons jamais assez, avec sa théorie des déterminants, ou, en général, d'une composition préformiste quelconque de la substance germinale. Si l'adaptation fonction-nelle « effectue l'ajustement des constituants primaires hérédi-taires, c'est-à-dire des déterminants, à des circonstances nouvelles » [2], cela signifie que ces circonstances nouvelles, exté-rieures ou intérieures à l'individu, exercent sur ces détermi-nants une certaine action formatrice. Mais si l'on admet qu'une certaine action formatrice vienne ainsi à être exercée sur chacun des déterminants par les circonstances de leur milieu, quand elles sont anormales, il s'ensuit qu'on devra admettre une semblable action formatrice sur chacun de ces mêmes déterminants, exercée par les autres parties de l'organisme, lors même que le développement de ces parties sera tout à fait normal. Et alors, l'action préformiste de ces déterminants qui devrait

---

1. Weismann, *The Effect of External Influences upon Development*, The Romanes Lectures, 1894, p. 16-17.
2. Weismann, *ibid.*, p. 16.

façonner l'organisme comme une sorte de mosaïque, à quoi se réduit-elle?

Les expériences mêmes de Born, qui, comme nous l'avons vu plus haut, sont si contraires à l'épigénèse simple, sont en même temps aussi contraires au préformisme, parce qu'elles dénotent la nature épigénétique du procès d'accroissement en général. Il nous suffira de rappeler les unions de portions de têtard empruntées à des individus différents; par exemple, de la portion antérieure d'un têtard avec la portion postérieure d'un autre.

En ce dernier cas, si la portion antérieure était limitée par une section passant par la moelle allongée, tandis que la portion postérieure avait été obtenue par une section passant par la moelle épinière, il s'ensuivait que les deux surfaces d'amputation de la moelle, qui auraient dû se juxtaposer exactement, avaient au contraire une forme et une aire inégales. Malgré cela, les deux extrémités médullaires quelque temps après leur réunion, les deux demi-têtards ayant cependant poursuivi leur développement, se prolongeaient l'une dans l'autre, non plus par angles ou brusques sauts d'interruption, mais par douces courbes de raccord. Les deux vides médullaires se poursuivaient eux aussi par un passage graduel et uni l'un dans l'autre, de manière qu'on ne pouvait plus reconnaître l'endroit exact de leur réunion. « Ceci vaut aussi pour tous les autres organes, c'est-à-dire que lorsque deux sections différant entre elles par leur grandeur et leur forme croissent ensemble, les degrés de passage qui existent d'abord disparaissent peu à peu jusqu'à rétablir une connexion unie des deux surfaces [1]. »

L'union des organes correspondants des deux fragments est tout à fait intime : Par exemple, dans le cas que nous venons de citer, les sections longitudinales des deux moelles réunies montraient que les filaments de la substance blanche de la moelle épinière se prolongeaient d'une manière continue dans ceux de la substance blanche de la moelle allongée [2].

1. G. Born, œuvre citée : *Ueber Verwachsungsversuche mit Amphibienlarven*, p. 53-54.
2. G. Born, *ibid.*, p. 56.

Parmi les expériences de Born, sont surtout remarquables celles sur la composition de monstres doubles en réunissant deux têtards entre eux des manières les plus différentes. Dans le cas que nous rapportons, il retranchait à chacun des deux têtards la partie supérieure des ventricules du cerveau, et juxtaposait ensemble les deux surfaces d'amputation, de manière que les deux têtards constituant le monstre double venaient à être situés, par rapport l'un à l'autre, avec leurs queues ainsi que leurs ventres tournés dans le sens opposé. Ici encore, à mesure que se poursuivait le développement des deux têtards, il s'en produisait l'union la plus parfaite. Et après quelque temps on n'apercevait plus aucun degré de passage entre les surfaces des organes correspondants qui s'étaient réunis entre eux :

« Il est impossible d'admettre, écrit Born à ce propos, qu'en unissant les deux surfaces d'amputation, les étroites fentes des ventricules et les parois extérieures des deux cerveaux soient venues se juxtaposer exactement l'une sur l'autre. En ces cas, qui se répètent toujours en toutes les expériences semblables, il ne reste qu'à admettre qu'avec le progrès du développement il se soit fait dans les organes qui s'étaient fondus ensemble une sorte d' « aplanissement » (Ausglättung) tant des parois extérieures que des intérieures, et peut-être même une modification transitoire de la forme normale de l'organe, causée justement par l'influence réciproque que l'un des organes accouplés aurait exercée sur l'autre avec lequel il a crû [1]. »

En d'autres cas il se fait plus qu'un simple « aplanissement » de deux surfaces qui formaient à l'origine un saut brusque entre elles. Ainsi, dans les unions des deux portions d'intestin dans les monstres doubles thoracopages, gastropages et ventropages obtenus en retranchant à chacun des deux têtards une mince tranche de leur partie ventrale et en superposant à l'ordinaire les deux surfaces d'amputation, on a l'aboutement exact de deux tubes à parois minces, de manière à constituer un tube unique sans aucune trace de la jonction qui s'est faite.

1. G. Born, *ibid.*, p. 141.

Aboutement exact, que la simple superposition des deux têtards ne peut certainement pas avoir provoqué [1].

Quelquefois les organes correspondants des deux portions de têtard semblent comme se chercher et tendre l'un vers l'autre : ils dévient tous deux de leur direction normale pour pouvoir se réunir et se poursuivre l'un dans l'autre. On peut dire que ce phénomène se produit déjà dans la fusion des deux systèmes vasculaires, telle qu'elle est démontrée de la manière la plus manifeste par certaines expériences sur la greffe de parties déterminées de têtard sur des têtards complets : par exemple, de la portion postérieure d'un têtard privée du cœur greffée au ventre d'un autre têtard complet : la fusion des deux systèmes vasculaires est telle qu'on a une circulation unique, le cœur du têtard complet mettant en mouvement aussi le sang de la portion greffée [2].

Mais ce phénomène se présente d'une manière bien nette spécialement dans le prolongement des canaux surrénaux, et d'autres conduits sécréteurs, l'un dans l'autre. Ainsi, dans le monstre double obtenu en réunissant les portions antérieures de deux têtards, les conduits surrénaux de gauche des deux individus se sont rencontrés et prolongés l'un dans l'autre, bien que leurs minuscules sections dussent certainement se trouver d'abord éloignées l'une de l'autre, et que leurs directions dussent, sans se rencontrer, se croiser presque à angle droit [3].

Tous ces faits sont difficilement compatibles avec la raideur qui est implicite dans les déterminants de Weismann. Ils déposent, au contraire, fortement en faveur d'un procès général d'accroissement de nature épigénétique ; car, c'est sans aucun doute à un procès d'accroissement de cette nature que sont dus tous ces phénomènes d'adaptation et de déviation de la forme normale, aboutissant à la conjonction complète et exacte de parties correspondantes les plus variées empruntées à des individus différents.

Contre le préformisme raide de Weismann qui attribue le

1. G. Born, ibid., p. 69-86.
2. G. Born, ibid., p. 87-88.
3. G. Born, ibid., p. 144.

développement exclusivement aux divisions nucléaires qualitatives, Roux lui-même fournit, à son tour, un ingénieux argument que les antipréformistes même les plus tranchés citent rarement :

« Chez les animaux les plus gros d'une même espèce, les cellules ne sont point proportionnellement plus grandes que chez les individus qui, par suite du défaut de nourriture, sont demeurés plus petits. Pour cela leur différente grandeur ne peut s'expliquer qu'en admettant un nombre total de divisions cellulaires inégal d'un individu à l'autre. Si la division qualitative supposée par Weismann s'accomplissait pour chacune des divisions cellulaires, le nombre inégal de celles-ci devrait aboutir à des altérations de forme substantielles. Il s'ensuit que la division qualitative ne peut être liée d'une façon stable au « nombre » des divisions cellulaires, non plus qu'à la division cellulaire elle-même. C'est-à-dire qu'une variation qualitative déterminée ne peut pas être reliée à chaque division cellulaire par elle-même, de manière qu'à une cellule somatique de la 10e, 11e, 12e, 20e et 50e génération il arrive directement de l'œuf, en conséquence de ce nombre de générations, une qualité déterminée [1]. »

Pour obvier à cette objection contre la théorie préformiste, Roux a cependant recours à l'hypothèse d'un mécanisme auto-régulateur de nature franchement épigénétique, qui vient au fond à réduire la partie appartenant dans l'ontogénèse au procès préformiste à une importance tout à fait secondaire [2].

Mais les plus fortes objections, soit contre le préformisme proprement dit, soit contre l'évolutionnisme en général, demeurent toujours pourtant, d'un côté, les expériences que nous avons rappelées plus haut sur l'isolement des blastomères, sur la production de monstres doubles d'un œuf unique, et autres semblables; de l'autre côté, celles sur la régénération.

Les expériences sur l'isolement des blastomères, où chaque

1. Wilhelm Roux, *Ueber die Bestimmung der Hauptrichtungen des Froschembryo im Ei und über die erste Theilung des Froscheies*, separat. Abdruck aus der Breslauer ärztlichen Zeitschrift, 1885, p. 35, Gesamm. Abhandl., II, p. 316-317.
2. Wilhelm Roux, *ibid.*, p. 35, 317.

blastomère donne lieu à un individu entier, sont, comme nous l'avons déjà développé au chapitre précédent, la preuve convaincante que les premières divisions nucléaires au moins ne sont pas qualitativement inégales. Recourir à un idioplasma de réserve, ce n'est que renier implicitement les théories préformistes, soit parce qu'on vient à admettre, au fond, que l'ensemble de l'idioplasma (idioplasma actif +celui de réserve) demeure après la division tel qu'il était auparavant, soit parce que faire dépendre l'activation ou non de l'idioplasma de réserve des rapports anormaux ou normaux des différents noyaux entre eux, c'est une conception fort semblable à celle de l'épigénèse avec germes préformistes, telle que pourrait l'être l'hypothèse de De Vries ou celle d'Oscar Hertwig.

La formation des monstres doubles d'un œuf unique constitue au fond un cas analogue à celui de la formation d'individus entiers de blastomères isolés. Rappelons, par exemple, les expériences de Wilson, où, à la suite du simple déplacement des deux premiers blastomères de l'œuf d'Amphioxus l'un par rapport à l'autre, chaque blastomère donna origine à une gastrula, unie le long d'une surface plus ou moins étendue à l'autre, engendrée par le second blastomère; de manière à donner lieu à des formes nombreuses et très variées de gastrulas doubles, où les axes et les blastopores respectifs des gastrulas jumelles étaient orientés des manières les plus diverses les uns par rapport aux autres [1]. Ainsi de même les doubles monstres semblables obtenus par Oscar Schultze des œufs de grenouille en comprimant ces œufs entre deux porte-objets placés horizontalement et en les retournant aussitôt après leur première segmentation [2].

Si, d'un côté, ces monstres doubles, ainsi que l'a observé Roux, nous l'avons vu, pour ceux à double symétrie, sont con-

---

1. E. B. Wilson, *Amphioxus and the Mosaic-Theory of Development*, Journ. of Morphology, vol. VIII, n° 3, Boston, U. S. A., Ginn, August 1893, p. 591-595, pl. XXXIV.

2. O. Schultze, *Die künstliche Erzeugung von Doppelbildungen bei Froschlarven mit Hilfe abnormer Gravitationswirkung*, Arch. f. Entwickelungsmech. d. Organismen, I Bd., 2 Heft, Leipzig, Engelmann, 1894, p. 276-284, pl. XI et XII.

traires à l'épigénèse simple, parce qu'ils dénotent qu'entre les deux organismes, bien qu'ils aient une partie, souvent bien grande, du corps en commun, il n'existe point d'actions réciproques générales tendant à faire des deux corps un tout unique, ils sont en même temps aussi contraires au préformisme, en ce qu'ils démontrent, de la même manière que les expériences sur l'isolement des blastomères, l'équipollence ou l'identité qualitative des deux premiers noyaux de la segmentation.

Equipollence, non seulement entre les deux premiers, mais encore entre tous les premiers noyaux blastomériques, qui est démontrée aussi par le phénomène inverse, obtenu par Morgan, de la formation d'un embryon unique de deux blastulas de *Sphærechinus*, qui s'étaient d'elles-mêmes fondues ensemble [1].

Le préformisme devait enfin rencontrer, comme nous le disions, des objections non moins formidables dans indistinctement tous les procès les plus variés de la régénération en général.

Avant tout, Weismann interprète, au fond, dans le même sens que nous, les expériences et observations de Roux relatives à cette régénération *sui generis* qu'est la postgénération ou complètement des demi-embryons de grenouille que nous avons tant de fois cités. Elles signifieraient, en effet, il l'avoue lui-même, « que ce complètement aurait lieu au moyen d'une sorte d'infection des cellules, en ce sens que le simple contact ou choc par exemple avec des cellules ectodermiques déterminerait les cellules non encore différenciées de la moitié opérée à se transformer à leur tour en cellules ectodermiques, tandis que le contact avec des cellules mésoblastiques les ferait devenir également des cellules mésoblastiques ». Et Weismann arrive à révoquer en doute l'incontestabilité de ces faits, parce que justement une semblable détermination cellulaire par contact détruirait d'un coup toutes ses théories préformistes [2].

Et pourtant, on a des phénomènes analogues sous ce rapport à la postgénération, en beaucoup de cas particuliers aussi de

1. E. H. Morgan, *The Formation of one Embryo from two Blastulae*, Arch. f. Entwickelungsmech. d. Org., 1895, II Bd., 1 Heft, p. 65-71.
2. Weismann, œuvre citée : *Das Keimplasma*, 192.

régénération, où l'on a un remodelage d'anciens tissus en tissus nouveaux tout à fait différents. Il suffit de rappeler, par exemple, la régénération de la *Planaria maculata* :

Des fragments de ce ver, obtenus par deux sections transversales, régénèrent, moyennant la formation de cellules nouvelles, la tête et la queue. Mais, après leur formation, cette tête et cette queue ne continuent pas à croître en longueur; mais plutôt tout l'allongement successif du corps a lieu dans la partie ancienne, plus pigmentée. De manière justement, que les proportions relatives normales de la planaria sont obtenues par un remodelage des anciens tissus : « Le fragment du ver acquiert de nouveau sa forme normale et pour une petite partie seulement par voie d'addition de nouveau tissu à l'extrémité antérieure et à la postérieure. La transformation s'effectue principalement dans l'ancien tissu, après que la tête et la queue se sont développées. Ici nous constatons donc, non seulement une capacité de régénération, mais encore une successive auto-régulation, au moyen de laquelle viennent à se rétablir les relations normales des parties qui sont caractéristiques de l'espèce. » Mais il y a plus : car, chez les animaux régénérés de fragments latéraux, l'axe longitudinal du nouveau ver se trouve souvent dans l'ancien tissu, de sorte qu'une partie de l'ancien matériel du côté droit de l'ancien animal vient maintenant à faire partie du côté gauche du nouvel animal, ou réciproquement; et le développement du nouveau pharynx, qui se fait le long de l'axe longitudinal même, indique qu'il peut se produire indifféremment à un endroit quelconque de l'ancien tissu [1].

Ce remodelage des anciens tissus dans les nouveaux, différents de ceux-là, indique que les prétendus déterminants de Weismann n'ont par eux-mêmes aucune valeur; car, dès que le tissu se trouve en des conditions différentes des normales, il prend des formes et acquiert des propriétés qui exigeraient des déterminants d'une autre nature. « L'organisme, écrit Whitman, domine la formation des cellules, employant pour un même but

1. E. H. Morgan, *Experimental studies on the Regeneration of Planaria maculata*, Arch. f. Entwickelungsmech. d. Org., VII Bd., 2 u. 3 Heft, Leipzig, Engelmann, 18 Okt. 1898, p. 385, 389, 395-396.

une, plusieurs ou beaucoup de cellules, réunissant son matériel et formant ses organes comme si les cellules n'existaient pas, ou comme si elles existaient seulement en une complète subordination, pour ainsi dire, à sa volonté[1] ». Et l'on ne saurait donner aucune preuve meilleure de la justesse de ces mots, que celle qui est constituée par ces régénérations particulières, utilisant l'ancien matériel déjà existant pour le remodeler différemment dans le nouveau.

Et ce ne sont pas ces phénomènes de régénération particuliers qui soient seuls inconciliables avec le préformisme, mais plutôt le fait en lui-même de la régénération en général.

« Le tissu de bourgeonnement de l'organe nouveau, écrit Hertwig, ne contient aucun reste de l'organe amputé, reste qui pourrait, par son simple accroissement, reproduire l'organe tout entier. Le bourgeon destiné à reconstituer le tentacule oculifère de la limace ne contient aucune trace de cellules rétiniennes ni de cellules pigmentaires, ni d'autres cellules sensorielles quelles qu'elles soient. De même le bourgeon destiné à régénérer un membre antérieur ne contient aucun élément du carpe ou des phalanges, ni des muscles ou des tendons qui s'y insèrent. Il s'agit donc d'une néo-formation complète[2]. »

On connaît l'explication que Weismann voudrait donner de ces néo-formations complètes, se produisant en toute régénération :

« Si chaque cellule de l'os complètement développé contenait en elle seulement l'idioplasma qui la gouverne actuellement, et qui est par conséquent l'expression moléculaire de sa nature particulière, il ne serait pas alors compréhensible comment une régénération pourrait avoir lieu d'un os qui aurait été, par exemple, amputé à la moitié de sa longueur. Tout en admettant qu'à cause de la lésion il vienne à s'exercer sur les cellules du tronçon un stimulus qui les contraindrait à s'augmenter, il viendrait ainsi, il est vrai, à se produire une masse

1. Whitman, *The inadequacy of the Cell-Theory of Development*, Biol. Lect. at the Mar. Biol. Lab. of Wood's Holl, Summer Session 1893, Boston, U. S. A., Ginn, 1894, p. 110.
2. Oscar Hertwig, œuvre citée : *Die Zelle und die Gew*, II, 180.

donnée d'os, mais en aucun cas un os d'une grandeur et d'une forme déterminées. Ceci ne peut arriver qu'au cas où les cellules en voie de prolifération posséderaient, outre leurs déterminants actifs, une provision aussi de déterminants relatifs à la partie maintenant absente et à régénérer. Il est donc évident que si nous prétendons transporter le *Nisus formativus* de Blumenbach dans la cellule et précisément dans son idioplasma, nous devons faire l'hypothèse que chacune des cellules propres à la régénération contienne, outre son idioplasma principal, un « idioplasma accessoire » aussi (ein « Neben-Idioplasma »), qui serait constitué par les déterminants de la portion de l'organe amputé que la cellule même doit régénérer. Ainsi, par exemple, les cellules de l'humérus, outre les déterminants qui les gouvernent, doivent contenir, comme idioplasma accessoire, tous les déterminants aussi des os de l'avant-bras et de la main, car elles peuvent être appelées à former de nouveau la chaîne entière de ces os; et les cellules du radius doivent contenir, comme idioplasma accessoire, tous les déterminants aussi des os de la main.

« Nous pouvons retenir cette nécessité théorique comme bien réalisable aussi, puisque, dès que l'organe commence à se former, l'idioplasma accessoire nécessaire peut très bien se séparer de l'idioplasma embryonnaire en voie de fractionnement ultérieur. Il suffira de supposer que cet idioplasma accessoire demeure dorénavant inactif dans la substance nucléaire de la cellule, jusqu'à ce qu'il survienne quelque cause de régénération [1]. »

Observons aussitôt que, suivant cette hypothèse, il n'y aurait aucune raison pour qu'en chaque point de l'os il ne dût se trouver en réserve que l'idioplasma accessoire propre à régénérer exactement la partie de l'os à partir de cet endroit, et jamais quelque autre aussi, propre à régénérer une portion un peu plus grande. Chaque idioplasma accessoire particulier, une fois qu'il se soit séparé dans une cellule donnée de l'idioplasma principal et mis à l'écart dans le noyau de la cellule même à l'état latent, pourra se transmettre inaltéré pour beaucoup de

1. Weismann, œuvre citée : *Das Keimplasma*, 136-138.

générations de cellules. Il s'ensuivra qu'à tout point quelconque donné de brisure de l'os il y aura différents idioplasmas accessoires, propres chacun à régénérer une portion plus ou moins longue de l'os même et peut-être aussi quelque autre os en plus. Par exemple, pour prendre le cas particulier illustratif de Weismann lui-même, dans la seconde phalange il pourra se trouver, outre l'idioplasma accessoire propre à régénérer la seconde et la troisième phalange, celui encore qui est propre à régénérer toutes les trois phalanges; ou bien, dans la dernière portion de la seconde phalange, il pourra se trouver, outre l'idioplasma accessoire propre à régénérer cette dernière portion de la seconde phalange et la troisième phalange tout entière, celui encore qui est propre à régénérer, outre la troisième phalange, aussi la seconde phalange même tout entière. Pourquoi donc verra-t-on s'activer seulement les idioplasmas accessoires propres à régénérer justement la seule portion retranchée?

En outre, Weismann reconnaît lui-même que lorsque la surface d'amputation coupe des tissus et des organes différents, la régénération sera possible « alors seulement que les cellules de cette section seront fournies harmoniquement de groupes divers de déterminants s'accordant entre eux et se complétant réciproquement[1] ». Or, on n'aperçoit point en vérité ce qui pourrait garantir cet approvisionnement harmonique d'idioplasmas accessoires dans le grand nombre des différentes cellules d'une section complexe.

Roux a si bien compris cette difficulté insurmontable pour les théories préformistes à expliquer les phénomènes de la régénération, que, tandis qu'il soutient que dans la génération « directe » ou « typique » l'auto-différenciation prévaut, sans cependant jamais l'exclure tout à fait, sur la différenciation due à une réciprocité d'actions et réactions entre les parties; dans la régénération, qu'il appelle génération « indirecte » ou « atypique », il admet, au contraire, que la différenciation de nature épigénétique doit nécessairement prévaloir sur la préformiste[2].

1. Weismann, *ibid.*, 297-298.
2. Cf. son art. déjà cité : *Ueber Mosaikarbeit*, etc., Anat. Hefte, 279-331, Gesamm. Abhandl., II, 819-870.

Weismann qui, à raison, n'a pas voulu tomber dans la contradiction d'accepter deux natures différentes pour deux procès qui sont, au fond, identiques entre eux, a fini par tomber dans le plus complet et inacceptable artifice d'explication.

Pour mieux faire voir à quel degré d'artifice il ose arriver dans les cas où l'explication est la plus difficile, que l'on considère aussi les autres exemples suivants.

Il est connu que la régénération n'est pas en général la répétition exacte du procès ontogénétique :

« Jusqu'à ces dernières années, écrit Delage, on a considéré comme un dogme que la régénération répète l'ontogénie, c'est-à-dire que l'organe ou le membre qui se régénère parcourt les phases successives de développement qu'il a parcourues dans sa première formation. En fait, la question n'a pas été assez étudiée pour que l'on puisse affirmer qu'il en est toujours ainsi, et dans bien des cas il est certain que cela n'a pas lieu. Ainsi, une salamandre à queue arrondie régénère d'emblée une queue arrondie, et non la queue aplatie en rame du têtard; un crabe régénère une patte d'adulte, et non une patte semblable à celle de sa larve, la *Zoe*. Le membre ou l'organe régénéré arrive d'emblée au stade où il se trouve à l'âge où la régénération a lieu[1]. »

Ne sont pas rares, en outre, les régénérations de tissus ectodermiques aux dépens de tissus endodermiques ou mésodermiques, ou réciproquement : nous avons déjà vu le cristallin, d'origine embryonnaire ectodermique, se régénérer chez le triton aux dépens de l'iris, mésodermique. L'intestin antérieur du *Tubifex rivulorum*, dont l'origine ontogénétique est ectodermique, se régénère, à l'exception d'une petite portion la plus extrême, de tissus endodermiques[2].

Ne sont pas rares non plus les cas, enfin, où l'organe se régénère différent de ce qu'il était, comme pour le lézard, chez lequel la nouvelle queue a un squelette formé, non pas de

---

1. Delage, œuvre citée : *L'hérédité*, etc., 104-105.
2. H. Haase, *Ueber Regenerationsvorgänge bei* Tubifex rivulorum Lam. *mit besonderer Berücksichtigung des Darmkanals und Nervensystems.* Zeitschr. f. wissensch. Zool., 65 Bd., Zw. Heft, 1898, p. 229-235.

vertèbres distinctes, mais d'un petit cylindre cartilagineux continu.

Or, les théories épigénétiques expliquent fort aisément comment il se fait que la partie amputée peut suivre, dans sa régénération, un autre chemin plus court que celui qu'elle a parcouru dans l'ontogénèse (régénération cénogénétique), et comment en beaucoup de cas elle peut même, le procès terminé, demeurer inégale à la partie normale qu'elle remplace. Car la partie restée du corps, à laquelle appartient la détermination morphologique de la partie amputée, est maintenant à l'état adulte, tandis que dans l'ontogénèse elle était à l'état embryonnaire.

Le différent état où elle se trouve maintenant qu'elle entreprend son action formatrice sur la partie en voie de régénération, peut expliquer la diversité, non seulement des premiers résultats obtenus tels que les différentes voies de développement suivies, mais encore du résultat définitif constitué par la conformation anormale de la partie régénérée. En effet, les différences de conformation qui se sont produites au commencement du procès de régénération ne pourront pas toujours être nivelées et effacées, lorsque, à la fin du procès régénératif, l'état de la portion restée de l'organisme, à laquelle appartient l'action formatrice sur la partie en voie de régénération, viendra à être, par rapport à cette dernière, le même qu'à la fin de l'ontogénèse normale.

Weismann, au contraire, comme son explication donnée plus haut ne vaut évidemment plus pour ces cas-ci, est contraint de recourir à l'hypothèse subsidiaire suivante :

« Dans la régénération cénogénétique, et *a fortiori* dans celle où la partie régénérée demeure de conformation anormale, il ne reste qu'à admettre que certains déterminants se trouvent doubles ou multiples à côté les uns des autres dans le plasma germinatif, les uns d'entre eux étant destinés au développement embryonnaire, les autres à la régénération. Ces derniers doivent en outre, dans leurs forces intérieures, et particulièrement dans leur force d'accroissement, être préalablement constitués de manière à se séparer, seuls, ou avec les déterminants de régénération leurs voisins, comme idioplasma accessoire, au moment opportun du développement [1]. »

Les théories épigénétiques constituent par elles-mêmes l'explication immédiate du fait bien connu, que chez un ver coupé en deux, la partie antérieure régénère la postérieure, tandis que la postérieure régénère l'antérieure.

Weismann, au contraire, est forcé de recourir à l'hypothèse artificieuse suivante : « Comme les deux moitiés se complètent toujours quel que soit le point où le ver est coupé, cela démontre que les cellules de certaines sections ne sont pas pourvues des déterminants générateurs de la tête, et celles de certaines autres sections, de ceux de la queue, mais que chaque cellule peut réagir d'une manière ou de l'autre, suivant qu'elle vient à se trouver dans la surface d'amputation antérieure plutôt que dans la postérieure. Si nous voulons donc maintenir notre hypothèse, selon laquelle les cellules employées à la régénération sont ordonnées et déterminées, non pas par une direction supérieure extérieure, mais par des forces situées à l'intérieur des cellules mêmes, il ne reste, pour expliquer cette double manière de réagir de ces cellules, qu'à admettre que chacune d'elles contient deux différents déterminants de régénération; l'un pour la reconstruction de la portion du corps contenant la tête, l'autre pour celle de la portion caudale, et que c'est l'un ou l'autre qui entre en activité selon que sa propre cellule est mise à découvert, et par conséquent exposée au stimulus relatif, de son côté antérieur ou du postérieur [2] ».

Enfin, pour les théories épigénétiques, la régénération de l'hydre n'est pas un fait qui diffère substantiellement en rien d'un autre cas quelconque de régénération commune. Pour la théorie de Weismann, au contraire, la complication ultérieure suivante devient nécessaire :

« Si l'on partage l'hydre suivant un plan longitudinal, c'est-à-dire passant par son axe ou parallèle à ce dernier, quel que soit d'ailleurs ce plan, les deux moitiés se recomplètent chacune en un nouvel individu. De même, une section transversale de

---

1. Weismann, *ibid.*, 145-146, 147.
2. Weismann, *ibid.*, 169.

l'animal, par quelque point de l'axe qu'elle soit menée, a pour conséquence le complétement de chacune des deux moitiés. Donc, une régénération selon les trois diverses directions de l'espace peut avoir lieu de n'importe quel point du corps. Comme le corps est différemment construit en chacune de ces trois directions, ainsi chacune des cellules doit contenir trois différentes espèces de groupes de déterminants régénérateurs. Et ici encore, ce n'est pas la qualité, mais la direction du stimulus de la blessure qui décidera pour chaque cellule lesquels des trois groupes de déterminants entreront en activité[1]. »

C'est pourquoi nous ne croyons pas prononcer un jugement trop sévère en affirmant que ces hypothèses si artificieuses équivalent à la banqueroute la plus complète des théories préformistes essayant d'expliquer les phénomènes de régénération.

Quelle est la conclusion que l'on peut tirer de tout ce que nous avons dit jusqu'ici dans le présent chapitre? La première partie nous a montré que l'épigénèse simple est directement et décidément niée par toute une série de faits et d'expériences les mieux vérifiées et que personne désormais ne conteste plus. La seconde partie, toute défavorable au préformisme proprement dit et à l'évolutionnisme en général, nous a démontré par contre que la nature du procès de tout développement est effectivement épigénétique.

Il en dérive donc une probabilité d'autant plus grande pour les hypothèses qui, en concentrant la faculté irradiatrice des actions de détermination du développement en une seule zone bien déterminée de l'organisme, se prêtent, aussi bien que l'épigénèse, à expliquer les faits inconciliables avec le préformisme, et qui s'accordent en même temps aussi avec tous les faits que l'épigénèse simple est au contraire incapable d'expliquer.

1. Weismann, *ibid.*, 170.

3. — *Inadmissibilité d'une substance germinale homogène.*

Nous serons ici très bref, car il suffit de rapporter l'argument capital, que tous les partisans des germes préformistes, les épigénésistes autant que les préformistes proprement dits, ont répété et répètent sans cesse. Le fait même que chacun insiste presque avec les mêmes expressions que les autres est une preuve que l'argument a en lui une force effective.

« Les considérations, remarque Wilson, qui ont conduit à la réhabilitation de la théorie de la pangénèse sont basées sur les faits que Galton a appelés *particulate inheritance*. Les phénomènes d'atavisme, les caractères des hybrides, les faits de variation spontanée, tout montre que jusqu'aux moindres caractéristiques peuvent paraître ou disparaître, varier, être héritées de l'un ou de l'autre parent, d'une manière tout à fait indépendant, sans déranger en aucune façon l'équilibre de l'organisme, ou montrer aucune corrélation avec les autres variations. Ces faits, ainsi argumentent les préformistes, nous forcent à retenir que les caractéristiques héréditaires sont représentées dans l'idioplasma par des germes distincts et définis (pangènes, idioblastes, biophores, etc.), qui peuvent varier, paraître ou disparaître, devenir actifs ou demeurer latents, sans influencer l'architecture générale de la substance dont ils sont une partie. Toute autre théorie doit supposer que les variations soient causées par des changements dans la composition moléculaire de l'idioplasma considéré comme un seul tout homogène, et aucun écrivain n'a montré, pas même avec une approximation lointaine, comment on peut alors expliquer cette *particulate inheritance* [1]. »

On sait, en effet, que c'est là effectivement l'argument principal, unique, pourrait-on dire, que Galton apporte en défense de ses germes, substitués par lui aux gemmules de Darwin :
« L'origine indépendante des diverses parties du corps peut être

1. E. B. Wilson, *The Mosaic Theory of Development*, Biol. Lect. at the Mar. Biol. Lab. of Wood's Holl, Summer Session 1893, Boston, U. S. A., Ginn, 1894, p. 3-4.

arguée de l'hérédité séparée de leurs particularités. Si un
enfant a les yeux de son père et la bouche de sa mère, ces
deux traits doivent avoir eu une origine distincte. Or, on
observe que des particularités, de nature même microscopique,
sont transmissibles héréditairement, et l'on peut pour cela
conclure que les parties les plus menues du corps ont des origines distinctes [1]. »

L'argument de De Vries en faveur de ses pangènes, ou parcelles matérielles représentatives des différents caractères de
l'organisme, est tout à fait analogue à celui de Galton. Il peut
se résumer dans les passages suivants de De Vries lui-même :

« Les espèces de plantes les plus différentes, écrit-il, ont la
capacité de produire les mêmes composés chimiques déterminés :
au premier rang viennent la substance colorante rouge des
fleurs et la bleue; puis les divers acides tanniques, les alcaloïdes, les huiles éthérées et d'autres nombreux produits. Un
petit nombre seulement de ces composés sont limités à une
seule espèce de plantes; un grand nombre se présentent en deux
ou plusieurs espèces systématiquement fort éloignées entre elles.
Il n'existe aucun motif pour supposer une différente manière
de production des mêmes composés pour chaque cas particulier;
il est, au contraire, naturel d'admettre qu'un même composé,
en quelque lieu qu'on le rencontre, ait toujours pour cause le
même mécanisme chimique.

« Pour une raison analogue, nous devons accepter comme
possible un fractionnement des signes morphologiques des
espèces. A vrai dire la morphologie n'est pas jusqu'ici assez
avancée pour exécuter une pareille analyse en chaque cas particulier. Mais la même forme de feuille, la même découpure
grossière ou délicate du bord foliaire, se répètent chez de nombreuses espèces, et la terminologie habituelle nous apprend
déjà que toutes les figures des feuilles sont composées d'un
nombre relativement petit de propriétés plus simples.

« Cela démontre que le caractère de chaque espèce est composé de nombreuses propriétés héréditaires, dont la plus

---

1. Francis Galton, *A Theory of Heredity*, Journ. of the Anthropological
Institute, January 1876, p. 331.

grande partie se répètent chez un nombre presque infini d'autres espèces. Chaque espèce nous apparaît, suivant cette façon de voir, comme une figure extrêmement compliquée, tandis que le monde organique tout entier nous apparaît comme le résultat d'infinies combinaisons et permutations différentes d'un nombre relativement petit de facteurs.

« Les expériences sur la production des variétés nous apprennent, en outre, que presque toutes les propriétés peuvent varier chacune indépendamment des autres. Nombre de variétés, en effet, ne se diversifient de leur forme souche que par un seul caractère ; par exemple, la variété à fleurs blanches d'une espèce à fleurs rouges. De même la villosité, l'armure d'épines ou de piquants, la couleur verte des feuilles, chacune de ces caractéristiques peut varier elle seule et même disparaître complètement, tandis que toutes les propriétés héréditaires restantes demeurent parfaitement inaltérées. »

Il s'ensuit que : « Les constituants ou éléments constitutifs héréditaires (die erblichen Anlagen), dont les propriétés héréditaires sont les marques visibles, sont des unités à existence autonome, qui peuvent avoir eu leur origine à des époques différentes les unes des autres, et qui peuvent également se perdre indépendamment les unes des autres. Elles sont miscibles les unes avec les autres presque en toute proportion, puisque chacune des propriétés peut de l'absence complète arriver, en passant par tous les degrés intermédiaires, à son plus grand développement.

« Indépendance et miscibilité, voilà les propriétés essentielles des constituants héréditaires de tous les organismes [1]. »

Tout à fait analogue à cet argument de De Vries est, à son tour, celui de Weismann en faveur de son préformisme ou des germes préformistes en général :

« Il est impossible qu'une partie du corps varie indépendamment des autres, ses variations étant héritables, si elle n'est pas déjà représentée aussi dans le plasma germinatif par une parcelle spéciale, dont la variation entraîne la varia-

---

1. De Vries, *Intracellulare Pangenesis*, Iena, Fischer, 1889, p. 8-9, 17, 32, 33.

tion de la partie. Si celle-ci était représentée conjointement
avec d'autres parties du corps par une seule parcelle donnée
du plasma germinatif, alors un changement de cette dernière
aurait pour conséquence la variation de toutes les parties
qu'elle détermine. Dans les parties du corps variables autonomiquement et héréditairement, nous avons ainsi la mesure
exacte du nombre des toutes petites parcelles vitales qui
doivent composer le plasma germinatif; elles ne peuvent pas
être moins .

« Ce n'est pas en ce qu'en général une transmission héréditaire est possible jusque dans les moindres détails, que
réside, selon nous, la nécessité logique d'admettre dans le
plasma germinatif un élément spécial pour chacun de ces
détails; mais plutôt dans le fait que chacune de ces parties du
corps peut varier héréditairement pour son propre compte. Si
tous les hommes possédaient une fossette donnée devant l'oreille,
du fait qu'elle serait héritable nous ne pourrions pas encore
conclure qu'elle dût être représentée dans le plasma germinatif
par un élément spécial.... Ce qui nous force à cette hypothèse,
c'est que tous les hommes ne possèdent pas cette fossette, et
que nous pouvons imaginer deux hommes qui soient égaux en
tout le reste, mais dont l'un possède cette fossette, et l'autre
non [1]. »

C'est donc là le grand et seul argument de toutes les théories
à germes préformistes.

On ne peut méconnaître qu'il possède effectivement une
très grande valeur contre les théories, telles que celle de
Spencer, qui supposent le plasma germinatif constitué par une
substance homogène. Dans l'ignorance presque complète où
nous nous trouvons encore par rapport à la nature et aux
causes du phénomène ontogénétique, il y a bien peu de choses
que nous puissions nous hasarder à déclarer impossibles.
Cependant, la supposition qui est implicite dans les théories
épigénétiques type Spencer, savoir qu'une substance germinale
homogène, chimiquement un peu différente d'une autre, puisse

1. Weismann, œuvre citée : *Das Keimplasma*, 72-74.

donner lieu à un individu tout à fait identique à celui que donne l'autre substance, à l'exception seulement d'une petite particularité en un point déterminé de l'organisme, si elle ne nous apparaît pas comme impossible, elle nous apparaît certainement comme difficile à concevoir. Il est vrai que ces théories type Spencer pourraient toujours objecter, qu'à une variation visible d'un certain groupe de cellules peuvent bien répondre des variations correspondantes dans indistinctement toutes les autres cellules de l'organisme, si petites toutefois qu'elles ne produisent aucun effet sensible. Mais une pareille explication des variations transmissibles particulières serait plutôt formelle qu'effective.

Ceci s'applique aussi bien; soit dit ici par parenthèse, aux théories évolutionnistes sans germes préformistes, telles, par exemple, les théories qu'on appelle de la transformation chimique de l'œuf. Elles partent, le plus souvent, il est vrai, d'une substance germinale hétérogène, constituée par des composés chimiques multiples et divers, des réactions chimiques réciproques desquels se formeraient ensuite des composés chimiques nouveaux, qui donneraient lieu à leur tour, — dans chaque cellule, ainsi qu'en un creuset à part, indépendamment des autres, — à des réactions chimiques nouvelles et conséquemment à des composés nouveaux, différents d'une cellule à l'autre, et ainsi de suite jusqu'au terme du développement. Mais on ne conçoit pas comment chacun de ces composants de la substance germinale, lequel commence à exercer son action chimique sur ses compagnons dès le premier moment du développement, pourrait, tout en étant le seul par où un germe diffère d'un autre, produire une variation de l'organisme limitée à un seul point, plutôt qu'étendue à l'organisme tout entier.

L'argument apporté par les partisans des germes préformistes, tant épigénésistes que préformistes proprement dits, a donc effectivement une telle valeur qu'il nous force à retenir comme inadmissible toute hypothèse biogénétique qui aurait son point de départ ou sa propre base en une substance germinale homogène, quelque grandement compliquée qu'on veuille ensuite la supposer, ou bien encore en une substance germinale hétérogène à la vérité, l'action de chacun de ses composés commençant cependant dès le premier moment du développement.

D'un autre côté, toutefois, nous nous demandons : Est-il possible, non pas d'admettre, mais de concevoir seulement ces germes préformistes, délégués chacun à n'importe quelle parcelle infinitésimale du corps qui se montre variable indépendamment des autres? Admettre des germes de cette nature, est-ce que cela constituerait effectivement une explication quelconque de cette *particulate inheritance*, ou ne serait-ce pas plutôt une répétition pure et simple en d'autres mots du phénomène qu'on prétendrait expliquer?

C'est ce que nous nous proposons de voir, toujours très brièvement, dans la dernière section suivante de ce chapitre.

4. — *Inadmissibilité des germes préformistes.*

Remarquons, avant tout, que les détails de l'organisme, variables et héritables indépendamment les uns des autres, ne se bornent pas grossièrement à la forme et structure de groupes entiers de cellules, mais peuvent descendre jusqu'aux caractéristiques chimiques mêmes de chaque cellule. On arriverait ainsi à cette absurdité, que, non seulement chaque cellule, ainsi que l'admettait déjà la pangénèse de Darwin, mais jusqu'à chaque molécule presque de l'organisme devrait avoir son représentant dans le plasma germinatif.

Outre cette impossibilité matérielle, les germes préformistes se heurtent à des difficultés insurmontables aussi du point de vue même de leur concevabilité.

Est-ce, par exemple, quelque chose de concevable, que le germe préformiste d'un tic nerveux donné, d'un instinct donné, que le pangène ou le groupe de pangènes de l'instinct du chien de chasse, que le déterminant ou le groupe de déterminants de l'instinct du poussin qui vient de naître et sait déjà becqueter le blé et l'avaler? Comment pouvons-nous nous représenter ces instincts, qui sont les conséquences de liens et d'entrelacements très compliqués d'infinis centres et d'infinies voies nerveuses, comme dus à un germe à part, lequel étant parvenu au moment opportun de l'ontogénèse au juste point de l'organisme, les produise à lui seul, autonomiquement, et nous dirions presque indépendamment de tout l'organisme restant déjà constitué?

Et cependant ces instincts constituent effectivement des particularités de l'organisme, variables et héritables, susceptibles d'être présentes ou absentes, indépendamment de toutes les autres particularités de l'organisme. Mais, d'avoir recours, pour expliquer cette *particulate inheritance*, à des germes préformistes *ad hoc*, est-ce que cela constituerait autre chose qu'une explication purement verbale, dépourvue de tout contenu réel?

« Un homme, par exemple, écrit très justement Le Dantec, se compose d'environ soixante trillions de cellules et il est néanmoins reproduit par des éléments sexuels de très petite dimension : voilà le phénomène à expliquer. On s'est dit que la difficulté serait moindre ou du moins n'apparaîtrait pas aussi nettement, si l'on divisait le problème en soixante trillions de parties, si l'on remplaçait la reproduction de l'homme par soixante trillions de reproductions partielles; et l'on a imaginé en conséquence des particules infiniment petites qui sont aux cellules ce que les éléments génitaux sont à l'homme [1]. »

La conséquence de cela a été, que le problème est venu à se compliquer énormément, parce qu'il a fait naître cet autre problème très grave : comment se fait-il que ces soixante trillions de reproductions partielles autonomes, c'est-à-dire indépendantes les unes des autres, peuvent venir à constituer un tout complet et harmonique?

Il en résulte que les germes préformistes, qui sont déjà inadmissibles par eux-mêmes, le deviennent encore plus quand ils sont séparés des doctrines préformistes proprement dites. Inséparabilité des premiers d'avec les secondes que Weismann s'est hâté de mettre en relief :

« De Vries, écrit-il, fait mention à un moment donné de la

---

1. Le Dantec, œuvre citée : *Traité de Biol.*, 224-225.

zébrure. Comment ce caractère peut-il être transmissible, si dans le plasma les divers pangènes se trouvent libres les uns à côté des autres, sans être assemblés en groupes raides transmissibles comme tels? Des zèbre-pangènes ne peuvent point exister, car la rayure du zèbre n'est pas une propriété cellulaire. Il peut exister des pangènes, que pour faire bref nous pourrons appeler « blancs » ou « noirs », dont la présence causera dans la cellule la coloration blanche ou noire. Mais la rayure du zèbre ne consiste pas dans le développement du noir ou du blanc à l'intérieur d'une cellule, mais plutôt dans l'alternative régulière de milliers de cellules noires ou blanches rangées en raie.

« De Vries se rapporte aussi à la variété à longue tige de la *Primula acaulis alpina* se produisant de temps à autre par le retour atavique à une lointaine forme souche. Ici encore le caractère de la tige longue ne peut pas être dû à des « pangènes-longue tige », parce que la tige longue n'est pas une propriété intracellulaire. Il en est de même de la forme spécifique des feuilles : le bord dentelé d'une feuille ne peut pas être dû à la présence de « pangènes-dentelure », mais il est dû à un arrangement spécial des cellules du bord. La même chose vaut pour presque tous les caractères que nous indiquons comme des propriétés visibles de l'espèce, du genre, ou de la famille : pour la grandeur, la structure et la forme d'une feuille, pour les taches caractéristiques et souvent si constantes sur les feuilles des fleurs (Orchidées), et ainsi de suite. Toutes ces propriétés ne se manifestent que grâce à la coopération ordonnée de beaucoup de cellules. Ou bien, que l'on songe aux propriétés de l'homme, à sa forme du crâne, du nez et ainsi de suite. Toutes ces propriétés si caractéristiques ne peuvent pas être dues seulement à la présence dans le plasma des pangènes qui doivent former les centaines et les milliers de cellules diverses qui composent la propriété en question; elles doivent plutôt être dues à un groupement raide des pangènes, ou à quelque autre élément primaire correspondant du plasma, transmissible dans sa raideur de génération en génération [1]. »

1. Weismann, œuvre citée : *Das Keimplasma*, 22-23.

Mais, dès que, des simples germes préformistes libres ou mêlés n'importe comment les uns avec les autres, on passe, par une nécessité logique reconnue, à ceux ordonnés « en une architecture raide », on tombe aussitôt dans toutes les difficultés et contradictions du pur préformisme weismannien, que nous avons déjà exposées plus haut, à partir de celle que nous avons vue se présenter la première : qu'il est tout à fait inexplicable que ce « raide groupement de pangènes » puisse ensuite se diviser en des plasmas germinatifs successifs et rester, malgré cela, inaltéré dans son « architecture ».

Les germes préformistes, matériellement impossibles, théoriquement même inconcevables, constituant de pures expressions verbales sans aucun fondement réel, se montrent donc, en outre, tout à fait incapables à eux seuls d'expliquer les phénomènes même les plus importants de *particulate inheritance* en vue desquels ils ont justement été imaginés, et qui constituaient toute leur raison d'être, une fois qu'on les sépare de ces théories préformistes plus rigides dont nous avons vu plus haut l'inadmissibilité absolue.

*
* *

Quelle est la conclusion que l'on peut tirer de ces deux dernières sections du présent chapitre?

La première nous a démontré que l'indépendance effective, en fait de variabilité et d'héritabilité, des différents caractères particuliers, par rapport à tout le restant de l'organisme, ne peut être expliquée ni par une substance germinale homogène, ni par une substance germinale hétérogène dont tous les divers constituants entreraient aussitôt en action dès le premier moment du développement. La seconde nous a, à son tour, démontré l'inadmissibilité des germes préformistes, qui constituaient toutefois, pour cette indépendance des divers caractères particuliers les uns des autres, l'explication se présentant d'elle-même comme la plus directe.

Il nous reste donc à examiner si une substance germinale, sans germes préformistes, hétérogène cependant, dont les constituants, au lieu d'entrer tous en action dès le premier moment du développement, s'activeraient plutôt un à un successivement depuis le commencement jusqu'au terme du développement même, peut être propre à donner cette explication adéquate de la *particulate inheritance* que nous cherchons.

Considérons d'abord les phénomènes de *particulate inheritance* qui se manifestent par la présence simultanée, chez le fils, de certains caractères paternels et d'autres caractères maternels, mêlés mais distincts les uns des autres. Il sera utile, pour plus de clarté, de faire, pour le moment, complètement abstraction des caractères sexuels, c'est-à-dire de nous borner à considérer seulement les caractères paternels et maternels franchement asexuels : « La forme du crâne, remarque, par exemple, Weismann, peut être paternelle et le visage maternel; la forme de la tête entière et du visage peut être maternelle et les yeux être malgré cela complètement de conformation paternelle; la fossette que le père avait au menton peut se retrouver chez l'enfant, bien que dans la forme du visage et du nez il ressemble davantage à la mère qu'au père[1] ».

Observons, en même temps, que la substance germinale de l'œuf fécondé contiendra les constituants de la substance germinale paternelle aussi bien que les maternels; et que, les uns aussi bien que les autres, se correspondant entre eux deux à deux, tendront à s'activer couple par couple simultanément ou presque, sauf le cas où ils seraient de nature à s'exclure réciproquement.

Or, si nous admettons que le procès soit de nature épigénétique, si nous admettons aussi que les divers constituants de la substance germinale s'activant successivement se trouvent tous dans une zone déterminée de l'organisme, d'où ils irradient leur action formatrice, il est clair que les différents points du soma viendront à ressentir en même temps l'action déterminatrice des constituants germinaux paternels et celle des maternels.

Par conséquent, lorsque les constituants correspondants, composant chaque couple, seront identiques entre eux, ce qui

_____

1. Weismann, œuvre citée : *Das Keimplasma*, 377.

arrivera particulièrement aux premiers stades du développement et peut-être même aux stades successifs plus ou moins avancés, les deux actions déterminatrices respectives se confondront en une seule, et l'on aura alors la reproduction exacte des caractères que les deux parents possèdent en commun parfaitement égaux.

Lorsque, au contraire, les constituants correspondants composant chaque couple seront différents entre eux, pourvu qu'ils ne le soient pas, nous le répétons, à un tel degré que l'activation de l'un empêche celle de l'autre, les deux actions formatrices seront de même différentes pour tous les points du soma sur lesquels elles devraient venir de préférence ou exclusivement se verser; et elles pourront ainsi : ou se composer et se fondre en une action formatrice résultante unique; ou donner lieu, en développant séparément leurs caractères respectifs, à un entrelacement intime de ces derniers, de manière à faire paraître également un caractère mélangé, intermédiaire; ou, enfin, le le caractère paternel, par exemple, développé par l'une des actions formatrices pourra en un point donné prévaloir sur le maternel jusqu'à paraître en toute sa pureté, et cela pendant qu'en un autre point, même proche, du soma, l'inverse pourra arriver, et le caractère maternel paraître comme seul développé.

Un exemple caractéristique de cet entrelacement de caractères paternels et maternels, demeurant en partie distincts, se confondant en partie, nous est présenté par le bâtard provenant du croisement spontané de *Vitis æstivalis* et *Vitis labrusca*, dont l'épiderme des feuilles est, peut-on dire, composé, comme si c'était une mosaïque, de cellules de pur type paternel, de cellules de pur type maternel et de cellules de type intermédiaire[1].

Si, après avoir ainsi considéré les phénomènes de *particulate inheritance* dus à la reproduction sexuelle, nous passons à considérer les phénomènes de *particulate inheritance* dans leur ensemble le plus vaste et dans leur signification la plus

1. Strasburger, *Ueber periodische Reduktion der Chromosomenzahl im Entwickelungsgang der Organismen*, Biol. Centralbl., XIV Bd., N. 23 u. 24, 1 u. 15 Déc. 1894, p. 850.

générale, dans ce sens que l'on demande l'explication de ce simple fait en lui-même ; comment il se fait que deux individus peuvent être identiques entre eux à l'exception d'une particularité déterminée en un seul point donné de l'organisme, il ne sera pas difficile de nous persuader que la possibilité de ce phénomène viendrait à découler de la même hypothèse sur la structure de la substance germinale qui nous a servi pour expliquer le même phénomène en tant que dû à la reproduction sexuelle.

Supposons en effet, par exemple, deux substances germinales constituées par la même série qualitative de constituants spécifiques, dont l'une aurait cependant tout un groupe donné de ces constituants fournis d'une énergie potentielle un peu moindre que chez l'autre. Nous n'avons même pas besoin de supposer, quoique nous pourrions aussi le faire, que ce groupe donné de constituants spécifiques soit tel que son activation dans la zone irradiatrice commune susdite détermine ou contribue à déterminer cette partie seule de l'organisme qui se montrerait susceptible d'une variation indépendante, telle, par exemple, que la fossette devant l'oreille dont parle Weismann ; nous pouvons fort bien supposer que ce groupe provoque ou contribue à provoquer des modifications ontogénétiques déterminées, outre qu'en cette partie donnée, en bien d'autres parties aussi et peut-être même dans toutes les cellules indistinctement de l'organisme. Mais c'est une conséquence implicite de la nature épigénétique que nous supposons ici au procès de développement, d'imaginer que l'activation, à un stade donné de l'ontogénèse, d'un constituant spécifique germinal déterminé doive avoir des effets non seulement qualitatifs, mais quantitatifs aussi les plus divers, sur les différents points déjà formés du soma. Il est donc concevable qu'une petite différence en moins d'énergie potentielle chez un groupe donné de constituants spécifiques germinaux puisse avoir des effets insensibles ou même tout à fait nuls sur une grande partie de l'organisme, et avoir, au contraire, sur une petite ou très petite partie de ce dernier, des effets sensibles, même remarquables. D'autant plus que les effets de ce groupe donné de constituants germinaux devront se combiner avec ceux de tous les autres, tant antécédents que successifs.

On en pourrait dire autant si ce groupe donné de constituants spécifiques, au lieu de différer seulement quantitativement du groupe correspondant de l'autre substance germinale, en différait légèrement en qualité aussi.

Il nous semble donc de pouvoir affirmer, comme conclusion, que l'hypothèse d'une substance germinale hétérogène, dont les constituants, au lieu d'entrer tous en action dès le premier moment du développement, s'activeraient, au contraire, un à un successivement pendant le cours entier du développement, tout en fournissant, sur les phénomènes pour lesquels uniquement les germes préformistes ont été conçus, une explication non moins adéquate que celle que fournissent ces derniers, serait en même temps exempte de toutes ces formidables objections qui rendent, au contraire, ces mêmes germes préformistes absolument inadmissibles.

CHAPITRE V

LA QUESTION DE LA TRANSMISSIBILITÉ DES CARACTÈRES ACQUIS

On ne pourra jamais assez louer Weismann d'avoir soulevé
cette question et mis en doute la transmissibilité des caractères
acquis, que jusqu'alors le plus grand nombre, non seulement
admettaient, au contraire, implicitement, mais considéraient
comme n'ayant pas même besoin d'être prouvée. Et il faut bien
avouer qu'à la demande catégorique de démontrer cette transmissibilité on n'a encore pu apporter aucune preuve tout à fait
incensurable et par conséquent irréfutable.

Ce n'est certainement pas ici le cas de faire un dénombre-
ment aride de tous les faits apportés pour démontrer le principe lamarckien, mais il sera utile d'en rapporter quelques-uns
comme spécimen, pour nous convaincre qu'en effet on ne peut
donner grand tort aux Weismanniens de refuser à la plupart de
ces faits une capacité probatoire incontestable.

Nous laisserons de côté la naissance affirmée de veaux sans
cornes, à la suite de la casse, survenue avant leur conception,
des cornes mêmes chez l'un ou l'autre parent ; ou celle de
veaux sans queue produits par un taureau de race, qui avait
eu la queue écrasée et emportée à la racine par la porte de
l'étable se fermant avec violence. Il est clair que tous ces cas-ci
et tous les autres semblables, qu'on rapporte aussi comme
arrivés à des chiens, à des chats, à des rats et ainsi de suite,
ne peuvent constituer aucune preuve sérieuse, faute de tout
contrôle effectif et de tout enregistrement exact des faits.

Darwin insiste sur la transmissibilité spécialement des caractères acquis par les animaux domestiques. « Le canard domestique, remarque-t-il, vole moins et marche plus que le canard sauvage, et, corrélativement, les os de ses membres antérieurs ont diminué et ceux des membres postérieurs ont accru leur masse, en comparaison de ceux du canard sauvage. Le cheval est exercé à certaines allures, et le poulain hérite des mouvements consensuels similaires. Le lapin domestique est apprivoisé par une captivité rigoureuse; le chien augmente d'intelligence en vivant dans la société de l'homme; le chien de chasse est dressé à courir après le gibier et à l'apporter; et ces facultés intellectuelles et ces propriétés matérielles sont toutes héritées [1]. »

Ces exemples, il faut le reconnaître, sont assez remarquables, le premier surtout. Mais on tombe ici dans l'objection qui est toujours susceptible de se présenter pour de semblables exemples : Comme l'adaptation fonctionnelle a une grande influence modificatrice sur l'organisme, comment pouvons-nous être certains que la plus grande masse des os des jambes chez le canard domestique provienne effectivement de l'hérédité de caractères acquis, plutôt que de l'exercice quotidien de l'individu même? Un canard sauvage, obligé à marcher pendant toute sa vie depuis sa sortie de l'œuf, ne viendrait-il pas à acquérir un grossissement semblable de ces os? Malheureusement nous n'avons pas à ce sujet des mesurages exacts qui seuls pourraient décider la question, si le grossissement acquis pendant la vie d'un individu pourrait s'élever à la même grandeur que celui qu'on a observé chez les canards domestiques.

Plusieurs voyageurs ont remarqué que, lorsque des hommes débarquent pour la première fois sur des îles inhabitées, les animaux n'ont souvent aucune peur d'eux; mais, après quelques générations à peine, la peur de l'homme est devenue chez les mêmes espèces un instinct inné.

Les Weismanniens pourraient objecter ici encore, que cette peur de l'homme n'est pas, maintenant non plus, un caractère

---

1. Darwin, œuvre citée : *The Variation of animals and plants under dom.*, II, 367.

inné, mais plutôt un simple caractère acquis après la naissance;
lequel serait dû à l'éducation dans le sens le plus large, que
les petits reçoivent continuellement de leurs parents et de tous
les autres adultes, moyennant la simple observation et l'imitation de leur façon d'agir dans des occasions déterminées.

« Les coordinations, dispositions et liaisons des cellules ganglionnaires, écrit Roux, qui innervent les muscles de la parole
sont déjà tellement innées en nous, que nous apprenons à
parler notre langue maternelle avec la plus grande facilité ;
tandis que, par exemple, les Européens, lors même qu'on les
porte tout enfants chez les Namas, n'apprennent jamais leur
langue aussi parfaitement, ou ils le font du moins avec plus de
difficulté, que les Namas eux-mêmes [1]. »

Cela n'empêcherait pas quelque négateur systématique de la
transmissibilité des caractères acquis d'objecter que la langue
européenne parlée par les parents et les ancêtres de l'enfant,
loin d'être la cause de ces dispositions et liaisons innées des
cellules ganglionnaires, en serait plutôt l'effet; c'est-à-dire que
ce ne serait pas l'exercice de tel ou tel idiome qui développe-
rait telles et telles liaisons lesquelles seraient ensuite transmises; mais que ce serait au contraire le fait de la préexistence
de telles ou telles liaisons, due à la sélection naturelle, qui
aurait fait que la structure de l'idiome de telle race humaine
donnée est venue à prendre telles ou telles modalités.

« Si de jeunes chiens de chasse, écrit Exner, n'ayant jamais
été à la chasse, n'ayant jamais eu l'occasion d'apprendre à
connaître autrement un coup de fusil et ses effets, entendent à
la campagne le premier coup, ils se précipitent pleins d'avidité,
ainsi que de vieux chiens de chasse, sur la proie, pour l'apporter, lors même qu'ils n'en voient tomber aucune. Cela
démontre que depuis l'invention de la poudre, l'image mnémonique d'un coup de fusil et de ses effets a passé héréditairement
dans le cerveau du chien, c'est-à-dire qu'elle a été recueillie
par voie héréditaire dans ce qu'on nomme instinct [2]. »

1. Roux, œuvre citée : *Der Kampf der Th. im Org.*, 38.
2. Exner, *Physiologie der Grosshirnrinde*, in : Hermann, *Handbuch der
Physiologie*, Zw. Bd., Zw. Th., Leipzig, Vogel, 1879, p. 282-283.

Et ici, nous ne saurions, à vrai dire, ce que les néo-darwinistes pourraient objecter; car il nous semble difficile qu'ils osent attribuer la formation de cet instinct, en un cerveau qui par rapport à ce même instinct était absolument *tabula rasa*, à la sélection artificielle des éleveurs. Nous devons cependant reconnaître que cet exemple ne présente pas non plus, ni n'est par sa nature susceptible de présenter toutes les conditions requises d'exactitude, de mesurage, de contrôle, et particulièrement de comparaison, qui pourraient seules donner, même à un cas unique, la valeur d'une preuve décisive.

Un exemple assez remarquable est rapporté par Le Dantec : Les coquilles des formes les plus anciennes des céphalopodes de Hyatt ont la forme d'une corne de vache à section transversale presque circulaire. En suivant la série des fossiles de cette catégorie dans les terrains les plus récents, on constate que ces coquilles, d'abord presque droites, se sont peu à peu enroulées sur elles-mêmes à la façon d'une spirale d'Archimède. La présence de certains caractères communs permet de considérer comme démontré que les formes enroulées descendent de celles à coquille droite. Chez certains types, l'enroulement est tellement fort que les tours de spire successifs s'impriment les uns dans les autres, donnant naissance à un sillon dorsal dont la genèse mécanique est évidente, puisqu'il résulte sans conteste de la pression du tour de spire précédent sur le suivant. Or, en une période géologique encore plus récente, les découvertes paléontologiques nous montrent que les descendants de ces céphalopodes à coquille étroitement enroulée ont subi un commencement de déroulement et ont maintenant la forme d'une spirale d'Archimède à tours de spires plus écartés les uns des autres et ne se touchant plus. Eh bien, le sillon dorsal persiste même chez ces coquilles qui ont des spires à demi déroulées; cela signifie que ce caractère acquis par les ancêtres de ces dernières leur a été transmis par l'hérédité[1].

C'est là, à coup sûr, un exemple fort intéressant, mais lui non plus n'est pas complètement démonstratif; car, même en

1. Le Dantec, œuvre citée : *Traité de Biologie*, 296-297.

dehors de l'objection, que nous allons examiner plus loin, que le sillon s'imprime sur la substance non vivante de la coque, il n'exclut pas l'explication, ne fût-elle que purement verbale sans aucun fondement effectif, que ce n'est pas l'enroulement de la spire sur elle-même qui a produit le sillon, lequel se serait ensuite transmis héréditairement, mais plutôt que l'enroulement étroit ainsi que le sillon ont été choisis et fixés indépendamment l'un de l'autre par la sélection naturelle.

On connaît l'influence exercée par les climats secs et chauds sur le développement des cornes des bœufs et des brebis. Si quelques individus d'une race donnée sont transportés d'un climat humide et froid en un climat sec et chaud, les cornes s'accroissent en longueur et en grosseur et la peau s'épaissit. Le fait suivant semblerait démontrer que cette plus grande longueur acquise des cornes est transmissible. En effet, une vache fut transportée d'Algäu en Bavière, où le climat est humide et froid, dans les steppes plus secs et plus chauds de la Hongrie. Cette vache enfanta une fille dont les cornes, longues de 22 centimètres, dépassaient de trois centimètres celles de la mère. Or, la fille de cette fille, née elle aussi en Hongrie (présomptivement d'un père de la même race que celui de la mère?), eut des cornes longues de 23 centimètres et plus épaisses que celles de sa mère et de son aïeule [1].

Ainsi, des 3 centimètres dus à l'action du milieu, que nous pouvons comprendre dans l'adaptation fonctionnelle en un sens large, un centimètre serait donc devenu héréditaire en une seule génération. Il est toutefois évident que des expériences de cette nature ne peuvent avoir aucune valeur effective, si elles ne sont faites sur une grande échelle, de manière à pouvoir obtenir des moyennes de beaucoup de termes. Et si nous avons cité l'expérience de Wilckens, c'est uniquement à cause que la façon dont elle a été conduite est près de posséder les conditions requises et indispensables pour une bonne démonstration.

Un autre exemple qu'apportent les partisans de la transmis-

1. Wilckens, *Die Vererbung erworbener Eigenschaften vom Standpunkte der landwirthschaftlichen Tierzucht in Bezug auf Weismann's Theorie der Vererbung*, Biol. Centralbl., 15 Juli 1893, p. 426.

sibilité des caractères acquis nous est fourni par Spencer : c'est celui des Pandjabs de l'Inde, lesquels ont certaines empreintes de muscles dans les os des jambes et certaines facettes aux articulations du fémur, du genou et du pied, qui sont produites par leur habitude de se tenir accroupis par terre; et ces particularités sont héritées, ainsi que le démontre le fait qu'elles commencent déjà à se montrer dans le fœtus.

Weismann s'efforce de démontrer qu'il n'y a là qu'un prolongement chez l'homme de certaines particularités des articulations des anthropoïdes, que la sélection naturelle avait déjà fixées en des temps très anciens parce qu'alors elles étaient utiles. Mais ensuite il ne sait, à notre avis, rendre un compte exact des raisons pour lesquelles ces particularités se seraient maintenues seulement chez les Pandjabs, qui sont justement les seuls, de toutes les peuplades de même famille, qui aient l'habitude de s'asseoir de cette façon [1].

On pourrait dire la même chose pour les callosités aux genoux et au sternum, qui sont héréditaires chez les chameaux domestiques, tandis qu'elles manquent chez les chameaux sauvages [2].

On connaît, enfin, les célèbres expériences de Brown Séquard sur les cobayes prouvant la transmissibilité aux enfants des effets produits chez les parents par certaines lésions accidentelles :

Ainsi il a démontré que l'épilepsie produite chez l'un des parents moyennant une section du nerf sciatique ou d'une partie de la moelle épinière est transmissible aux enfants.

A la suite de la section du nerf grand sympathique cervical, on a obtenu un changement particulier de la forme de l'oreille, ou bien une occlusion partielle des paupières; et la même modification de l'oreille ou la même occlusion des paupières ont été constatées chez les descendants respectifs.

Une lésion du bulbe rachidien a produit chez certains cobayes

---

1. Weismann, *Neue Gedanken zur Vererbungsfrage. Eine Antwort an Herbert Spencer*, Iena, Fischer, 1895, p. 54 et suiv.
2. Cattaneo, *Le gobbe e le callosità dei cammelli in rapporto colla questione della ereditarietà dei caratteri acquisiti*, Année Biol., II, 1896, p. 155-157.

une protrusion de l'œil, et la même exophtalmie s'est manifestée chez les enfants.

Des ecchymoses, suivies de gangrène sèche avec d'autres altérations de nutrition de l'oreille, ont été constatées sur des descendants d'individus chez lesquels cette série d'effets avait été produite par une lésion du corps restiforme.

La section du nerf sciatique chez d'autres cobayes ayant rendu insensible la patte postérieure, fut cause que ces animaux en détruisirent peu à peu les orteils en les rongeant; et l'on constata chez leurs descendants l'absence de phalanges ou d'orteils entiers également à l'une des pattes postérieures.

D'autres individus, auxquels on avait coupé le nerf sciatique, eurent des descendants chez lesquels il se manifesta d'abord un état morbide du nerf sciatique même, et ensuite les phénomènes caractérisant les périodes de développement et de décroissance de l'épilepsie, particulièrement l'apparition de la puissance épileptogène dans une partie de la peau de la tête ou du cou, et la chute des poils vers le déclin de l'affection.

Des cobayes, qui avaient eu un œil altéré par suite de la section transversale du corps restiforme, eurent tous leurs descendants avec un des yeux ou tous les deux plus ou moins lésés.

Chez plus d'une vingtaine de cobayes représentant la descendance totale d'individus frappés d'atrophie musculaire par suite de la résection du nerf sciatique, il se manifesta également une atrophie musculaire de la cuisse et de la jambe[1].

On connaît la tentative extrême que Weismann a faite de réfuter les résultats de ces expériences, en ce qui concerne la seule transmissibilité de l'épilepsie, en objectant que cette affection n'était due qu'à une infection inoculée aux parents à la suite de l'opération et transmise ainsi au germe. Objection à laquelle Brown Séquard a triomphalement répondu en montrant que l'épilepsie n'est pas produite par toutes les sections nerveuses, mais par quelques-unes seulement, et que d'ailleurs elle

1. Brown Séquard, *Faits nouveaux établissant l'extrême fréquence de la transmission, par hérédité, d'états organiques morbides, produits accidentellement chez des ascendants*, Comptes Rendus de l'Acad. des Sciences, t. XCIV, n° 11, 13 mars 1882, p. 697-700.

peut être provoquée aussi par le simple écrasement du nerf sciatique sans aucune plaie à la peau, ce qui rend impossible l'ino-
culation de quelque infection que ce soit.

Eh bien, il faut reconnaître que ces expériences non plus,
bien qu'elles démontrent la transmissibilité indubitable des
effets de certaines lésions, ne sont parvenues à donner à bien
des naturalistes et des biologistes, qui ne sont cependant pas des
fétichistes du weismannisme, la ferme persuasion de la transmissibilité des caractères acquis en général. Peut-être parce
que ce qui se transmet est toujours quelque chose de morbide,
d'anormal. On exige, en un mot, pour trancher la question, la
preuve certaine de la transmissibilité de caractères normaux
acquis par adaptation fonctionnelle.

Ainsi donc, pour nous résumer, celui qui se propose systématiquement de découvrir toujours quelque point, sur lequel tel
ou tel fait cité à l'appui du principe lamarckien soit contestable,
y parvient, nous ne dirons pas toujours, mais la plupart des fois.
Ceci ne justifierait cependant l'assertion, que la transmissibilité
des caractères acquis ne repose pas sur des preuves directes,
qu'au cas où cette preuve viendrait à être constituée par un tout
petit nombre de faits ou même par un fait unique. Lorsque, au
contraire, le nombre des faits tous également favorables à un
même principe donné est considérable, quand même chacun
d'eux ne serait pas absolument incontestable, cela ne suffit pas
pour ôter à leur ensemble une grande valeur probatoire, surtout
lorsque, pour refuser à chacun de ces faits une incontestabilité
complète, on est forcé d'avoir recours à autant de subtilités
différentes.

D'un autre côté, la non-transmissibilité de certaines modifications violentes et instantanées, telles que les amputations et
autres semblables, dont les Weismanniens font un si grand cas,
ne prouve rien contre la transmissibilité des adaptations fonctionnelles dont la nature est tout autre.

Considérons, en effet, l'équilibre dynamique existant à l'état
adulte en une petite portion donnée du soma, et admettons aussi
que cet équilibre soit venu à s'établir au moyen d'un procès
de nature épigénétique, dépendamment de tout le reste de

l'organisme. Si cet équilibre local est dérangé en une mesure
remarquable et tout à coup, ainsi qu'il arrive dans les amputations, plutôt qu'en une mesure graduelle et très lente, comme
dans les adaptations fonctionnelles, on conçoit qu'il puisse et
doive se recomposer promptement dans le voisinage même de la
blessure, ou en tout cas dans l'étendue limitée du moignon restant, avant que le dérangement ait le temps de s'étendre beaucoup plus loin. Par conséquent, s'il existe un endroit déterminé
de l'organisme jusqu'auquel les dérangements non transitoires,
et les variations permanentes d'équilibre qui en sont les conséquences, doivent arriver pour que la modification morphologique correspondante soit transmissible, il s'ensuivra que les
amputations, à la différence des adaptations fonctionnelles, ne
pourront, la plupart des fois, laisser aucune trace d'elles chez
les descendants.

Mais il y a un point encore plus fondamental sur lequel les
amputations diffèrent complètement des adaptations fonctionnelles : L'amputation d'un membre, d'un morceau de queue,
constitue, non pas la manière de réaction de l'organisme à une
certaine influence extérieure, mais plutôt cette influence extérieure elle-même. Comment la reproduction en serait-elle donc
possible dans le nouvel organisme? Ce serait la même chose
que de prétendre qu'un individu qui se serait exercé pendant
toute sa vie à porter un fardeau sur ses épaules, transmette à
son fils, non pas seulement des os et des muscles plus gros,
mais encore le fardeau même qui a été chez lui la cause de ces
grossissements.

Ce qui pourrait, donc, tout au plus, se transmettre aux enfants
d'un animal qui aurait subi une amputation quelconque, ce
serait la manière de réaction de l'organisme à cette influence
extérieure violente, c'est-à-dire tout l'ensemble des phénomènes
constituant la cicatrisation proprement dite de la blessure,
ainsi que le rétablissement en général d'un nouvel équilibre
local. Remarquons, toutefois, que, si la reproduction chez
l'enfant d'une grosseur plus considérable d'os et de muscles ne
trouve aucun obstacle dans le fait que l'influence extérieure,
laquelle a agi sur le parent, ne vient point à se répéter chez

l'enfant même, la reproduction, au contraire, de tout l'ensemble des phénomènes constituant la cicatrisation de la blessure et le rétablissement en général d'un nouvel équilibre, ne saurait ne pas être entravée et le plus souvent empêchée tout à fait, si l'amputation ne vient pas à se répéter, par le fait même de la présence du membre ou du fragment qui, chez le parent, avait été emporté.

Pour fixer nos idées, considérons un quelconque des nombreux rats auxquels Weismann a coupé la queue, et que cet auteur a présentés, avec raison, comme une preuve de la non-transmissibilité des amputations. Admettons que chez l'enfant de ce rat, une fois que son développement sera achevé et qu'il sera arrivé à l'âge, à peu près, où son père a subi l'amputation, admettons qu'il naisse effectivement, à ce moment-là, près de l'endroit où l'opération a été exécutée, quelque tendance à reproduire les mêmes phénomènes de la cicatrisation de la blessure et du rétablissement en général du nouvel équilibre local, qui s'étaient produits chez le père. Or, il est évident que l'absence de la queue est une condition nécessaire pour que la reproduction de ces phénomènes soit matériellement possible. Cette tendance devra donc être entravée, et peut-être même absolument empêchée de s'effectuer, si la queue demeure, au contraire, comme partie de l'organisme.

Il est intéressant, à ce sujet, de noter que Kohlwey a obtenu, sur le même individu, un résultat complètement négatif par rapport à l'hérédité des mutilations, tandis qu'il a observé la transmission d'une habitude : les pigeons auxquels il coupait le doigt postérieur, reportaient en arrière un autre doigt pour se tenir perchés; et c'est cette habitude seule qui s'est transmise [1].

L'expérience démonstrative de la transmissibilité des caractères acquis ne peut donc pas viser les amputations et autres semblables variations brusques; car, ou elles n'ont pour tout effet qu'un rétablissement d'équilibre exclusivement local; ou bien elles entravent chez l'enfant la reproduction des phénomènes par lesquels l'organisme parent y a réagi. Aussi il faut

1. H. Kohlwey, *Arten und Rassenbildung, Eine Einführung in das Gebiet der Thierzucht*, Année Biol., III, 1897, p. 456.

que cette expérience ait pour objet unique les modifications de l'adaptation fonctionnelle, car celles-ci ont une répercussion très étendue, et qu'elles ne rencontrent aucun obstacle dans leur tendance à se reproduire chez l'enfant.

Le mieux sera, par conséquent, d'avoir recours à l'exercice artificiel prolongé ou très fréquemment réitéré de certains organes ou parties de l'organisme. Nous pourrions citer, à simple titre d'exemple, la distension ou la contraction artificielle, bien plus fréquente qu'à l'ordinaire, des muscles des jambes antérieures ou postérieures d'un animal donné, ainsi qu'on pourrait l'obtenir, par exemple, pour les petits amphibiens ou les petits mammifères, à l'aide d'un mécanisme d'horlogerie expressément composé. La traction prolongée de la queue des rats, amenant son allongement et son grossissement, serait à substituer à l'amputation de Weismann qui ne peut rien prouver. D'une façon analogue, un léger martelage continuellement répété, qu'un mécanisme adapté provoquerait automatiquement sur certaines parties du crâne d'animaux dépourvus de cornes, pourrait remplacer l'amputation ou le brisement des cornes chez les animaux qui en sont pourvus.

Tous ces stimulus artificiels développeraient certainement, sur chaque individu, l'organe sur lequel ils s'exerceraient. Il resterait à voir si, ces stimulus étant répétés pour une longue suite de générations, on finirait par avoir des individus ayant déjà inné, ne fût-ce qu'en une petite proportion, ce plus grand développement que l'organe aurait acquis pendant toute une série d'ancêtres. De semblables expériences à essayer sur des cobayes ou des rats ne sembleraient pas devoir présenter des difficultés pratiques bien grandes; et cependant, personne, à notre connaissance, ne s'est jusqu'ici avisé de les tenter ou de les proposer.

Dans toutes ces expériences, il ne faudra cependant jamais oublier que la petitesse même de la fraction transmissible d'une variation quantitative acquise constituera justement la très grande difficulté de vérification du principe lamarckien.

Galton propose, comme on sait, d'expérimenter plutôt sur la transmissibilité ou non de certains instincts acquis. Il conseille, par exemple, de tirer parti de cette expérience faite par Möbius sur le brochet : ayant divisé un grand récipient de verre en deux compartiments moyennant une pièce de verre parfaitement transparente, Möbius plaçait le brochet dans l'un des compartiments et dans l'autre des petits goujons, dont le brochet fait sa nourriture habituelle. Il s'ensuivait que, toutes les fois que le brochet se précipitait sur quelqu'un des petits poissons, il en était empêché par la vitre contre laquelle il allait se cogner. Après quelques semaines de tentatives infructueuses le brochet renonça définitivement à cette proie insaisissable ; et il persista dans cette contenance même après que la vitre avait été retirée. Or, Galton conseille de vérifier si, en réitérant la même expérience sur plusieurs générations de brochets, ayant soin que chaque génération soit toujours tenue à l'écart de la précédente pour empêcher tout danger d'influence éducative par voie d'imitation, on arriverait à avoir quelque descendant chez lequel l'instinct de se jeter sur les goujons serait remplacé par l'instinct contraire de l'indifférence à leur égard [1].

[1] Remarquons que, justement parce qu'il s'agit ici de vérifier la transmission d'un instinct acquis opposé à un instinct inné, les expériences de cette nature sont moins à conseiller que celles où il s'agit, au contraire, de vérifier la transmissibilité d'un simple accroissement quantitatif acquis par des organes ou des tendances déjà existantes. Dans l'expérience de Galton, quand même il viendrait à exister chez les descendants une certaine tendance à reproduire le nouvel instinct, elle pourrait ne pas posséder, pour une longue suite de générations, l'énergie potentielle suffisante pour s'effectuer et devenir ainsi manifeste, justement parce qu'elle est opposée à une tendance préexistante fournie assurément, au commencement du moins, d'une plus grande quantité d'énergie potentielle. Il est par conséquent probable qu'il faudrait soumettre une bien longue série de générations à la même expérience de la cloison de verre, avant que la nouvelle tendance puisse prendre le dessus et remplacer l'ancienne. Le premier brochet sur lequel Möbius a fait son

1. Galton, *Feasible Experiments on the possibility of transmitting acquired habits by means of inheritance*, paper read at the British Association, Nature, 17 october 1889, p. 610.

expérience, nous fournit lui-même une preuve de cela. Car, dès le premier choc contre la cloison de verre, la tendance contraire à son instinct a dû commencer à naître chez lui ; mais elle n'est parvenue à remplacer ce dernier qu'après un grand nombre de tentatives infructueuses.

De tout ce que nous avons dit jusqu'ici, il résulte donc qu'il est vivement à désirer que de nouvelles expériences absolument incontestables viennent une bonne fois mettre hors de tous les doutes la transmissibilité des caractères acquis. Mais il en résulte en même temps, ainsi que nous l'avons dit, que si aucune des preuves directes plus ou moins solides que nous possédons déjà ne démontre d'une façon absolue cette transmissibilité, toutes ensemble cependant elles déposent du moins fortement en sa faveur. Nous verrons que cela est aussi vrai pour les preuves indirectes : on ne peut dire d'aucune d'elles qu'elle soit propre à trancher la question dans un sens plutôt que dans l'autre; mais leur ensemble constitue une forte présomption en faveur du principe lamarckien.

Il conviendra d'examiner d'abord les principaux arguments que Weismann a apportés contre ce principe. Ils se réduisent en substance aux quatre suivants :

1° « Chez beaucoup d'animaux, écrit-il, chez beaucoup d'insectes, par exemple, se manifestent des instincts qui ne sont exercés qu'une seule fois pendant la vie. Il suffira de citer la ponte des œufs chez les éphémères et plusieurs papillons, l'accouplement chez les abeilles, la recherche d'endroits et de cachettes propres pour le changement des chenilles en chrysalides, — une espèce se suspend, une autre se fixe à une feuille, une troisième s'y enroule, une quatrième s'enfonce sous terre, et ainsi de suite. A cette catégorie d'instincts appartiennent aussi les nombreuses espèces de cocons, que les bombycidés particulièrement parmi les papillons filent d'une façon si étonnamment compliquée et adaptée au but, et que chaque individu, non seulement aujourd'hui, mais dès les temps les plus anciens, exécute une seule fois de toute sa vie [1]. »

1. Weismann, œuvre citée : *Neue Gedanken sur Vererbungsfrage. Eine Antwort an Herbert Spencer*, p. 61-62.

2° Le deuxième groupe de faits contraires à la transmissibilité des caractères acquis est donné, selon Weismann, par les parties qui n'ont qu'une fonction passive : « Car ces parties montrent qu'elles deviennent elles aussi rudimentaires, et disparaissent enfin, si elles ne sont plus d'aucune utilité pour la conservation de l'espèce. Elles dénotent que le procès de disparition, que les Lamarckiens attribuent à la transmissibilité des effets directs du non-usage, ne peut au contraire provenir de cela, car ici l'organe en question n'exerce aucune fonction physiologique active. A cette catégorie appartiennent, par exemple, les couleurs des animaux, qui deviennent instables dès qu'elles ne sont plus nécessaires comme protection ou comme signe de reconnaissance, de même que la détérioration de la cuirasse chitineuse chez divers crustacés et insectes qui fourrent une partie de leur corps dans des enveloppes protectrices[1] ».

3° Le troisième argument contre la transmissibilité des caractères acquis, c'est celui des neutres chez les fourmis, les abeilles et les termites qui, selon Weismann, démontrent que toutes les adaptations, soit de nature positive ou négative, soit isolées ou coordonnées, que l'on observe chez les animaux se propageant au moyen de leurs propres descendants, se présentent aussi chez ceux qui ne se propagent point et qui, par conséquent, ne se transmettent assurément rien[2].

4° Enfin, le dernier argument de Weismann, c'est qu'il est incompréhensible comment la transmissibilité des caractères acquis pourrait s'effectuer[3].

Si nous tâchons d'examiner avec la plus scrupuleuse objectivité ces quatre arguments, nous devons avant tout les partager en deux catégories : le dernier seul est allégué directement contre le principe de la transmissibilité ; le premier, le deuxième et le troisième, au contraire, ne voudraient déposer qu'indirectement contre ce principe, en tant qu'ils s'efforcent de démontrer que beaucoup de formations, par leur nature ou par les circonstances dans lesquelles elles ont dû se produire, ne

1. Weismann, *ibid.*, 62-63.
2. Weismann, *ibid.*, 66.
3. Weismann, *ibid.*, 61.

peuvent s'expliquer que par la sélection naturelle. La conclusion qu'on voudrait ainsi tirer est évidente et elle est même avouée : si la sélection naturelle est capable d'expliquer certaines formations, elle sera capable aussi d'expliquer toutes les autres ; si toutes les formations peuvent s'expliquer par la seule sélection naturelle, la transmissibilité des caractères acquis devient inutile au but d'expliquer la transformation des espèces ; par conséquent, si elle est inutile, il est fort probable qu'elle n'existe pas.

Le lecteur impartial admettra que cette manière de raisonner est spécieuse : quand on démontrerait que la sélection naturelle doit nécessairement avoir été capable de produire à elle seule, grâce aux variations individuelles fortuites, certaines formations, il ne s'ensuivrait pas qu'elle doive pour cela avoir été capable de produire encore toutes les autres formations phylogénétiques, particulièrement si elles sont d'une autre nature que les premières. Et quand même on arriverait à démontrer qu'elle pourrait être capable d'expliquer à elle seule toutes les formations phylogénétiques en général, il est évident que ceci ne constituerait pas encore un argument *contre* la transmissibilité des caractères acquis : le courant électrique continu, par exemple, peut être produit par la pile aussi bien que par la dynamo ; et le fait qu'on pourrait toujours l'expliquer en le supposant produit par la pile, n'empêche pas que bien des fois il soit effectivement produit par la dynamo.

Cela étant dit, passons à examiner séparément, aussi succinctement et aussi objectivement que nous le pourrons, chacun de ces quatre arguments :

1° Aucune valeur ne peut être attribuée à l'unicité de l'exercice d'une fonction pendant la vie. En premier lieu, elle peut être plus récente que l'acquisition de la fonction même, qui aurait été auparavant exercée plusieurs fois pendant la vie de l'individu. En second lieu, cette unicité n'exclut pas tout de même la transmissibilité d'une habitude acquise par l'exercice ; car, le fait d'avoir accompli, ne fût-ce qu'une seule fois, une fonction donnée, laissera certainement dans l'organisme parent une disposition et une facilité plus grandes à l'accomplir de nouveau; et d'admettre par conséquent que cette disposition et cette facilité plus grandes se représentent dans l'organisme fils, cela rentre dans le cas ordinaire de la transmissibilité en général.

2° Quant au deuxième argument, on ne peut méconnaître que, pour certaines formations de nature particulière, l'affirmation de Weismann, qu'elles ne peuvent être dues qu'à la sélection naturelle, semble avoir la plus grande probabilité de répondre à la vérité.

Il faut toutefois remarquer que, pour soutenir sa thèse, Weismann se prévaut de la passivité fonctionnelle de beaucoup de parties, laquelle est pourtant fort discutable.

La carapace des tortues, par exemple, pourquoi ne devrons-nous pas la considérer comme une vraie et propre adaptation fonctionnelle, c'est-à-dire comme due aux excitations du milieu auxquelles la peau de l'animal aurait réagi par une sécrétion toujours plus abondante de substance dure, de la même façon que la peau des brebis réagit par la sécrétion de la laine? Rien n'empêche que des sécrétions dues à des adaptations fonctionnelles déterminées puissent ensuite servir aussi comme des écus protecteurs, et devenir ainsi utiles à l'espèce par une autre voie encore.

D'un autre côté, l'enveloppe où les crustacés et les insectes cités par Weismann fourrent une partie de leur corps, peut préserver la surface extérieure de cette partie de l'action durcissante des agents extérieurs, de même que les habitations et les vêtements peuvent avoir contribué à la disparition du poil chez l'homme. Il ne faut pas, en effet, considérer la fonction passive du poil ou de la substance chitineuse, mais la fonction active des tissus qui sécrètent ces substances; fonction parfaitement active, en ce qu'elle est une réaction spécifique aux agents extérieurs.

De même, comment ne pas attribuer les couleurs des écailles des papillons à des adaptations fonctionnelles effectives, lorsqu'on voit le papillon rouge-doré *Polyommatus phlaeas* changer de couleur et prendre une teinte noire par ce seul fait qu'on l'a transporté en des climats plus chauds?

On sait, en outre, qu'il y a des exemples non douteux où la couleur du milieu excite, directement ou indirectement, la surface extérieure de l'animal à en prendre une pareille. Ainsi quelques mammifères et oiseaux arctiques deviennent tout blancs en hiver, se mettant par là à l'unisson avec la couleur générale du milieu. Et certains papillons présentent des phénomènes de polychromisme protecteur, dans le sens qu'ils prennent toujours la couleur du milieu environnant.

Et cela ne doit pas paraître étrange. Car il n'y a rien d'inadmissible dans la supposition qu'une peau très sensible puisse éprouver un malaise plus grand, si les rayons lumineux qui la frappent sont d'une couleur différente de la sienne, plutôt que d'une couleur pareille. Malaise comparable au sens désagréable de froid ou de chaud, que la surface de chaque corps éprouve si elle n'est pas à la même température que le milieu.

Par conséquent, si toute adaptation fonctionnelle, toute réaction de la substance vivante aux agents extérieurs, consiste à modifier son propre procès vital de manière qu'il vienne à trouver dans ces mêmes agents extérieurs, non plus des obstacles, mais plutôt des stimulateurs, on comprendra la tendance de tout organisme particulièrement sensible à mettre la couleur de sa propre surface à l'unisson de celle du milieu. Cela n'empêche pas que cette identité de couleurs ne puisse servir à l'animal dans un but protecteur aussi; mais la cause productrice restera toujours malgré cela l'adaptation fonctionnelle.

Des exemples précédents, où l'action de la couleur du milieu sur la surface extérieure de l'animal paraît être directe, on passe à ceux où cette action est indubitablement indirecte. Ainsi beaucoup de poissons, d'amphibiens, de reptiles, de céphalopodes sont capables de changer de couleur en très peu de temps et de se mettre par là toujours d'accord avec la couleur très variable du milieu. La couleur du milieu qui provoque celle de l'animal n'agit cependant pas, en ces cas-ci, directement sur les éléments de la peau, les chromoblastes, qui produisent la couleur même; mais par un appareil nerveux compliqué unissant ces éléments avec la partie qui est la première stimulée par la couleur; laquelle est quelquefois constituée par les simples terminaisons nerveuses de la peau, d'autres fois même par les terminaisons rétiniennes de l'œil. En ce dernier cas, si les lobes optiques du cerveau sont artificiellement détruits, la capacité de changer de couleur cesse [1].

Ce dernier cas est particulièrement intéressant, car il nous montre que des manières spécifiques différentes d'être de courants nerveux ont une action formatrice différente par rapport aussi aux colorations des animaux. Nous disons : des manières spécifiques différentes d'être de courants nerveux, parce que l'action réflexe qui se produit par le fait que l'œil a été frappé par telle couleur, ne peut point ne pas être spécifiquement différente de celle qui se produira lorsque l'œil sera frappé par une couleur diverse.

Pour Le Dantec, en outre, beaucoup de colorations de la peau aujourd'hui fixes et pareilles à la couleur constante du milieu désormais immuable, dériveraient, grâce à la répétition incessante d'une seule et au défaut de toutes les autres, d'anciennes colorations variables à volonté suivant les différentes couleurs du milieu ancien variable [2]. En d'autres termes, la coloration restée seule aujourd'hui serait due au fait qu'un des nombreux courants nerveux spécifiques différents, auxquels chacune des différentes couleurs variables était due, aurait remplacé définitivement tous les autres, de transitoire qu'il était devenant permanent.

D'autres pourraient pencher pour le contraire : De même que la sécrétion du suc gastrique a été d'abord une adaptation fonctionnelle de la paroi de l'estomac à certains aliments, et qu'elle a fini ensuite par se produire, grâce à l'association psychique, avant que les aliments mêmes soient ingérés, par le seul savourement de ces mêmes aliments de la part du palais ; de même la reproduction de la couleur du milieu, d'abord adaptation fonctionnelle directe des éléments de la peau produisant la couleur, les chromatophores, peut avoir fini par se

---

1. Weismann, *The Effect of external Influences upon Development*, 26-27.
2. Le Dantec, *Lamarckiens et Darwiniens*, Paris, Alcan, 1904, chap. XIV : *Le mimétisme lamarckien*, p. 129-149.

reproduire indirectement par la voie seulement de la perception de la couleur même du milieu de la part des yeux.

Quoi qu'il en soit, tous ces faits nous apprennent que, bien loin de retenir les colorations protectrices des animaux comme dues uniquement à la variabilité fortuite aidée par la sélection naturelle, qui les aurait conservées en vertu de leur simple fonction passive protectrice, nous avons un motif grand et légitime de retenir que la plupart des fois elles ne sont, elles aussi, que le résultat de vraies adaptations fonctionnelles.

Alors on comprend aussi que, une fois qu'une couleur ambiante donnée est changée, la couleur protectrice de l'animal puisse elle aussi devenir instable ou tendre à disparaître, sans qu'il soit besoin, pour expliquer cela, d'avoir recours, ainsi que le fait Weismann, à la panmixie ou à tout autre procès compliqué de la sélection naturelle. Car cette tendance à disparaître pourra, en ce cas encore, être attribuée au simple fait que, la couleur du milieu étant changée, le stimulus fonctionnel, auquel précisément était due la couleur de l'animal, vient à cesser.

Il est vrai que Weismann se prévaut de certains cas de mimétisme plus typique, qui sembleraient plus que les autres lui donner raison, en ce sens que la sélection naturelle aurait parfois été propre à produire, sans aucun doute possible, à elle seule et dans leurs moindres détails, des formations remarquablement compliquées. Tout le monde songe aussitôt, par exemple, à la Kallima, le fameux papillon-feuille. On sait toutefois que quelques Lamarckiens ont fait la tentative hardie d'attribuer encore ces ressemblances si parfaites à d'anciennes facultés, désormais disparues, de changements volontaires chromoblastiques mimétiques, lesquelles d'ailleurs pourraient encore être constatées chez certains animaux, par exemple, chez certains poissons. La constance de l'objet modèle, imité d'abord par un pur acte de volonté, aurait fini par soustraire la disposition chromatique imitative à l'arbitre de l'animal [1]. Ici, il nous suffira de remarquer que sur ces mimétismes volontaires,

---

1. Le Dantec, œuvre citée : *Lamarckiens et Darwiniens*, 142-145.

dignes du plus grand intérêt, le dernier mot n'a certainement pas encore été prononcé. Et que, en tout cas, il ne serait pas moins difficile d'attribuer ces formations imitatives, comme celle de la Kallima, à la seule sélection naturelle, vu que leur utilité protectrice ne peut commencer à se manifester que quand elles ont déjà atteint un degré de perfection fort avancé.

« Un muscle, insiste Weismann, peut devenir plus grand par l'usage; mais une griffe, une garniture de soies, une dentelure, un aiguillon d'un articulé, ne peuvent devenir par l'usage plus épais, plus longs ou plus forts. Ils ne peuvent tout au plus que s'user[1]. » Mais l'usure même d'une partie organique inerte ou, pour mieux dire, la transmission à travers la substance inerte de l'action mécanique provoquant l'usure même, est-ce qu'elle n'active pas la réaction spécifique correspondante dans le tissu vivant sécréteur de la soie ou de l'ongle?

« Il suffit d'observer, continue notre auteur, toute la série de changements positifs subis par les plantes dans leur transformation d'une espèce à l'autre, lesquels ne peuvent être expliqués par le principe lamarckien : les épines, les piquants, les filaments placés d'une façon si conforme au but protecteur, les poisons, les substances tanniques, les huiles éthérées et toutes les formes si appropriées des feuilles et des fleurs : Pour tous ces changements positifs, la prétendue transmissibilité des effets de l'usage et du non-usage n'est même pas, généralement, mise en question; ici tout procède sans elle. Exemple incontestable que la nature n'a pas besoin pour ses transformations de ce prétendu facteur[2]. » Il est probable, au contraire, que beaucoup de ces changements subis dans le passé ou de ces caractères aujourd'hui existants sont justement le résultat de la réaction de l'organe végétal à des stimulus donnés, extérieurs ou intérieurs, qu'on n'a pas encore remarqués ni même soupçonnés. A cette catégorie appartiennent fort probablement, par exemple, indistinctement toutes les diverses sécrétions des substances chimiques les plus différentes. Bien plus, le fait même de sécrétions identiques chez des espèces végétales les plus dis-

---

1. Weismann, *Neue Gedanken zur Vererbungsfrage*, 65.
2. Weismann, *ibid.*, 66.

semblables entre elles en tout le reste dépose, ainsi que nous l'allons bientôt voir, en faveur de l'hypothèse que ces mêmes sécrétions soient des adaptations fonctionnelles acquises et transmises. Tandis que d'autres caractères, bien qu'étant eux aussi très probablement des adaptations fonctionnelles anciennes ou présentes, peuvent toutefois servir aujourd'hui casuellement même à d'autres usages, et parvenir ainsi, nous le répétons, à être encore par d'autres voies utiles à l'espèce.

On voit, donc comment Weismann, pour appuyer sa thèse de la complète suffisance de la sélection naturelle à expliquer la transformation des espèces, a été entraîné à refuser, tout arbitrairement, le caractère d'adaptations fonctionnelles à une très grande quantité de modifications que rien n'indique, au contraire, comme étant, dans leur nature substantielle, différentes des autres. Nous ne prétendons pas nier par là que certaines formations particulières ne demeurent jusqu'à ce jour, justement parce qu'on n'en aperçoit pas le caractère fonctionnel, impossibles à expliquer autrement que par la sélection naturelle ; quoique même l'explication que cette hypothèse peut fournir ne satisfasse pas toujours complètement. Mais le fait que le nombre en devient toujours moins grand à mesure qu'on recherche plus profondément le procès de l'adaptation fonctionnelle et qu'on en découvre le champ d'action toujours plus vaste, prive toujours plus la sélection naturelle de cet aspect de suffisance absolue, de toute-puissance presque, à rendre compte de toutes les transformations phylogénétiques, que Weismann, au contraire, sans aucune preuve à l'appui, s'est efforcé de lui donner.

3° Le troisième argument, touchant les neutres des fourmis, abeilles et termites, est celui sur lequel a principalement roulé, comme on sait, la polémique entre Weismann et Spencer. Celui-ci apportant, comme un des plus solides arguments en faveur de la transmissibilité, la coadaptation, c'est-à-dire la variation coordonnée des différentes parties coopérant à produire un résultat physiologique déterminé ; ainsi Weismann lui objecte le fait de l'existence des individus neutres chez les fourmis, les termites et les abeilles : individus qui ont subi, dans le cours de leur évolution, des modifications harmoniques de parties diverses, et qui cependant n'engendrent jamais de progéniture. A quoi Spencer répond de nouveau que toutes les modifications harmoniques de parties différentes, les nombreux instincts compris, que les neutres présentent actuellement, ne sont que l'héritage de celles que les ancêtres des insectes sociaux actuels ont acquises dans leur état d'isolement ou d'association égalitaire sans castes; les neutres n'étant autre chose que des femelles incomplètement développées, à cause du défaut de nutrition.

On ne peut dire, à la vérité, que ce débat ait résolu la question d'une manière bien définitive : Si Weismann n'a pas pu démontrer que quelques-unes du moins de ces modifications harmoniques des neutres ont été certainement acquises après l'avènement des castes et la stérilité des neutres; Spencer, de son côté, n'a pu démontrer, au contraire, que toutes ces modifications harmoniques avaient déjà été acquises par les ancêtres présociaux. Cependant, la conception de ce dernier, attribuant les neutres à un arrêt de développement des femelles, qu'il est complètement parvenu, à notre avis, à faire prévaloir sur celle de son contradicteur, est venue en réalité enlever au dernier rempart weismannien toute la solidité qui lui venait de la conception que les neutres étaient, au contraire, une formation à part, avec acquisition de caractéristiques propres, par la voie exclusive de la variabilité fortuite et de la sélection naturelle.

4° Le quatrième et dernier argument, de l'incompréhensibilité de la transmission des caractères acquis, avait déjà été présenté par Darwin après les exemples, qu'il avait lui-même rapportés, de l'hérédité des caractères et particulièrement des instincts acquis par les animaux domestiques. « Dans tout le domaine de la physiologie, ajoutait-il en effet, rien n'est plus étonnant. Comment l'usage ou le non-usage d'un membre particulier ou du cerveau peut-il influencer un petit agrégat de cellules reproductrices, situé en une partie éloignée du corps, de telle façon que l'être développé par ces cellules hérite les mêmes caractères acquis de l'un des parents ou de tous les deux? Une réponse

même imparfaite à cette question suffirait pour nous satisfaire[1]. »

Cet argument, que Weismann considère au fond, sans
l'avouer mais nous le laissant entendre, comme le plus fort,
est, au contraire, le plus faible de tous. Quand cela serait vrai,
que le mécanisme de la transmission fût aujourd'hui tout à fait
inconcevable, cet argument ne pourrait constituer une preuve
contre elle, puisque le nombre des phénomènes et même des
lois que nous sommes forcés d'admettre, sans pouvoir encore
en donner aucune explication, est, peut-on dire, infini. Il rappelle l'ancienne objection à la théorie newtonienne basée précisément sur l'incompréhensibilité de la manière dont aurait pu
s'effectuer l'attraction à distance des corps célestes entre eux;
et, comme celle-ci, il n'a aucune valeur logique. Il peut avoir
seulement, ainsi qu'il l'a eu et qu'il l'a effectivement toujours,
ce résultat pratique, d'ailleurs très important, que, en faisant
naître chez un grand nombre le doute sur cette transmissibilité,
il pousse à la recherche très active de l'expérience décisive qui
puisse la prouver ou la nier une fois pour toutes en dehors de
tous les doutes.

Il est, en tout cas, intéressant de remarquer que Nussbaum,
dont la théorie de la continuité des cellules germinales a fourni
à Weismann sa conception fondamentale de la continuité du
plasma germinatif, n'excluait pas, malgré cela, à différence de
Weismann lui-même, la possibilité d'une transmission des
caractères acquis : « Comme ces semences et œufs, ajoute-t-il
en effet aussitôt après l'exposition de sa théorie, sont conservés
dans l'organisme, ils se trouvent par là assujettis aussi aux
conditions qui agissent comme modificateurs sur l'organisme
parent. Aussi la transmissibilité des propriétés acquises n'est-
elle pas exclue[2] ».

Après avoir ainsi exposé et réfuté les quatre principaux
arguments apportés par Weismann contre le principe lamarckien, nous devons passer à examiner la valeur des raisonne-

1. Darwin, œuvre citée : *The var. of an. and plants under dom.*, II, 367.
2. Nussbaum, *Zur Differenzirung des Geschlechts im Thierreich*, Arch.
f. mikr. Anat., Bd. 18, Erstes Heft, Bonn, Cohen, 1880, p. 113.

ments et des théories subsidiaires que ce même auteur apporte en défense de sa propre doctrine, laquelle s'est vue attaquée de toutes parts par toutes sortes d'objections tendant à en démontrer l'inadmissibilité.

Comme première théorie subsidiaire se présente à nous la panmixie, qui a complètement succombé. Elle a été, comme on sait, imaginée par Weismann pour expliquer l'atrophie phylétique progressive des organes qui sont devenus inutiles, et consiste dans l'affirmation que, une fois que la variabilité fortuite d'un organe donné, devenu désormais inutile à l'espèce, est à cause de cela soustraite à la sélection naturelle, les variations en moins que cet organe viendra à présenter accidentellement chez certains individus ne causeront plus la disparition de ces derniers dans leur lutte pour la vie. De cette survivance des organismes aussi qui présentent des variations en moins et de leurs unions sexuelles avec des individus conservant encore cet organe à son état antérieur, dériveraient peu à peu la dégénération, l'atrophie progressive et la disparition définitive de l'organe même.

Spencer cependant fait justement relever que, les variations en plus ayant autant de probabilité de se présenter que les variations en moins, la panmixie n'est point du tout capable d'expliquer à elle seule cette dégénération progressive et continue des organes inutiles.

L'addition suggérée par Romanes, que c'est la tendance à la réversion atavique qui assurerait la prépondérance des variations en moins sur les variations en plus, ne suffit pas [1]. Car, non seulement la réversion atavique pourrait tout au plus opérer sur les toutes dernières acquisitions phylétiques; mais, bien plus, dès que les premiers stades de l'atrophie seraient atteints, elle tendrait, en tout cas, depuis ce moment, à assurer, au contraire, la prépondérance des variations en plus sur celles en moins.

Mais quelqu'un pourrait soutenir que la panmixie n'est pas une thèse nécessaire au weismannisme : Le principe de l'éco-

---

1. Romanes, *A Note on Panmixia*, Contemporary Review, Oktober 1893, p. 612.

nomie de l'organisme, par lequel tout organe inutile est nuisible à cause de la nourriture qu'il soustrait aux autres, peut suffire à lui seul, une fois qu'on a rejeté l'hérédité des caractères acquis, à expliquer la disparition phylétique graduelle des parties inutiles.

Cette hypothèse toutefois a été aisément détruite par quelques calculs de Spencer démontrant qu'il est impossible que le tout petit avantage apporté à l'organisme par une petite variation en moins innée et fortuite de l'organe inutile, particulièrement lorsque celui-ci se trouve en un état déjà très rudimentaire comme le serait le fémur chez la baleine; puisse assurer à l'individu la prépondérance sur les autres, et provoquer ainsi le passage phylétique à une atrophie encore plus grande. Et une grande valeur ne peut être non plus attribuée à la contre-observation, sur laquelle Weismann revient plusieurs fois, de notre profonde incapacité actuelle de mesurer l'efficacité sélective de la lutte pour la vie. Il suffit de songer que chez les parasites, et surtout chez les endoparasites, qui ont toujours excès de nourriture, l'avantage de la réduction des organes inutiles vient à se réduire complètement à zéro. Et c'est cependant chez ceux-ci que cette réduction atteint son plus haut degré.

Quoi qu'il en soit, nous voulons tout de même admettre soit la prépondérance des variations fortuites en moins sur celles en plus telle que l'affirme la panmixie, soit la suffisance du principe de l'économie de l'organisme pour donner la victoire aux individus chez lesquels l'organe inutile est toujours plus rudimentaire : En ce cas encore, est-ce que cette panmixie et ce principe de l'économie pourraient rendre compte du fait que l'état atrophique des organes devenus inutiles, tel qu'il se manifeste dans l'organisme adulte, est acquis au cours de l'ontogénèse au moyen d'un procès involutif de ces mêmes organes, plus développés aux stades antérieurs qu'aux postérieurs? Bien que nous venions de cette façon à anticiper une question que nous examinerons plus tard de nouveau dans toute sa généralité, qu'il nous soit permis de faire observer que la panmixie et le principe de l'économie pourraient, tout au plus, expliquer comment, à mesure que les espèces sont plus récentes, l'organe en question est venu à s'arrêter, pendant l'ontogénèse, à des stades de développement toujours plus arriérés, tandis que chez les espèces ancestrales il poursuivait jusqu'à un développement ultérieur. Mais comment pourraient-ils expliquer que des tissus et des organes donnés se développent ainsi, pendant l'ontogénèse, jusqu'à un point déterminé et fort avancé, pour reculer ensuite, à un moment donné, par voie d'involution physiologique, souvent jusqu'à leur complète disparition?

En passant de la dégénération graduelle continue des organes inutiles à la formation lentement progressive des organes utiles, à l'évolution phylétique en général, nous devons d'abord déclarer que, de toutes les objections qu'on a soulevées et qu'on peut encore soulever contre la suffisance de la sélection naturelle pour rendre compte de la transformation des espèces, nous n'en indiquerons, ainsi que chacun pourra aisément le vérifier, qu'un tout petit nombre, car nous croyons utile de nous borner seulement aux plus caractéristiques et plus solides, et qui constituent mieux que les autres un appui indirect pour le principe lamarckien. D'autant plus que pour maintes objections toute discussion est oiseuse : car, remarquons cela une fois pour toutes, si notre adversaire adopte, en même temps comme thèse et comme base de la défense de cette thèse, la complète suffisance de la sélection naturelle, il nous sera nécessairement bien difficile, et la plupart des fois tout à fait impossible, de le réfuter d'un point de vue purement logique.

On pourrait prétendre, il est vrai, que Weismann démontrât par les faits cette toute-puissance de la sélection naturelle. Mais c'est justement là ce qu'il est bien loin d'avoir fait. Car, ainsi que nous l'avons vu, il s'est borné à démontrer que, parmi les diverses hypothèses que l'on a imaginées pour rendre compte de quelques formations toutes particulières, la sélection naturelle est celle qui y parvient le moins mal.

Mais, une fois que l'adversaire a accepté cette toute-puissance de la sélection naturelle comme un axiome, à employer au besoin comme thèse et comme base de la thèse, il sera bien difficile alors, nous le répétons, dans la plupart des cas, de le prendre en quelque contradiction, ce qui est le seul moyen par lequel la réfutation logique puisse procéder et amener à quelque résultat. En d'autres termes, si, pour démontrer la complète suffisance de la sélection, Weismann part de la présupposition que la sélection soit toute-puissante, comment pourra-t-on parvenir à le démentir par le pur raisonnement?

Et au vrai : On objecte que les variations fortuites, lors même qu'elles sont utiles, doivent cependant en beaucoup de cas l'être si peu, à cause de la petitesse même avec laquelle elles se présentent, qu'il est impossible qu'elles constituent un avantage tel qu'il puisse donner prise à la sélection naturelle. Mais Weismann, pour se tirer d'embarras, n'a qu'à répéter ici encore sa réponse axiomatique habituelle, que nous avons indiquée plus haut, de notre incapacité d'apprécier le degré de puissance sélective de la lutte pour la vie.

D'autres objectent que certaines caractéristiques dues à l'adaptation fonctionnelle ne sont point utiles à l'espèce. Par conséquent on s'explique qu'elles se présentent innées chez les individus, si l'on admet la transmissibilité des caractères acquis; tandis que cela ne s'expliquerait pas, si ces caractéristiques ne pouvaient être dues qu'à la sélection naturelle. Mais Weismann peut toujours objecter que leur utilité présente ou passée nous échappe, sans cesser pour cela d'être ou d'avoir été effective. Un exemple typique de ces discussions que le pur raisonnement est impuissant à trancher, c'est celle qui s'est débattue dans la polémique Spencer-Weismann sur la sensibilité spéciale des papilles de la langue. Tandis que Spencer l'attribue au frottement continuel de la langue même contre les dents et lui refuse toute utilité pour l'organisme; Weismann, au contraire, soutient qu'elle peut avoir effectivement été de quelque utilité, du moins dans le passé. Remarquons qu'il y aurait à discuter aussi si cette sensibilité spéciale est vraiment innée, ou plutôt acquise chaque fois *ex novo* après la naissance.

Pour quelques autres, la sélection naturelle serait impuissante parce que les variations ou divergences individuelles fortuites, sur lesquelles elle pourrait s'exercer, sont sans cesse détruites par l'amphimixie. Weismann pourrait toujours répondre que les variations ou divergences fortuites, conservées par la sélection naturelle chez un individu, ne sont point détruites chez ses descendants par le fait de l'accouplement de cet individu avec d'autres qui en sont dépourvus, mais seulement, pour ainsi dire, délayées et réduites. Il suffit par conséquent de supposer dans la lutte pour la vie un degré de puissance ou capacité sélective simplement plus grand que celui qui suffirait si la génération sexuelle n'existait pas.

On sait, en outre, que Weismann, afin de donner à la sélection naturelle un matériel abondant et continu sur lequel s'exercer, s'était fait, au contraire, une arme de la génération sexuelle, lui attribuant une grande vertu productrice de variations toujours nouvelles. Mais l'opinion opposée, que nous venons de rappeler, des Lamarckiens, que la génération sexuelle, non pas dirigée comme dans l'élevage des races, mais livrée au hasard, ne peut réellement que concourir à garantir l'homogénéité et la fixité des espèces, paraît l'avoir dernièrement converti en partie. En effet, il a fini par avoir recours, pour expliquer la production d'une variabilité fortuite incessante, aux accidentalités de la nutrition dans le plasma germinatif [1]. Ce qui rend tout à fait inutile son hypothèse sur la fonction biologique de l'amphimixie.

Il nous suffira de remarquer ici que, une fois que l'on reconnaît dans l'amphimixie une cause tendant au nivellement des caractères individuels et par conséquent à la fixité de l'espèce, la suffisance de la capacité sélective de la lutte pour la vie étant ainsi rendue moins probable encore, on vient alors à sentir d'autant plus vivement le besoin de quelque cause de variabilité qui soit capable d'agir, simultanément et également, du moins sur toute une grande portion déterminée des individus de l'espèce, et constamment dans le même sens pendant un nombre déterminé très grand de générations successives. De ces causes de variabilité qui possèdent cette capacité d'action simultanée, égale et constante, nous ne connaissons, jusqu'à présent, que l'adaptation fonctionnelle aidée par la transmissibilité des caractères acquis.

1. Weismann, œuvre citée : *Das Keimplasma*, 541-570.

La fixité même de beaucoup d'espèces a été alléguée, avec raison, contre Weismann. La sélection naturelle, en effet, à cause de la petitesse des variations individuelles fortuites, est forcée, d'un côté, d'avoir recours, pour expliquer à elle seule l'évolution des espèces, à un degré de capacité sélective excessivement élevé ; de l'autre côté, une fois que ce haut degré de discernement lui est accordé et par ce fait même, elle vient se heurter à des difficultés encore plus grandes pour rendre compte du phénomène contraire que présentent une quantité d'autres espèces, qui se sont maintenues inaltérées même pendant la suite d'entières et très longues périodes géologiques.

Le Lamarckisme ne trouve point en cela de difficultés spéciales. Si le vrai modificateur c'est le milieu, et non pas la sélection naturelle, l'évolution de certaines espèces et la constance de certaines autres s'expliquent d'elles-mêmes respectivement par le changement ou par l'immuabilité de ce milieu.

Peuvent être des causes de variation du milieu pour une espèce donnée, même en dehors des changements telluriques naturels, l'émigration, par exemple, de cette espèce en d'autres régions, ou bien l'immigration d'autres espèces dans son territoire, souvent aussi la saturation de son propre milieu par œuvre de cette espèce elle-même.

L'émigration, comme cause de variation du milieu, n'a pas besoin d'être illustrée par des exemples.

L'immigration d'autres espèces peut provoquer même immédiatement une très remarquable modification du milieu : L'immigration d'un oiseau de proie à vol rapide fera en sorte que les oiseaux, par exemple, d'une certaine espèce aborigène s'efforceront de voler plus rapidement qu'auparavant pour lui échapper. Cet effort plus grand réitéré provoquera l'augmentation de leur vitesse. Vitesse qui ne se serait point augmentée, nous devons le retenir, par l'exercice quotidien normal. Car l'exercice normal d'une fonction donnée, une fois que l'organe respectif est formé, ne le développe pas davantage encore ; mais il ne fait que lui conserver les dimensions qu'il a déjà prises. Par conséquent on comprend aussi que, si la région ravagée par l'oiseau de proie n'est qu'une partie seulement de tout le territoire habité par cette espèce aborigène, une portion seulement de cette dernière sera forcée de se transformer en une variété plus vile, tandis que la portion restante pourra et devra demeurer inaltérée.

La saturation d'un espace donné avec une espèce donnée peut, non seulement forcer cette espèce à émigrer ou, tout au moins, à élargir son propre cercle d'occupation, en la mettant ainsi en contact avec des conditions telluriques et de faune et de flore différentes; mais elle peut encore produire elle-même directement de très remarquables modifications de milieu.

Ainsi, pour prendre un exemple désormais célèbre, il pourrait se faire que le cou et les longues jambes antérieures de la girafe fussent dus à la saturation de la contrée respective de la part de l'espèce ancestrale : car, si nous supposons que les individus de cette dernière, à une époque donnée et dans une contrée donnée, soient devenus trop nombreux par rapport à la quantité des plantes existantes dont les feuilles leur servaient de nourriture, il est facile de prévoir que toutes les feuilles jusqu'à une certaine hauteur auront alors disparu les premières, et qu'il ne sera demeuré à la fin que les feuilles situées trop haut, de sorte que, pour y atteindre, l'animal aura été forcé d'allonger le cou avec un effort plus grand que d'ordinaire et de se dresser en même temps sur ses jambes postérieures pour retomber ensuite sur les antérieures après avoir arraché la feuille. Et ces efforts tout différents des ordinaires auront amené des adaptations morphologiques elles aussi toutes nouvelles. Mais il n'est nullement nécessaire de supposer que tous les animaux indistinctement de cette espèce ancestrale de la girafe aient été forcés à cette transformation. D'autres, en changeant de nourriture, auront pu demeurer à peu près stationnaires ou subir des transformations de tout autre nature.

D'autres fois, ce ne sera, au contraire, que cette portion donnée de l'espèce, laquelle se voit forcée de changer de nourriture par suite de la saturation respective de la contrée, qui se verra forcée de subir les plus grandes transformations. Ainsi, par exemple, il est probable que cela arrive lorsque la satura-

tion d'un pays fourrager donné, de la part d'une espèce se
nourrissant exclusivement d'herbes, poussera une partie de ces
animaux à s'adresser aux feuilles, d'autres à se transformer en
rongeurs, en insectivores, et que sais-je encore?

Ce qu'il importe de remarquer en ce cas-ci, c'est que, par le
fait justement que de grandes portions des individus de l'ancienne espèce viendront ainsi à chercher leur nourriture ailleurs,
la portion restante pourra, à cause même de cela, continuer à
se nourrir comme auparavant. En d'autres termes, l'élimination,
grâce au changement de leurs habitudes, de ces individus exu-
bérants, en tant que membres de l'ancienne espèce, aura justement pour effet, que les autres individus de cette espèce, ayant
cessé d'être trop nombreux, se trouveront dans les mêmes conditions de milieu non saturé où ils étaient auparavant, et n'auront, par conséquent, plus d'occasion de se transformer eux
aussi en une autre espèce. Car nous devons admettre qu'il existe
même pour les organismes une loi d'inertie, par laquelle ils
tendent à conserver leur propre forme et leur équilibre dynamique, jusqu'à ce qu'il intervienne quelque cause extérieure
assez puissante qui les force à se changer.

Le changement de nourriture impliquera donc toute une
série de changements dans les fonctions pour la recherche, la
chasse, la lutte pour la possession, la préhension, la mastica-
tion, etc., de la nourriture même : mais seulement pour cette
portion donnée de l'espèce qui aura changé son système de vie.
On peut ainsi s'expliquer comment, pendant la suite d'entières
périodes géologiques, un certain nombre des ancêtres de telle
espèce actuelle, maintenant toute différente d'eux, aient pu au
contraire se conserver toujours immuables, c'est-à-dire transmettre jusqu'à nos jours leur propre progéniture presque tout à
fait inaltérée.

L'homme se distingue peut-être des autres animaux en ceci :
Tandis que ces derniers ne modifient pas leur milieu, ou ne le
modifient qu'indirectement et d'une manière discontinue par
l'émigration ou par la saturation, et que, par conséquent, ils
n'évoluent pas jusqu'à ce que ce milieu vienne à changer par
une de ces causes ou par quelque autre cause fortuite; l'homme,

au contraire, par les produits de la civilisation, vient à le modifier directement et d'une façon continue. Et le milieu ainsi continuellement modifié provoque l'évolution continuelle de l'homme.

Il en est ainsi, par exemple, du développement cérébral : La civilisation même, et le progrès continuel de la science et de la technologie, portent à un fonctionnement cérébral toujours plus grand; et l'exercice de cette fonction, toujours plus intense de génération en génération, développe continuellement le cerveau. Aussi ne s'étonne-t-on point d'entendre les anthropologistes affirmer que la capacité crânienne de l'homme a sensiblement augmenté même pendant seulement les trois siècles derniers.

Une autre cause propre à expliquer comment une portion d'une espèce donnée peut demeurer stationnaire tandis que la portion restante se transforme, se trouverait, une fois que l'on admettrait la transmissibilité des caractères acquis, dans l'apparition soudaine de certains instincts. « Même dans le domaine de la biologie, écrit Emery, ou plutôt dans ce domaine particulièrement, bien des propriétés des organismes semblent ne pouvoir s'expliquer que par une formation soudaine. Ceci vaut spécialement pour les habitudes et les instincts. Comment le premier *Velleius dilatatus* a-t-il pu parvenir par degrés à sa vie parasitique dans le nid du frelon? Le premier coucou a certainement commencé tout à coup la première fois à déposer ses œufs dans le nid d'un oiseau étranger[1]. »

La première apparition soudaine d'un nouvel instinct peut se comparer à l'idéation géniale : c'est une association d'idées déterminée qui se forme pour la première fois. Mais lorsqu'elle s'est déjà formée, il est très facile et probable qu'elle se reforme chez le même individu; et sa réitération chez ce dernier rend toujours plus profonde la modification respective du tissu nerveux, laquelle est ce qui se transmet ensuite aux descendants. Une association d'idées nouvelle peut se former, et se forme réellement, dans certaines limites indépendamment de la structure nerveuse de l'individu, et par conséquent aussi indé-

1. Emery, *Gedanken zur Descendenz- und Vererbungstheorie*, Biol. Centralbl., 15 Juli 1893, p. 416.

pendamment de la substance germinale qui a engendré ce dernier; en ce sens, que même étant donnée une certaine structure nerveuse, l'influence est grande des circonstances fortuites extérieures qui provoquent accidentellement cette nouvelle association. Parmi mille individus, même tout à fait identiques, cette association d'idées nouvelle pourra avoir lieu chez un seul d'entre eux, grâce aux circonstances extérieures particulières où il est venu accidentellement à se trouver.

Mais, sans l'hérédité des caractères acquis, cette heureuse association d'idées nouvelle, et l'usage réitéré qu'après sa première formation l'individu en aurait fait dans la suite, seraient complètement perdus pour l'espèce. Pour en assurer la transmission de génération en génération, il ne resterait que l'imitation ou éducation dans son acception la plus large. Mais le fait est que presque tous les instincts sont, au contraire, vraiment innés, c'est-à-dire se produisent en dehors de n'importe quelle action psychique éducatrice.

Il est clair, en même temps, que, non pas tous les membres de l'ancienne espèce, mais plutôt les descendants seuls ou les compagnons les plus prochains de cet individu chez lequel un nouvel instinct fortuit est venu se produire, pourront, par voie d'imitation éducative et ensuite par voie d'hérédité, profiter à leur tour de ce bienfait. Les membres restants de l'espèce en seront tous exclus. Et les premiers seuls, donc, viendront, par suite de cette nouvelle habitude qu'ils auront prise, à changer tout l'ensemble de leur manière de vie précédente, et à modifier conséquemment tout leur organisme par voie d'adaptation fonctionnelle. Ainsi peut-on s'expliquer par cette voie encore l'évolution d'une partie seulement des membres d'une espèce en une espèce nouvelle, tandis que l'autre partie demeure fixe.

Ces quelques exemples, bien que simplement esquissés, suffisent cependant pour nous montrer que le principe lamarckien peut être capable d'expliquer à la fois, et l'évolution et la fixité d'une espèce. Weismann, au contraire, comment peut-il rendre compte de la persistance ou constance d'une espèce donnée? Naturellement, il ne doute guère de pouvoir l'attribuer, justement comme la variabilité, à la sélection naturelle elle-même. Mais, quand même on supposerait le milieu immuable, est-ce qu'il est possible qu'une espèce quelconque parvienne à un tel degré de perfection relativement à ce milieu, que toute autre variation, en quelque direction qu'elle se produise, ne puisse faire autre chose qu'empirer les conditions de cette espèce et diminuer chez ses membres les probabilités de victoire dans la lutte pour la vie? N'est-il pas bien plus probable, au contraire, que, quel que soit le degré d'adaptation déjà atteint par une espèce relativement à son propre milieu, elle soit cependant encore susceptible de devenir, grâce à des modifications ultérieures dans les sens les plus variés, toujours plus apte à cette lutte pour la vie, et par conséquent préférable encore pour la sélection naturelle toujours sur le qui-vive?

Il est bon cependant d'avouer ici que, même par rapport à cette question de la fixité des espèces, nous ne pouvons attribuer aux raisonnements que nous venons d'exposer plus de valeur qu'ils n'en ont en effet; surtout parce que nous ne savons rien ou bien peu de chose touchant les circonstances détaillées de fait qui ont accompagné l'évolution même d'une seule espèce, et moins encore, si cela est possible, touchant la manière effective de procéder de cette sélection naturelle si difficile à contrôler. Aussi devons-nous nous contenter de retenir les considérations que nous venons d'exposer simplement comme des présomptions ultérieures en faveur du principe lamarckien, sans pouvoir assurément leur attribuer la valeur logique d'une démonstration.

Les formations structurales en général, et les plus admirables en particulier, telles que la structure statique des os, de certains tendons, de certaines membranes, la structure dynamique des tissus musculaires à fibres lisses, à fibres orthogonales et autres semblables, qui représentent l'adaptation fonctionnelle la plus parfaite et la meilleure utilisation de la matière, poussée jusqu'aux détails les plus petits et les plus délicats, seraient, elles aussi, en faveur de la transmissibilité des caractères acquis : « Toutes ces formations, écrivait Roux, n'auraient jamais pu être portées par la sélection darwinienne, s'exerçant sur des variations formelles particulières, à tant de régularité et de perfection. En effet, il aurait fallu des milliers de fibres ou de cellules, déjà disposées par hasard de la façon voulue, pour pouvoir apporter à peine le plus petit avantage d'épargne matérielle, appréciable dans l'économie de l'organe au point de donner prise à la sélection. D'autant plus que, dans le cas d'insuffisance de nourriture, ce seraient justement ces parties, le cœur excepté, qui souffriraient plus tard que toutes les autres, grâce à leur tout petit échange matériel, bien plus tard que les autres organes plus importants à échange matériel plus grand. Toutes ces formations ne peuvent pour cela provenir de la sélection de variations formelles particulières, mais elles doivent plutôt être déterminées par les propriétés des tissus respectifs, lesquelles modèleraient directement ces derniers, conformément à l'adaptation la plus complète jusqu'aux plus petites particularités [1] ».

Mais à ces formations structurales si parfaites, Weismann pourrait encore fort aisément refuser toute prétention à constituer une preuve, fût-elle indirecte, du principe de la transmissibilité : de son point de vue, il serait plus que suffisant à ce but, d'objecter, — et certes, à l'abri de toute contradiction, — que, puisqu'elles sont utiles à l'espèce, elles peuvent donc très bien s'expliquer encore par la seule sélection naturelle.

Les caractères innés tendent à se modeler sur ceux que les ancêtres ont acquis par adaptation fonctionnelle : cette coïncidence est favorable à l'hypothèse de la transmissibilité des caractères acquis. Mais, cette fois non plus, Weismann ne laisserait de trouver à l'ordinaire de ses arguments purement verbaux à opposer :

L'adaptation fonctionnelle, pourrait-il en effet répondre, rend l'espèce plus apte à la lutte. Plus la disposition individuelle à cette adaptation sera grande, plus cette adaptation même se fera avec rapidité. Par conséquent, ce seront les individus chez lesquels cette disposition sera la plus marquée qui survivront; *a fortiori*, donc, les individus qui auront déjà

1. Roux, œuvre citée : *Der Kampf d. Th. im Org.*, 30.

cette conformation d'adaptation en puissance dans leur plasma germinatif. Ainsi on pourrait s'expliquer, tout en n'admettant point l'hérédité des caractères acquis, la coïncidence en question.

On viendrait par là à admettre que tous les caractères susceptibles d'être produits par les infinies adaptations fonctionnelles diverses doivent être pour cela même toujours utiles à l'espèce, de manière à pouvoir être fixés lors même qu'ils viendraient à se produire par la voie des variations fortuites innées; passons là-dessus, car ceci nous ramènerait à la question que Spencer a soulevée par son exemple de la plus grande sensibilité des papilles de la langue, et dont nous avons parlé plus haut. Mais, même en dehors de cela, cet argument, quelque irrépréhensible qu'il vienne alors à être du point de vue purement logique, pourrait-il diminuer effectivement la grande présomption qui dérive, en faveur de la transmissibilité, du fait qu'on voit les dispositions structurales innées suivre toujours pas à pas, comme l'ombre suit le corps, si affaiblies soient-elles et en retard, celles qui peuvent être acquises pendant la vie par voie fonctionnelle?

Un autre fait parmi ceux qui déposent le plus fortement en faveur de la transmissibilité des caractères acquis, c'est que la même structure paraît chez des espèces distinctes qui sont sujettes aux mêmes conditions mécaniques. Sans qu'il soit besoin de recourir au cas le plus typique et le plus familier des extrémités antérieures de la baleine changées en nageoires, il suffira de rappeler, par exemple, le caractère identique des articulations des jambes chez les *Ungulata* (*Diplarthra* de Cope) et les *Rodentia*, dû à leur rapide locomotion; la structure identique de l'extrémité du radius chez les Édentés et les Quadrumanes qui possèdent la faculté de supination de la main; la réduction identique du nombre des doigts chez beaucoup d'ordres des mammifères sous l'influence de leur manière de locomotion sur un sol sec et dur; les modifications identiques de forme et de développement des crêtes du crâne, à la suite de conditions identiques d'usage des canines comme défense, chez tous les ordres qui ont ces dernières fortement développées [1].

1. Cope, *The mechanical causes of the development of the hard parts of*

En effet, si ces structures avaient été obtenues seulement grâce à la sélection naturelle choisissant, parmi toutes les variations fortuites, les plus adaptées, on ne saurait s'expliquer comment, chez les différentes espèces, bien que sujettes par rapport à cet organe particulier à des conditions mécaniques égales, elle aurait abouti à un même résultat : et à la vérité, comment pourrait-on affirmer que la structure de cet organe donné, pour rendre l'espèce la plus apte à la lutte, ne pouvait être conformée que de cette seule manière déterminée? Par conséquent, le pur hasard devrait rendre compte pourquoi, des nombreuses structures parmi lesquelles la sélection naturelle pouvait choisir, elle aurait justement préféré, chez les espèces les plus différentes, sujettes seulement par rapport à l'un de leurs organes aux mêmes conditions mécaniques, une seule structure pour cet organe, identique pour toutes ces espèces indistinctement.

Un phénomène analogue, qui se prête aux mêmes considérations, nous l'avons déjà vu cité par De Vries à l'appui de sa théorie des pangènes ou germes préformistes représentatifs de caractères donnés : c'est que les espèces de plantes les plus diverses ont souvent la capacité de produire un nombre plus ou moins grand de composés chimiques identiques. Les plantes insectivores, par exemple, appartiennent aux familles naturelles les plus différentes, et cependant elles possèdent toutes la faculté de sécréter, par les feuilles, le mélange d'une enzyme et d'un acide nécessaire pour dissoudre les corps albumineux [1]. Darwin avait même déjà fait relever que ce mélange est tout à fait semblable au suc gastrique des animaux supérieurs.

Maintenant, sans entrer de nouveau dans la question des germes préformistes que nous avons déjà discutée, il suffira de remarquer ici que le fait en lui-même de ces acquisitions phylétiques identiques chez les espèces les plus différentes est plus facile à expliquer par le principe lamarckien que par la sélection naturelle. En effet, de même, par exemple, que des

1. De Vries, œuvre citée : *Intracellulare Pangenesis*, 8-10.

substances données soumises à des actions calorifiques identiques finissent par se mettre toutes au même degré de température, tout en demeurant tout à fait différentes les unes des
autres dans les autres caractéristiques; de même, si des espèces
même les plus dissemblables entre elles sont exposées, à cause
du milieu ambiant, ou de la nourriture, ou de conditions lumineuses particulières, ou de que sais-je encore? à des stimulus
fonctionnels identiques, qui les sollicitent, par exemple, à
sécréter des acides tanniques, ou des alcaloïdes, et ainsi de
suite, on comprend que ces sécrétions, acquises par la voie
d'une adaptation fonctionnelle et transmises ensuite par l'hérédité, devront finir par être communes même à des espèces
qui n'auront peut-être aucun autre caractère égal.

Weismann, au contraire, ne pourrait faire autre chose, nous
semble-t-il, qu'affirmer que ces acquisitions identiques ont été
fixées par la sélection naturelle chez les espèces les plus
diverses, parce que, étant donnée l'identité des stimulus fonctionnels auxquels ces dernières seraient, par hypothèse, venues
à se trouver exposées, les mêmes caractéristiques identiques
auront dû être les plus utiles pour toutes ces espèces indistinctement. C'est justement là ce qu'il faudrait démontrer.
D'autant plus qu'en ce cas-ci il est plus difficile que dans les
autres de voir la nécessité absolue que toutes les propriétés
indistinctement ou caractéristiques dues à des réactions de l'organisme contre des influences extérieures les plus différentes et
souvent insignifiantes doivent toujours être utiles à l'individu;
et que, pour cela, elles doivent toujours avoir cette utilité lors
même qu'elles sont au contraire produites par la voie des variations innées fortuites.

D'autre part, si cette hypothèse, implicite dans la théorie de
Weismann, de l'utilité sélectible de tout caractère produit par la
réaction à une influence extérieure quelconque, est fort discutable et, en tout cas, bien loin encore d'avoir été démontrée;
en même temps, l'utilité d'une partie remarquable de ces
caractères est, au contraire, déjà démontrée et indubitable.
C'est même d'elle que dérive l'un des arguments les plus solides
contre la prétendue non-transmissibilité des caractères acquis.

En effet, cette grande et parfois très grande utilité que beaucoup d'adaptations fonctionnelles ont pour l'individu étant donnée, il devrait s'ensuivre immédiatement, du point de vue même de Weismann, la grande probabilité que l'hérédité des caractères acquis soit elle-même le produit de la sélection naturelle. Car, les espèces chez lesquelles cette hérédité eût à peine commencé de se manifester l'eussent certainement emporté sur les autres, justement à cause que l'adaptation au milieu de la part de leurs générations successives se serait faite avec une rapidité immensément plus grande :

« Comme les modifications acquises par l'usage pendant la vie, écrit Cope, sont nécessairement utiles, il s'ensuit que, si l'on accepte les théories post-darwiniennes ou weismanniennes, la seule manière d'acquisition de variations utiles que nous connaissions est exclue du procès de l'évolution organique.

« Chaque génération devrait commencer, en matière de caractères utiles acquis par l'usage, au même point où ses ancêtres auraient commencé, de sorte qu'il ne pourrait guère y avoir accumulation ou développement de ces caractères. L'influence du milieu, ainsi que celle des énergies de l'être vivant, serait incapable de développer en une génération donnée plus que ce que cette génération pourrait acquérir pendant sa vie seulement. Comment l'évolution peut-elle alors rendre compte de la loi, que la paléontologie a mise en évidence d'une manière si splendide, d'une modification graduelle de certaines parties à travers de longs âges géologiques vers certains idéals de perfection mécanique, par exemple, du perfectionnement graduel des articulations squelettiques? Non seulement l'école post-darwinienne ne donne aucune explication, mais, si l'on admet ses théories, ce progrès est impossible[1]. »

Et Osborn de même : « La matière vivante, écrit-il, est caractérisée par la capacité de réaction adaptative. Si cette capacité est héréditaire chez les protozoaires grâce à la simplicité de leur procès de propagation, il doit en être de même chez les

---

1. Cope, art. cité : *The mechanical causes of the dev. of the hard parts of the Mammalia,* Journ. of Morph., vol. VIII, n° 2, Boston, U. S. A., Ginn, Sept. 1889, p. 140-141.

métazoaires. En effet, chaque nouveau métazoaire qui retiendra les avantages de l'hérédité de la réaction adaptative, sera conservé; chaque individu qui les perdra, sera éliminé. Le mécanisme de l'hérédité des caractères adaptatifs acquis doit donc s'être perfectionné en passant des unicellulaires aux pluricellulaires, grâce à la sélection naturelle elle-même [1] ».

Weismann ne pourrait que répondre, nous semble-t-il, que la sélection naturelle n'a pas fixé, chez les pluricellulaires aussi, l'hérédité des caractères acquis, parce que la production du mécanisme nécessaire à ce but aurait été matériellement impossible, vu la conformation des organismes métazoïques eux-mêmes. Affirmation limitative des propriétés de la substance organique vivante qui ne peut ne pas paraître à qui que ce soit un peu trop hasardée et tout à fait gratuite. Surtout si l'on songe qu'en dehors de cela il n'y a, par contre, aucun procès ou phénomène du monde organique que Weismann ne fasse produire à la sélection naturelle toute-puissante : faculté de la régénération, génération sexuelle, nécessité physiologique de la mort chez les pluricellulaires, tout serait dû à la sélection. Comment donc cette toute-puissance s'arrêterait-elle impuissante devant la seule transmissibilité des caractères acquis?

Ayant ainsi achevé cette rapide revue des objections auxquelles Weismann peut toujours opposer quelque argument qui lui permet, du moins sous l'aspect verbal et d'un point de vue purement logique, de se considérer comme pas encore tout à fait vaincu, il ne nous restera à examiner, avant de passer au chapitre suivant, que deux autres objections qui sont, à notre avis, particulièrement intéressantes en ce que les arguments que Weismann y a opposés ne parviennent plus à sauver son principe des contradictions même les plus frappantes. Ce sont : l'inexplicabilité des variations coordonnées, et la répétition de la phylogénèse de la part de l'ontogénèse, avec laquelle nous terminerons le présent chapitre.

On connaît l'objection contre la complète suffisance de la

---

1. Osborn, *Alte und neue Probleme der Phylogenese*, Ergeb. d. Anat. u. Entwickelungsgesch., herausg. v. Merkel u. Bonnet, III Band : 1893, Wiesbaden, Bergmann, 1894, p. 607.

sélection naturelle, qui découle des variations coordonnées : lorsque l'utilité de certaines modifications de l'organisme dérive seulement du développement corrélatif de parties nombreuses les plus différentes, la sélection ne peut plus rendre compte de ces modifications phylogénétiques complexes, car, même pour la production de ces dernières, elle ne pourrait s'exercer, tout au plus, que sur des variations particulières fortuites, isolées des autres, et, pour cela même, complètement inutiles.

Roux, par exemple, décrit en maître la formation contemporaine de milliers et de millions de caractères nouveaux, reliés et adaptés tous les uns aux autres, telle qu'elle a dû être nécessaire dans le passage phylogénétique de la vie aquatique à la vie terrestre. Et il conclut en ces termes : « Il est nécessaire de faire relever que l'adaptation fonctionnelle, telle qu'elle se produit dans le changement des conditions de vie, peut provoquer les modifications désirées contemporainement dans tous les organes intéressés du corps. Et cette contemporanéité d'action sur des millions de parties, qui est la caractéristique principale de l'adaptation fonctionnelle, doit être opposée à l'action de la sélection naturelle, qui ne peut, au contraire, produire qu'un nombre de propriétés utiles simultanées excessivement limité [1] ».

Weismann, pénétré de toute la force de cette objection du développement corrélatif, avait tâché de tourner l'obstacle, ayant recours, ainsi que nous l'avons vu plus haut, à l'argument des neutres chez les abeilles, les fourmis et les termites. Il ne niait point par là la difficulté extrême que la sélection naturelle pût rendre compte des variations coordonnées, mais il entendait montrer que malgré cela il existait des exemples non douteux où cette difficulté devait avoir été surmontée par la sélection naturelle.

Quant à la polémique qui s'est élevée, au sujet de ces neutres, entre Weismann et Spencer, nous avons déjà vu comment, à notre avis, ce dernier est parvenu à ôter toute valeur à la défense de son adversaire, en montrant et persuadant que

1. Roux, œuvre citée : *Der Kampf d. Th. im Organismus*, 39-44.

les neutres ne sont autre chose au fond que des femelles incomplètement développées. Nous ne reviendrons pas ici sur ce que
nous avons déjà dit.

Il sera utile, au contraire, de faire observer que Weismann,
ainsi privé même de ce dernier refuge, s'est vu forcé, quoique
sans vouloir l'avouer, de tenter de donner, pour ces variations
coordonnées aussi, une explication quelconque, qui pût, d'un
point de vue théorique au moins, persuader de la possibilité
que ces dernières soient, elles aussi, produites par la sélection
naturelle. Seulement, ce qui du reste était inévitable vu que
cette thèse est insoutenable, c'est justement dans cette tentative
d'explication qu'il est tombé dans les contradictions les plus
remarquables. Aussi valent-elles la peine que nous nous arrêtions un instant pour les examiner.

Il se sert à cet effet d'une théorie qui, introduite, elle aussi, à
la fin pour compléter ou pour remplacer les précédentes, que
nous avons déjà examinées plus haut, était tout d'abord destinée à rendre compte, mieux que ces dernières si c'était possible, de la régression continuelle des organes inutiles, même
après que tout rapetissement ultérieur n'a plus aucune valeur
sélectible. Selon cette théorie, une fois que pour des raisons
extrinsèques quelles qu'elles soient le procès involutif d'un
organe donné est commencé, ce dernier viendrait à acquérir
par là même une tendance intrinsèque à devenir précisément
toujours plus rudimentaire. Et l'acquisition de la part de cet
organe de cette tendance intrinsèque à la régression phylogénétique continue serait explicable par les considérations suivantes :

Lorsqu'un organe, bien développé à l'origine, a déjà été
mis, par la sélection naturelle supposons, sur le chemin de
devenir rudimentaire, c'est signe, affirme Weismann, que
désormais il est représenté dans le plasma germinatif par des
déterminants « doués d'une plus petite force d'accroissement ».
« Comme, toutefois, poursuit-il, l'accroissement et l'assimilation sont des fonctions physiologiques, autant que la contraction et la sécrétion, ainsi le principe fondamental de l'intrasélection trouve son application même relativement à ces fonc

tions : le stimulus fonctionnel renforce l'organe fonctionnant, et la partie qui fonctionne plus énergiquement attire à elle plus de nutrition et répare avec usure sa perte de matière plus rapidement que celle qui fonctionne avec moins d'énergie. Ainsi, dans la lutte des parties pour la nutrition, les déterminants les plus faibles seront en désavantage, ils deviendront lentement mais incessamment plus faibles au cours des générations, jusqu'à ce qu'ils disparaissent enfin complètement[1]. »

De sorte que, pour notre auteur : « Le changement fonctionnel acquis ne se transmettrait pas; mais des variations dans la valeur biologique d'une partie (par exemple, de l'organe devenu inutile) occasionneraient des variations du plasma germinatif, régressives ou progressives, et celles-ci seules établiraient le changement héréditaire fonctionnel de la partie somatique[2]. »

Or, c'est justement cette conception, de déterminants à force d'accroissement différente, qui est inadmissible, et qui constitue à elle seule une contradiction dans les termes.

Que signifient, en effet, des déterminants plus faibles et plus forts? Les déterminants d'un organe petit, par leur définition même, ne sont pas plus faibles que ceux d'un organe grand; ils sont seulement qualitativement différents de ceux-ci. Dans la variation d'un organe, quand même elle consisterait en une diminution de masse, ce n'est pas d'une diminution d'accroissement des déterminants respectifs qu'il s'agit, mais d'une altération de ces derniers équivalant à une substitution de ceux-ci par d'autres qualitativement différents. Est-ce que Weismann lui-même dirait que les déterminants respectifs des jambes antérieures du Kangourou sont doués de moins de force d'accroissement que ceux des jambes postérieures? Que les doigts de la main chez l'homme ont des déterminants respectifs doués d'une force d'accroissement proportionnelle à la longueur des doigts eux-mêmes? Est-ce que les doigts les moins longs auraient pour cela une tendance phylogénétique à devenir toujours plus courts, et les plus longs à devenir

1. Weismann, œuvre citée : *Neue Gedanken zur Vererbungsfrage*, 14-15.
2. Weismann, *ibid.*, 59.

toujours plus longs? S'il en était ainsi, on tomberait immédiatement dans cette absurdité, que les formations phylogénétiques d'organes nouveaux ou de nouvelles structures ne pourraient jamais commencer même à se développer, vu qu'au début leurs déterminants, à cause de la petitesse même de ces formations qui commencent, devraient être doués d'une force très petite, et être par conséquent toujours surmontés par les déterminants contigus, plus forts à coup sûr puisqu'ils sont relatifs à des organes ou à des structures déjà développés.

Si, au contraire, cela n'est pas ni ne peut être à cause de la contradiction qui ne le permet pas, alors les déterminants de n'importe quel organe rudimentaire, tel, par exemple, que la jambe postérieure chez les ancêtres prochains de la baleine, ne peuvent non plus être considérés comme plus faibles, mais plutôt comme qualitativement différents de ceux de l'organe complet. Et pour cela il ne peut exister, pour l'organe rudimentaire non plus, aucune tendance phylogénétique à devenir encore plus rudimentaire.

Weismann voudrait donner, nous l'avons dit, une explication tout à fait analogue des variations coordonnées :

Dans le même temps qu'un accroissement, par exemple, du poids de la tête aurait lieu, comme résultat direct, supposons, de la sélection naturelle, certains muscles du corps, après avoir reçu une première impulsion de la sélection naturelle elle-même, viendraient à acquérir une tendance phylogénétique à s'accroître de même pas que ce poids de la tête. En effet, la sélection naturelle commencerait par éliminer d'abord les individus à muscles trop faibles. De manière que, même en admettant toutes les variations fortuites possibles en plus et en moins, une fois que celles en moins seraient éliminées, le niveau de la grosseur des muscles viendrait à se trouver élevé. Or, cette élévation initiale de niveau, cette première impulsion au grossissement, serait elle-même la cause d'une tendance phylogénétique à un grossissement ultérieur, parce qu'elle indiquerait que ces muscles seraient représentés dans le plasma germinatif par des déterminants « doués d'une plus grande force d'accroissement et par conséquent d'assimilation ».

L'affluence des sucs nutritifs augmenterait en proportion; et cette plus grande affluence tendrait à son tour à faire prévaloir les variations en plus sur celles en moins. On aurait ainsi, pour ces muscles, une tendance phylogénétique à un accroissement continuel; laquelle durerait tant que durerait l'accroissement du poids de la tête, et s'arrêterait lorsque ce dernier viendrait à s'arrêter; car, en ce cas-ci, les variations en plus des déterminants seraient éliminées par la sélection, comme étant désormais nuisibles, dès qu'elles viendraient à atteindre une valeur sélectible [1].

Mais cette hypothèse artificieuse qui ne tenait pas même pour les organes rudimentaires, tient encore moins pour la coordination des variations. Car, dans ces phénomènes, il ressort avec plus d'évidence encore que, dans les changements phylogénétiques, il ne s'agit pas exclusivement de variations en plus ou en moins, mais de modifications de forme, lesquelles, ou bien peuvent comprendre à la fois des accroissements dans une direction et des diminutions dans l'autre, ou bien encore peuvent n'être même pas susceptibles de se décomposer en des variations seulement quantitatives. Il faut remarquer, en outre, que, pour certaines variations corrélatives histologiques de nature physique ou chimique, ou qui regardent d'une façon quelconque la spécificité intime du procès vital, les mots d'accroissement et de diminution n'ont aucune signification.

Il était toutefois utile de rapporter ici ces explications plus récentes sur l'atrophie des organes devenus inutiles et sur les variations coordonnées, parce que le fait que Weismann les a substituées aux précédentes montre qu'il a lui-même reconnu que ces dernières étaient insuffisantes, et que l'artifice même de ces explications nouvelles sert à mettre bien en évidence la difficulté presque insurmontable d'expliquer ces phénomènes phylogénétiques qui se présente aussitôt que l'on rejette la transmissibilité des caractères acquis.

Mais le phénomène qui, plus que tout autre, reste une énigme quand on n'admet pas la transmissibilité des caractères acquis,

---

1. Weismann, *ibid.*, 22.

et qui, quand on l'admet au contraire, non seulement devient explicable, mais jette un vif rayon de lumière sur tout le mécanisme de cette même transmission, c'est celui de la récapitulation de la phylogénèse de la part de l'ontogénèse, que, justement à cause de cela, nous avons laissé le dernier.

« Chaque fois qu'une espèce se forme, écrit Delage, c'est par addition d'un caractère nouveau, ou de plusieurs, à la fin de l'ontogénèse, lorsque tous les caractères spécifiques se sont déjà montrés; le caractère nouveau se montrera donc, dans l'espèce nouvelle, après que tous les caractères de l'espèce dont elle est née se seront montrés. Comme il en est ainsi depuis les premières origines, on voit que les caractères doivent apparaître, dans l'ontogénèse, suivant l'ordre successif de leur formation phylogénétique [1] ».

Or, si la transmissibilité des caractères acquis n'était pas, pourquoi le caractère nouveau ne serait-il toujours qu'une simple *addition* aux anciens, et se produisant *seulement après* que le développement de ceux-ci est achevé? D'où viendrait l'impossibilité, pour toute variation subie par la substance germinale, de commencer à agir ou à se montrer dès les premiers moments, ou bien à l'un quelconque des moments intermédiaires de l'ontogénèse?

« Les phénomènes latents, écrit Osborn à son tour, déposent d'une manière absolue contre la conception de Weismann, suivant laquelle le développement phylogénétique aurait lieu par voie de sélection et conservation dans le plasma germinatif des éléments avantageux et d'élimination des éléments désavantageux. Ces phénomènes de « latence » indiquent, au contraire, que le procès phylogénétique consiste, non pas en une élimination, mais en une « retraite en arrière » de certains caractères au moment des derniers stades de l'ontogénèse. »

Osborn cite comme exemple les expériences bien connues de Cunningham sur la coloration des poissons plats asymétriques Pleuronectidés : lorsqu'on éclaire artificiellement le côté inférieur et décoloré de ces poissons, le pigment y reparaît disposé selon

---

1. Delage, œuvre citée : *L'hérédité*, etc., 366.

les mêmes dessins et les mêmes couleurs qu'au côté supérieur;
et celles d'Agassiz, selon lesquelles les jeunes de ces mêmes
poissons gardent leur symétrie originaire quand ils sont tenus
plus longtemps que d'habitude à la surface de l'eau. Ces expériences, dit fort bien Osborn, « montrent la phylogénèse comme
un procès de substitution ou d'addition plutôt que d'effective
élimination [1] ». C'est-à-dire que ces faits-ci concourent eux
aussi à déposer en faveur de l'hypothèse que la phylogénèse
soit due à l'addition et à la superposition de caractères nouveaux
aux anciens.

Remarquons que, pour rendre la transmissibilité des caractères acquis capable d'expliquer cette addition d'un caractère
nouveau aux anciens seulement après le terme du développement de ces derniers, il suffit d'admettre que le moyen trans-
metteur d'un caractère acquis donné ne vienne à agir, dans
l'ontogénèse, que quand il trouve l'organisme fils dans les
mêmes conditions où se trouvait le parent lorsqu'il acquérait ce
même caractère.

Une fois que l'on admet cette condition pour le mécanisme de
transmission, la loi de la récapitulation de la phylogénèse de
la part de l'ontogénèse n'apparaît alors que comme la conséquence immédiate de la transmissibilité même des caractères
acquis.

En effet, pendant que l'embryon se développe dans l'œuf ou
dans le corps maternel, pendant que l'organisme jeune est
nourri, assisté et défendu par les parents, il vient à être par là
même soustrait aux vicissitudes du milieu. Ce n'est que lorsque
l'individu vient à se trouver entièrement livré à lui-même, qu'il
peut se voir forcé à des adaptations fonctionnelles éventuellement nouvelles. En d'autres termes, ce n'est, en général, qu'à
l'état adulte, après qu'il a achevé complètement, ou presque,
son développement spécifique, que l'organisme peut se trouver
dans les conditions nécessaires pour l'acquisition de caractères
nouveaux.

1. Osborn, art. cité : *Alte und neue Probleme der Phylogenese*, Ergeb. d.
Anatomie u. Entwickelungsgesch., herausg. v. Merkel u. Bonnet, III
Band : 1893, Wiesbaden, Bergmann, 1894, p. 610, 619.

Mais ce n'est pas seulement cela qui rend compte des raisons pour lesquelles les caractères phylogénétiques nouveaux ne sont acquis que lorsque les anciens se sont déjà tous développés, de manière qu'on a une simple addition des premiers aux seconds. Nous avons déjà vu, en effet, que, si l'organisme en voie de développement est bien plus élastique que l'adulte, il est bien moins plastique que ce dernier, dans le sens que les modifications qu'y a laissées une force extérieure, eût-elle agi longtemps sur lui, tendent à disparaître sans laisser aucune trace d'elles si l'organisme n'a pas encore achevé son développement, tandis qu'elles n'ont plus cette tendance lorsque l'organisme est adulte.

Nous avons déjà rapporté l'expérience de Roux : il est parvenu à plier dans leur enveloppe de gélatine, en les serrant entre deux aiguilles, quelques embryons de grenouille. « Si les aiguilles étaient éloignées tout de suite après la déformation, l'embryon reprenait immédiatement sa forme primitive. Si, au contraire, on les maintenait en place pendant quelques heures, la déformation acquérait d'abord un certain caractère de permanence. Mais au bout de plusieurs heures elle finissait par disparaître cette fois encore. Preuve qu'une adaptation intérieure à la forme nouvelle avait déjà commencé. Cette adaptation cependant disparaissait de nouveau au cours du développement ultérieur, peut-être par l'action des forces mêmes d'accroissement tendant à constituer la forme normale et que la déformation avait empêchées d'agir seulement pour un temps[1]. »

Nous avons cru utile de rapporter encore une fois cet exemple si caractéristique de l'élasticité du développement, parce qu'il nous aide, mieux que les autres que nous avons déjà rappelés lorsque nous recherchions la cause de cette élasticité, à expliquer cette règle constante que suit l'évolution de l'espèce, de la simple addition des caractères phylogénétiques nouveaux aux anciens. En effet, il met bien en évidence que ceux d'entre les caractères phylogénétiques qui seraient sollicités par les agents

---

1. Roux, art. cité : *Zur Orientirung über einige Probleme der embryonalen Entwickelung*, Zeitschr. f. Biol., Bd. XXI, München, Juli 1885, p. 515, 516, Gesamm. Abhandl., II, p. 245.

externes à se manifester pendant l'ontogénèse, auraient une tendance à disparaître dès que la cause qui les aurait provoqués
aurait cessé. Et que, par conséquent, à moins d'une action, de
la part du milieu, exceptionnelle par son intensité et par son
insistance de réitération au cours des générations successives,
ils ne pourraient effectivement laisser chez l'individu ni, *a fortiori*, chez l'espèce, aucune trace d'eux.

Si la transmissibilité des caractères acquis, grâce à ces deux
faits accessoires de la soustraction si fréquente de l'embryon
aux vicissitudes du milieu et de l'élasticité et non-plasticité des
organismes en voie de développement, est si parfaitement propre
à rendre compte de la loi biogénétique fondamentale, que celle-
ci, loin de sembler toute merveilleuse et énigmatique, apparaît
au contraire comme la conséquence directe et nécessaire de la
transmissibilité elle-même, quelle est en revanche l'explication
que Weismann peut en donner?

Il croit l'expliquer simplement par les paroles laconiques
suivantes :

« La loi biogénétique repose sur ceci, que le développement
phylétique a lieu en partie par l'addition de nouveaux stades
ontogénétiques à la fin de l'ontogénèse. Pour que cette dernière
soit atteinte, les stades terminaux précédents doivent chaque
fois être traversés de nouveau [1]. »

Mais avec cela Weismann laisse sans aucune réponse le côté
justement le plus fondamental de la question : Pour quelle
raison le développement phylétique ne peut-il avoir lieu que
*par l'addition de nouveaux stades ontogénétiques à la fin de
l'ontogénèse?*

D'après la théorie même de Weismann, il n'y a aucune
raison pour que les déterminants relatifs au dernier stade ontogénétique soient seuls à subir des modifications. En effet, il
ne faut pas perdre de vue que, suivant cette théorie, chaque
cellule de chaque stade ontogénétique doit avoir son propre
déterminant [2]. Les mêmes causes de différences dans la nutrition ou autre chose, qui sont susceptibles de modifier les

1. Weismann, œuvre citée : *Das Keimplasma*, 110.
2. Weismann, *ibid.*, par exemple : p. 97, 100, 232-233, 596.

déterminants relatifs au dernier stade ontogénétique, doivent par conséquent être également susceptibles de modifier, dans les sens les plus différents, ceux de tous les autres stades. Et alors chaque stade phylétique aurait sa propre ontogénèse qui ne rappellerait en rien, pas même aux premiers degrés du développement, celle des stades phylétiques précédents.

Même pour les déterminants relatifs au dernier stade ontogénétique, il n'y a non plus aucune raison de retenir que leur seule manière de se modifier doive consister « à obtenir une plus grande force d'accroissement, à augmenter par conséquent en nombre, à se différencier chacun d'une façon nouvelle et à ajouter ainsi à la fin de l'ontogénèse ancienne une ou plusieurs générations de cellules [1] ». Car ces déterminants, sans augmenter d'abord en nombre, pourraient même subir simplement quelque variation qualitative, c'est-à-dire se différencier aussitôt chacun d'une façon nouvelle, de manière que la partie qu'ils déterminent viendrait alors à se conformer aussitôt différemment de ce qu'elle était, sans besoin de passer d'abord par son état phylogénétiquement antécédent.

Il suffira de rappeler encore une fois l'exemple que nous avons déjà cité plus haut, emprunté à une des manifestations les plus caractéristiques de la loi biogénétique fondamentale, telles que les involutions ontogénétiques, pour mettre bien en évidence l'incapacité absolue de la théorie de Weismann de donner la raison de cette loi. En effet, selon cette théorie, on comprendrait, par exemple, que la queue de l'ancêtre du têtard ou que les membres de l'ancêtre des serpents actuels fussent devenus, en vertu de la sélection naturelle, de la panmixie ou d'autre chose, toujours plus petits au cours de la phylogénèse ; que, par conséquent, ils en fussent venus, dans les ontogénèses successives, à s'arrêter à des stades de développement toujours plus arriérés. Mais, comment cette théorie peut-elle expliquer, il ne sera jamais superflu de le répéter, l'accroissement de ces organes jusqu'à un certain stade de l'ontogénèse, pour rétrograder et disparaître dans les stades successifs ?

1. Weismann, *ibid.*, 110.

Pour conclure, on ne peut imaginer, à notre avis, un échec plus complet, même du point de vue purement logique d'éviter la contradiction avec ses propres prémisses, que celui de l'explication que Weismann a tenté de donner de la récapitulation de la phylogénèse de la part de l'ontogénèse, et l'on ne saurait concevoir un insuccès plus complet, pour une théorie bâtie avec effort dans le but d'expliquer les phénomènes de l'hérédité les plus différents et jusqu'aux plus particuliers et secondaires, que de voir cette théorie tout à fait incapable de rendre le moindre compte du phénomène biogénétique le plus général, le plus fondamental de tous.

Cette contradiction et cet insuccès ne blessent cependant pas la théorie de Weismann en particulier, en tant qu'elle a revêtu tels ou tels détails qui lui sont propres, mais bien plutôt le principe même, en toute sa généralité, de la négation de la transmissibilité des caractères acquis. Les Weismanniens peuvent, si les faits mêmes les plus évidents ne leur suffisent pas, nier cette loi de la récapitulation. Mais de l'admettre et de continuer malgré cela à rejeter la transmissibilité, c'est ce qui constitue et constituera toujours pour les théories antilamarckiennes ou néo-darwinistes la contradiction fondamentale, l'écueil formidable contre lequel elles doivent venir toutes se briser.

En résumant ce que nous venons d'exposer succinctement dans le présent chapitre, nous pouvons affirmer que, si aucun fait ni aucun argument n'est peut-être propre à constituer à lui seul la preuve irréfragable et absolue, directe ou indirecte, de la transmissibilité des caractères acquis, cependant l'ensemble des faits et des arguments qui lui sont favorables représente une telle masse, qu'on est, non seulement autorisé, mais tenu à admettre le principe lamarckien comme très probablement vrai.

On conçoit que, devant les difficultés, que le plus grand nombre ont pu et peuvent encore juger insurmontables, d'expliquer le mécanisme de la transmissibilité, beaucoup aient vu et voient encore dans la négation de cette derniè ainsi que Roux lui-même l'a avoué, un moyen de se débarrasser d'un véritable cauchemar. Mais cela n'est plus possible maintenant. L'examen objectif de la question nous impose de retenir la transmissibilité des caractères acquis comme une réalité fort probable. Et, conséquemment, le devoir nous est fait encore de chercher à donner par quelque hypothèse, fût-elle provisoire, quelque explication de ce phénomène.

Dans le chapitre suivant, nous nous proposons justement de passer rapidement en revue, à simple titre de comparaison, quelques-unes des hypothèses les plus récentes et les plus importantes que l'on a imaginées pour expliquer la transmissibilité. Après quoi, dans l'avant-dernier chapitre, nous essayerons d'exposer l'explication que du principe lamarckien même peut fournir l'hypothèse centro-épigénétique.

CHAPITRE VI

Nous croyons inutile de nous arrêter à faire remarquer que la
question de l'admissibilité ou non du principe lamarckien est
toujours demeurée tout à fait distincte et tout à fait indépendante de celle de la nature évolutionniste ou épigénétique du
développement. La théorie évolutionniste à germes préformistes de Darwin, ou préformiste proprement dite, admettait la
transmissibilité; celle de Galton la bornait à de rares occasions;
celle de Weismann l'exclut absolument. La théorie épigénétique à germes préformistes de Hertwig l'admet; celle de De
Vries l'exclut. Roux qui inclinait d'abord pour la possibilité de
cette transmission même avec son développement chimique de
l'œuf, théorie franchement évolutionniste sans germes préformistes, a ensuite fini par regarder les deux hypothèses comme
incompatibles. Il n'y a que les théories épigénétiques sans
germes préformistes, telles que celles type Spencer, par
exemple, qui paraissent pencher particulièrement à admettre
toutes d'accord le principe lamarckien.

Cela étant dit, nous pouvons passer à la rapide revue, que
nous nous proposons de faire, des principales théories biogénétiques aujourd'hui en vigueur, surtout en tant qu'elles ont
quelque rapport, direct ou indirect, avec la question de la transmissibilité ou avec la manière dont on peut concevoir qu'elle
vient à s'effectuer.

Spencer.

On connaît la conception de cet auteur relative aux « unités physiologiques », intermédiaires entre les unités morphologiques ou cellules et les unités chimiques ou molécules, et représentant les derniers éléments irréductibles doués de vie [1].

Une fois que l'on aurait admis pour chaque organisme une seule variété de ces unités, il en dériverait immédiatement, selon lui, l'explication de la transmissibilité des caractères acquis :

« De la même manière que les unités physiologiques se disposent, en vertu de leurs polarités particulières, pour former un organisme d'une structure spéciale, ainsi, d'un autre côté, si la structure de cet organisme est modifiée par un changement de la fonction, elle imprimera une modification correspondante sur les structures et sur les polarités de ses unités. Les unités et l'agrégat doivent agir et réagir l'un sur l'autre. Si rien ne s'y oppose, les unités modèleront l'agrégat selon une forme qui soit en équilibre avec leurs polarités préexistantes. Si, au contraire, des actions incidentes forcent l'agrégat à prendre une forme nouvelle, ses forces doivent tendre à remodeler les unités d'une façon harmonique avec cette nouvelle forme. Or, dire que les unités physiologiques sont remodelées d'une manière telle et à un tel degré qu'elles mettent leurs forces polaires en équilibre avec celles de l'agrégat modifié, c'est dire que, lorsque ces unités se seront séparées sous forme de centres de reproduction, elles tendront à se disposer en un agrégat modifié dans la même direction [2]. »

Il nous semble parfaitement inutile de nous arrêter à faire observer la pure verbalité, sans aucun contenu effectif, d'une pareille explication. Nous n'insisterons pas non plus sur l'objection, la première qui saute aux yeux, que des unités physiologiques identiques pour l'organisme entier ne pourraient pas

---

1. Spencer, *Principles of Biology*, Sixth Edition, London, Williams and Norgate, 1898, vol. I, chap. IV, § 66, p. 224-226 (voir également trad. franc., Paris, Alcan).
2. Spencer, *ibid.*, vol. I, chap. VIII : *Heredity*, § 84, p. 319.

former ici des muscles, là des os, ailleurs des nerfs, lesquels représentent respectivement des tissus à propriétés physiques et chimiques et vitales tout à fait différentes.

Il suffira plutôt de nous borner à réfléchir que même l'hérédité de modifications quantitatives et partielles, par exemple la transmission du simple développement plus grand d'un tissu ou d'un organe déjà existant, devrait alors être attribuée à un changement qualitatif uniforme de toutes les unités physiologiques de l'organisme. Et cela, pendant que les propriétés de chaque groupement de ces unités, sans excepter celui de ce même tissu simplement accru de masse, devraient demeurer identiques à ce qu'elles étaient auparavant.

Ainsi, prenons le cas, que Spencer lui-même considère et cite comme un des exemples de l'hérédité des caractères acquis, du grossissement ou développement ultérieur du gros orteil et du rapetissement ou régression du petit orteil, à la suite du passage de nos ancêtres pithécanthropes de la vie arboricole à la vie terrestre[1].

Est-il possible qu'un pareil changement morphologique tout à fait local ait altéré qualitativement les unités physiologiques de l'organisme entier? Et même en faisant abstraction du fait que la modification vient à se borner à une seule petite partie donnée du corps, il faut en outre remarquer que l'on n'a pas ici affaire à quelque nouvelle qualité ou matière introduite dans l'organisme grâce à la nouvelle fonction, ni conséquemment à aucune nouvelle propriété physique ou chimique ou biologique que l'organisme soit venu à acquérir maintenant pour la première fois; il ne s'agit ici, au contraire, que *d'une différente distribution des mêmes qualités de matière qu'auparavant.* Comment un changement de qualité dans les unités physiologiques présupposées, lequel se serait produit uniformément dans tout l'organisme, pourrait-il s'accorder avec le fait que toutes les qualités et propriétés des matériaux de l'organisme même demeurent inaltérées, tandis qu'au contraire la distribution seule de ces matériaux varie?

1. Spencer, *A rejoinder to Prof. Weismann*, London, Williams and Norgate, 1893, p. 3 et suiv.

Prenons encore comme exemple l'instinct du poussin nou-veau-né : « Dans les premiers moments de leur vie, écrit Jastrow, les poussins suivent des yeux les mouvements des insectes rampants en tournant la tête avec la précision d'une vieille poule. Dans l'espace de deux à quinze minutes, ils donnent des coups de bec à quelque tache ou insecte, en mon-trant non seulement une perception instinctive de la distance, mais une habileté innée à juger, à mesurer la distance, avec une précision presque infaillible. Un poussin, couvert avec un capuchon dès sa sortie de la coque, fut découvert après trois jours; six minutes plus tard, il suivit de la tête et des yeux les mouvements d'une mouche à la distance de douze pouces; et environ dix minutes après il se jeta sur elle, l'attrapa et l'avala d'un seul coup [1]. »

Spencer jugerait, avec raison, que cet instinct est dû à l'hérédité de la longue pratique acquise par les ancêtres du poussin. Mais l'explication qu'il pourrait donner de cette hérédité, produite, selon lui, par le changement des unités physiologiques spécifiques de l'organisme entier, ne serait pas sérieuse. Les unités physiologiques nouvelles, aptes à repro-duire cette modification locale constituée par la formation de quelques nouvelles voies de communication nerveuse, comment seraient-elles aptes à reproduire, identiques, telles qu'elles étaient auparavant, les parties de l'organisme qui n'auraient senti aucun contre-coup de cette modification locale?

Enfin, comment l'hypothèse de Spencer peut-elle rendre compte de la loi de la récapitulation de la phylogénèse de la part de l'ontogénèse? Si l'explication de la transmissibilité des caractères acquis au moyen des unités physiologiques était admise, cette loi ne pourrait point subsister. En effet, les nou-velles unités physiologiques à polarité changée devraient dans l'organisme fils procéder tout droit vers la forme que l'orga-nisme parent avait acquise la dernière, sans avoir besoin de passer d'abord par la forme ancienne.

Les unités physiologiques ont été introduites afin de pouvoir

1. Jastrow, *The Problems of Comparative Psychology*, The Popular Science Monthly, New-York, Nov. 1892, p. 36-37.

comparer la formation de l'organisme à celle d'un cristal. Or,
une substance qui, à cause d'une légère altération qualitative
de ses molécules, change sa forme de cristallisation, donne dès
le tout premier commencement de la cristallisation même une
forme diverse de la précédente, et immédiatement pareille, au
contraire, à celle qu'elle conservera à cristallisation terminée.
La comparaison entre des organismes et des cristaux ne peut
donc pas subsister, ni constituer aucun commencement d'explication pour le développement ontogénétique, surtout lorsqu'il s'agit d'expliquer par elle des lois et des phénomènes
relatifs à ce développement, par rapport auxquels les organismes et les cristaux viennent à diverger le plus, à se trouver
même tout à fait aux deux extrémités opposées.

Haacke.

La conception de Haacke est tout à fait semblable à celle de
Spencer :

« Suivant notre manière de voir, écrit-il, nous n'avons pas
seulement affaire à une continuité génétique des cellules germinales d'une génération avec celles des générations immédiatement précédente et suivante, mais bien à une continuité matérielle des cellules germinales avec les cellules restantes du
corps. Le corps représente un système en équilibre ; si celui-ci
change, les cellules germinales se développant en lui changent
aussi. Or, le système en équilibre du corps est changé directement par l'acquisition de nouvelles propriétés ; par conséquent
les déplacements qu'il subit doivent se transmettre aussi aux
cellules germinales. Mais ces cellules germinales, soit qu'elles
viennent à changer par suite de l'acquisition de nouvelles propriétés de la part du corps qui les environne, soit qu'elles
demeurent au contraire inaltérées, elles héritent toujours la
même chose, savoir : la capacité de former ce corps avec lequel
elles étaient en équilibre [1]. »

De même que Spencer, il admet cet équilibre dû à la ten-

---

1. Haacke, *Kritische Beiträge zur Theorie der Vererbung und Formbil-
dung*, Biol. Centralbl., XV Bd., 1895, p. 568.

dance à se grouper seulement de cette manière, possédée par
d'infinies parcelles identiques pour tout l'organisme : ses
gemmes rhomboïdales, groupées à leur tour en unités plus
complexes ou gemmaires, ne sont au fond que les unités physiologiques de Spencer. La forme géométrique, qui leur est attribuée en outre, laquelle fait ressortir davantage le caractère
statique de cette explication, ne contribue certes pas à rendre
cette dernière plus acceptable.

Ici, peut-être encore plus que chez Spencer, sont cependant
à remarquer le contact intime et l'influence équilibrante réciproque qui existeraient continûment entre le soma et la substance germinale, — c'est-à-dire, entre l'organisme et cette
petite portion de ses unités contenues dans les cellules reproductrices, — soit pendant tout le développement de l'individu,
soit encore après le terme du développement, lorsque l'organisme serait exposé aux modifications que lui imposeraient les
agents extérieurs.

Sedgwick.

Cet auteur dérive la possibilité d'une transmission des caractères acquis de sa conception de l'organisme pluricellulaire
simplement comme un grand syncitium.

« Si le corps de l'animal adulte, grâce à la continuité protoplasmique entre toutes ses cellules, est au fond un syncitium,
et si l'œuf jusqu'à sa maturité est une partie de ce syncitium, la
séparation des produits générateurs ne différera pas alors
essentiellement de la gemmation interne d'un protozoaire, et la
transmission aux fils des particularités acquises par le parent,
si elle n'est pas expliquée, est cependant rendue moins mysté-
rieuse. Car le protoplasma du corps entier étant continu, nous
devrions nous attendre naturellement à ce que tout changement
dans la constitution moléculaire d'une quelconque de ses parties
se propage, avec le temps, à travers sa masse entière [1]. »

1. Adam Sedgwick, art. cité : *The Development of the Cape Species of
Peripatus*, Quart. Journ. of Microscopical Sc., vol. XXVI, 1886, p. 206.

Cette conception, qui rappelle un peu celle de Naegeli du réseau idioplasmique pénétrant tout le corps de ses mailles, si elle est apte justement à faire entrevoir la possibilité de quelque mécanisme de transmission, au moyen de cette continuité proto-plasmique, ne donne cependant pas l'idée même la plus vague et éloignée de la nature de ce mécanisme.

Bard.

Selon cet auteur, la part que les cellules prendraient au développement ontogénétique serait de deux sortes. La première serait due à leur dédoublement ou division qualitative nucléaire dans le sens préformiste weismannien. La seconde serait due à une action spéciale des cellules germinales mêmes sur les somatiques, agissant à distance et cependant non par voie médiate, semblable à l'influence exercée par les courants électriques inducteurs dans la production des courants induits, à laquelle l'auteur a, justement pour cela, donné le nom d'induction vitale.

Cette induction ne serait cependant pas exercée seulement par les cellules germinales sur les somatiques, mais encore par celles-ci sur celles-là. Et l'action du soma modifié, apte à provoquer la transmission, au moyen de ses propres cellules germinales, des modifications subies, serait justement de cette nature [1].

Mais la transmission de ces nouveaux caractères dans l'organisme fils, par le fait des cellules germinales qui génèrent ce dernier, pourrait s'admettre seulement en supposant qu'elle se fît moyennant la même induction vitale, maintenant retournée, qui aurait déjà transféré ces caractères du soma paternel dans le germe. C'est ce que Bard lui-même semble admettre. Mais si cela vaut pour les derniers caractères acquis, cela devra valoir aussi pour tous les caractères acquis phylogénétiques. Par

---

1. Bard, *Influence spécifique à distance des éléments cellulaires les uns sur les autres,* Archives de Médecine expérimentale, 1ʳᵉ série, t. II, Paris, Masson, 1ᵉʳ mai 1890; et : *La spécificité cellulaire et ses principales consé-quences,* La Semaine Médicale, Paris, 10 mars 1894.

conséquent, la part que prendrait à l'ontogénèse le dédoublement ou division qualitative nucléaire dans le sens weismannien viendrait à se réduire à rien.

Nous nous bornerons donc à relever : l'inconcevabilité, que les considérations que nous venons d'exposer mettent encore plus en évidence, de la coexistence de deux sortes d'actions si extrêmement différentes de la part des cellules germinales ; et l'absolue inconsistance expérimentale de cette prétendue induction vitale.

Tornier.

Tornier croit que le système nerveux est l'intermédiaire entre le soma et les cellules germinales pour la transmission et la fixation dans ces dernières des caractères acquis par le premier.

« Chez les individus organisés supérieurs chaque adaptation des organes terminaux actifs est accompagnée par une adaptation correspondante et équivalente dans le système nerveux central. Le système nerveux central transmet à son tour la propriété acquise à l'organe sexuel, formant avec lui une seule unité fonctionnelle et nutritive, et spécialement aux cellules sexuelles, les contraignant à une transformation équivalente. Lorsque les cellules sexuelles deviennent ensuite des cellules génératives, la propriété acquise par les parents est par ce moyen transmise aux descendants [1] ».

On ne saurait cependant voir comment la modification subie par les cellules sexuelles pourrait être réversible ; c'est-à-dire comment ces dernières pourraient produire chez le fils le même nouveau caractère de l'organisme parent d'où leur propre modification serait dérivée. Pour mieux préciser, on ne voit pas du tout comment il serait satisfait à la condition, sur laquelle nous aurons souvent l'occasion de revenir et qui paraît indispensable à cette réversibilité, que pendant l'ontogénèse, au moment

---

[1]. Tornier, *Ueber Hyperdactilie, Regeneration und Vererbung*, Arch. f. Entwickelungsmech., d. Org., III Bd., 4 Heft, et IV Bd., 1 Heft, Leipzig, Engelmann, 1896, p. 192.

et au lieu opportuns, il vienne à se produire une action qui soit l'équipollente de celle par laquelle cet endroit du soma paternel avait réagi à l'action modificatrice des agents externes.

Il faut cependant remarquer l'importance qu'on attribue ainsi au système nerveux, comme moyen à l'aide duquel et par lequel doivent passer et être transformés tous les caractères nouvellement acquis par le soma, pour pouvoir ensuite se transmettre aux générations successives.

Oscar Hertwig.

Oscar Hertwig pose par les mots suivants la base de sa théorie de la biogénèse :

« Les cellules spécifiquement égales, qui proviennent de la segmentation d'un même œuf, et qui demeurent unies pour constituer un système organique d'un ordre plus élevé, se différencient, au cours du développement, de telle ou telle manière, suivant les relations dans lesquelles elles viennent à se trouver entre elles. Leur état se modifie lorsque se modifient ces relations. En effet, l'organisme de la cellule est une substance extrêmement impressionnable, irritable ; il en résulte que les moindres impulsions suffisent pour provoquer en elle des modifications.

« A différence de la théorie de la mosaïque de Roux et de la théorie du plasma germinatif de Weismann, la théorie de la biogénèse part de ce principe que, dès le commencement du développement, les cellules provenant de la segmentation de l'œuf sont constamment en une relation intime les unes avec les autres, ce qui détermine essentiellement la marche du développement. Les cellules ne prennent pas, motu proprio, leur caractère particulier futur, mais leur détermination s'accomplit suivant les lois qui résultent de la coopération de toutes les cellules aux différents stades du développement de l'organisme tout entier.

« Grâce aux relations qui s'établissent entre les diverses cellules conformément à des lois générales, et qui se modifient continuellement au fur et à mesure que ces cellules se mul-

tiplient, et grâce encore à un changement continuel dans les
relations entre ces facteurs intérieurs à l'organisme et ceux qui
sont extérieurs à lui, l'embryon, à chacun des stades successifs
de son développement, acquiert une conformation nouvelle, qui
devient toujours plus complexe [1]. »

Cela n'empêcherait cependant pas, selon cet auteur, de
considérer l'organisme, dans sa totalité, grâce à l'identité
idioplasmique des noyaux de toutes ses cellules, comme une
unité physiologique unique; et ce serait ensuite celle-ci qui
rendrait compréhensible la transmissibilité des caractères
acquis [2].

En effet, pour expliquer cette dernière, Hertwig a recours
aux cas d'infection, d'immunisation et autres semblables, par
rapport auxquels l'organisme se prête effectivement à être
considéré comme un tout unique. Il insiste, par exemple, sur
les expériences d'Ehrlich qui, par l'administration de doses
extrêmement petites de ricine, est parvenu à immuniser des
rats contre ce poison très puissant pour eux, et à constater que
cette immunité était acquise, non seulement par les parois du
tube digestif avec lesquelles la ricine est mise en contact immédiat, mais aussi par tous les autres tissus du corps; tels, par
exemple, les tissus sous-cutanés et la conjonctive oculaire; et
encore par les cellules germinales elles-mêmes, ainsi que cela
était prouvé par le fait de la transmission de cette immunité
chez les enfants nés de parents immunisés [3].

De la même manière, donc, que toutes les cellules du corps
sont sensibles à l'action de la ricine, et qu'elles subissent
toutes également, sous cette action, une modification matérielle
que quelques-unes d'entre elles, les germinales, transmettent
ensuite au fils sous forme d'immunité contre la ricine; la même
chose aurait lieu, selon Hertwig, pour tous les caractères
acquis en général : « De même que cela arrive pour la ricine,
de même je pense que toute cellule de l'organisme, tant somatique que sexuelle, est sensible aussi à l'action de l'état général

---

1. Oscar Hertwig, œuvre citée : *Die Zelle und die Gew.*, II, 75, 144, 156.
2. Oscar Hertwig, *ibid.*, II, 241.
3. Oscar Hertwig, *ibid.*, II, 240 et suiv.

du corps (des Gesammtzustandes des Körpers), et qu'elle subit, dans sa substance sous ce rapport spécialement réceptive, c'est-à-dire dans son idioplasma ou masse héréditaire, partout la même modification matérielle, correspondant à cet état général [1] ».

Or, nous voulons faire abstraction du fait démontré par Ehrlich, que, dans le cas où un seul des parents était immunisé, l'immunité se transmettait bien aux enfants d'une mère immunisée, mais ne se transmettait pas, au contraire, aux enfants d'un père immunisé; fait qui semblerait confirmer l'hypothèse d'Ehrlich que l'immunité contre la ricine soit due à la formation d'une anti-ricine, dont viendrait à s'imprégner le protoplasma de toutes les cellules, et dont ne pourrait par conséquent venir à s'imprégner le spermatozoïde qui est presque tout à fait dépourvu de protoplasma; et que par conséquent on n'aurait point affaire ici à une modification permanente de l'idioplasma nucléaire. Même en dehors de cela, même en admettant l'hypothèse que l'immunité contre la ricine serait due, ou aurait fini avec le temps par être due, à l'acquisition de la part de l'idioplasma d'une propriété stable nouvelle [2], il est évident que cette comparaison ne saurait être valable.

En effet, dans les cas d'infections, immunisations et autres semblables, ce serait, même suivant cette hypothèse, une même action identique qui s'exercerait de la même manière sur les substances nucléaires de toutes les cellules indistinctement, et l'on conçoit alors comment cette action pourrait faire acquérir à ces substances nucléaires particulières des diverses cellules, et par conséquent aussi à celle des cellules germinales, partout la même nouvelle propriété réactive, en plus des autres propriétés particulières que chacun des noyaux possède déjà et qui diffèrent de cellule à cellule.

Mais lorsqu'il s'agit, par exemple, d'un certain muscle qui se développe plus considérablement à cause d'une modification déterminée qui s'est produite dans son stimulus fonctionnel trophique local, est-il permis d'affirmer par analogie que l'on

1. Oscar Hertwig, *ibid.*, II, 242.
2. Oscar Hertwig, *ibid.*, II, 241.

a obtenu ainsi un nouvel « état général du corps », qui modifierait dans leur idioplasma, et de la même manière, toutes les cellules de l'organisme indistinctement? Certes, cette modification survenue dans le stimulus fonctionnel trophique du muscle, et le plus grand développement que ce dernier aura pris en conséquence, auront un contre-coup dans toutes ou presque toutes les parties de l'organisme, mais l'hypothèse la plus probable, conforme à ce qui est suggéré par les faits, c'est que ce contre-coup soit différent pour chacune de ces parties. Ce cas-ci est, du moins, tout à fait différent de celui de la transmission d'une infection donnée ou d'une immunité donnée, et la comparaison ne peut s'étendre ainsi sans plus.

En somme, Hertwig vient à admettre que toute modification matérielle locale qui se produit, par réaction à un nouveau stimulus fonctionnel, en un point donné de l'idioplasma, se propage instantanément par tout l'idioplasma; de telle façon que ce dernier, ainsi qu'une unité physiologique effective, se modifie partout uniformément :

« Dans l'organisme considéré comme unité physiologique, les actions particulières de tous les organes, tissus et cellules doivent à la fin se réunir en une seule action commune fort complexe, déterminant et constituant l'état général de l'organisme; celui-ci influencera à son tour chacune des parties et, s'il s'ensuit une modification durable de l'idioplasma, il deviendra ainsi une nouvelle propriété acquise. »

« A chaque nouvelle modification de l'état général de l'organisme, la masse héréditaire de ce dernier s'enrichit d'un nouveau membre, d'un nouvel élément constitutif (wird um ein neues Glied, eine neue Anlage bereichert), qui se manifestera de nouveau dans le développement de la génération suivante, en ce sens que maintenant le descendant reproduira plus ou moins, « dès le germe », c'est-à-dire par effet de causes internes, le caractère même que ses parents avaient acquis, au cours de leur vie individuelle, sous l'action de causes externes, c'est-à-dire de leurs rapports avec le monde extérieur [1]. »

---

1. Oscar Hertwig, *ibid.*, II, 242, 243.

Est-ce que Hertwig admet par là que la substance reproductrice vient ainsi à être constituée par une *superposition* de toute une série de modifications matérielles, correspondant à des états généraux phylogénétiques successifs du corps, et constituant autant de tendances à l'état potentiel ?

Cela est malaisé à dire : de même qu'à certains endroits il semble admettre que son idioplasma soit constitué de germes préformistes, si bien que sa théorie semblerait pouvoir se ranger avec celle de De Vries parmi les épigénèses à germes préformistes, et qu'en d'autres endroits, au contraire, lorsqu'il parle d'états généraux de l'idioplasma et autres semblables, toute notion de germes préformistes semble disparaître, et que sa théorie paraît s'approcher remarquablement d'une épigénèse sans germes préformistes semblable à celle de Spencer; de même arrive-t-il aussi pour cette superposition de différentes modifications matérielles, représentant les états phylogénétiques successifs, qu'il semble tantôt l'exclure, tantôt l'admettre.

S'il admettait cette superposition, l'explication de la transmissibilité des caractères acquis que pourrait donner l'hypothèse biogénétique se réduirait à ceci :

La modification uniforme dans laquelle se résoudraient en se propageant les diverses variations de la substance nucléaire idioplasmatique provoquées par l'acquisition de nouveaux caractères locaux, s'ajouterait aux modifications phylogénétiques précédentes, sans les altérer, et les réduisant seulement à l'état potentiel. Lorsque, dans l'ontogénèse successive, le stade de développement voulu étant une fois atteint, cette modification idioplasmatique tout récemment acquise viendrait à s'activer à son tour, elle reproduirait le même état général du corps qui s'était produit chez le parent par suite de l'acquisition des caractères locaux nouveaux, et cet état général, à cause de la réversibilité du rapport entre action et réaction, tendrait à former de nouveau ces derniers.

Il ne faut cependant pas se faire illusion : même avec cette admission, l'explication que l'hypothèse biogénétique donnerait de l'hérédité des caractères acquis serait plutôt verbale qu'effective. En effet, tout fondement réel ferait défaut, ainsi que nous le disions plus haut, à cette prétendue résolution de toutes les différentes variations contemporaines locales en une modification résultante idioplasmatique unique, uniforme pour l'organisme tout entier. Et aucune réponse ne pourrait être donnée aux questions suivantes : En quoi consisteraient ces différents états généraux de l'idioplasma? De quelle manière parviendraient-ils à se superposer les uns aux autres pendant la phylogénèse? Pour quelle raison se réactiveraient-ils pendant l'ontogénèse l'un après l'autre et dans le même ordre suivant lequel ils se seraient produits dans la phylogénèse? Comment chacun des états généraux successifs de l'idioplasma, identique pour tout l'organisme, viendrait-il à exercer sur chaque cellule autant d'actions particulières, non seulement tout à fait différentes entre elles, mais de plus exactement renversées par rapport à celles qui avaient produit en se composant cet état général pendant la phylogénèse?

Mais, quoi qu'il en soit, il n'est point certain du tout que Hertwig admette cette superposition. En effet, ainsi que nous l'avons dit, s'il semble en certains endroits enclin à l'admettre, en d'autres il paraît, au contraire, la rejeter absolument.

Il semble l'admettre, par exemple, lorsqu'il approuve et fait sien le passage suivant de Nægeli :

« Le développement successif des tendances (der Anlagen) de l'idioplasma suit dans son ensemble l'ordre phylogénique. De même que l'organisme parcourt successivement pendant l'ontogénèse les stades par lesquels la race entière a passé, de même les tendances de l'idioplasma s'activent dans l'ordre de leur apparition (kommen die idioplasmatischen Anlagen in derjenigen Folge zur Verwirklichung in der sie entstanden sind). »

Conception que Hertwig renforce par la phrase suivante :

« Grâce à la multiplication incessante et à la coopération des cellules, il vient à se produire des états embryonnaires toujours nouveaux, se succédant dans l'ordre suivant lequel ils ont paru au cours de la phylogénèse. Les diverses cellules sont ainsi mises les unes par rapport aux autres et par rapport au monde extérieur en des conditions toujours nouvelles, par suite des-

quelles les tendances qui sont latentes en elles se réveillent
(werden in neue Bedingungen gebracht, durch welche die in
ihnen latenten Anlagen geweckt werden)[1] ».

En d'autres endroits, au contraire, il semble rejeter complètement cette superposition de toute une série de tendances, dont
chacune correspondrait au stade phylogénétique où elle serait
venue à se produire; et il semble admettre, au contraire, que,
une fois que l'idioplasma a été modifié, il ne reste plus rien en
lui, pas même à l'état latent ou potentiel, des états précédents.
C'est du moins ce qui semble résulter des passages suivants :

« La théorie de la biogénèse nous force à introduire dans
l'énoncé de la loi biogénétique fondamentale, telle que l'a
donné Hæckel, certaines modifications et certaines additions qui
font disparaître la contradiction qui semble exister entre cette
théorie et cette loi. Nous devons remplacer l'expression : récapitulation de formes ancestrales éteintes, par cette autre : récapitulation de formes qui obéissent aux lois du développement
organique et qui vont du simple au complexe. Nous devons en
effet retenir comme point essentiel ceci : que dans les formes
embryonnaires, comme dans celles qui sont complètement développées, viennent à se manifester des lois générales déterminées
du développement de la substance organisée vivante. »

« Le développement, qui se répète périodiquement, d'individus pluricellulaires au moyen de représentants monocellulaires
de l'espèce, c'est-à-dire l'ontogénèse, s'effectue en général suivant les mêmes règles que les ontogénèses précédentes, mais il
se modifie un peu à chaque fois, dans la mesure correspondante
à celle dans laquelle la cellule spécifique elle-même, c'est-à-dire
la substance héréditaire, s'est modifiée dans la phylogénèse. »

« Si certaines dispositions se répètent dans le développement
des animaux avec une si grande constance et d'une manière
substantiellement identique, cela tient surtout au fait qu'elles
fournissent toujours, dans toutes les circonstances sans exception, les conditions préliminaires indispensables pour que le
stade ultérieur de l'ontogénèse puisse se former.

1. Oscar Hertwig, œuvre citée · *Die Zelle und die Gew.*, II, 251, 253.

« L'organisme monocellulaire, par exemple, ne peut, à cause de sa nature même, se transformer en un organisme pluricellulaire, autrement que par division. Il s'ensuit que, chez tous les êtres vivants, l'ontogénèse doit commencer par un procès de segmentation.

« D'un amas de cellules, il ne peut se former un organisme constitué par des couches et des groupes de cellules disposés en un certain ordre, qu'à la condition que les cellules, pendant qu'elles se multiplient, demeurent étroitement unies et s'ordonnent à mesure selon certaines règles, en commençant par les formes les plus simples pour avancer ensuite vers des formes toujours plus complexes. C'est ainsi que la gastrula présuppose un stade antérieur plus simple, qui est la blastula. C'est ainsi, encore, que les cellules embryonnaires doivent d'abord se disposer en des feuillets germinatifs, qui constituent la base indispensable pour les procès de différenciation qui doivent se produire en eux dans la suite du développement. L'ébauche d'un œil, chez un vertébré, ne peut se former qu'après qu'un tube médullaire s'est séparé du feuillet germinal externe, puisque c'est ce tube-là qui contient le matériel de formation de la vésicule optique.

« Certaines formes se maintiennent donc toujours identiques, malgré tous les facteurs variables avec l'espèce et à action continue pendant le procès de développement, parce que ce n'est que par leur moyen que l'état compliqué final peut être atteint par la voie la plus simple et de la façon la plus convenable [1]. »

Ainsi, comme nous l'avons dit, Hertwig semble au fond venir par là à admettre, contrairement à ce qu'il dit plus haut, que l'idioplasma, loin d'être une superposition de nombreuses tendances, se modifie à chaque nouvelle acquisition phylétique, de manière à ne garder aucune trace des états phylétiques antécédents.

Il rentre par là complètement dans l'hypothèse de Spencer, dont il cite, en effet, et fait siens de longs passages. Et il admet conséquemment, ainsi que cela résulte de ses propres

---

[1]. Oscar Hertwig, œuvre citée : *Die Zelle und die Gew.*, II, 273, 274, 276.

mots que nous venons de citer, que, si l'organisme semble repasser pendant l'ontogénèse par les stades phylétiques précédents, cela tient seulement à ce que l'idioplasma ne peut matériellement pas suivre une autre voie en s'acheminant comme il fait vers la position d'équilibre phylogénétique tout nouvellement acquise.

Mais, admettre cela, c'est nier la loi de la récapitulation.

Remarquons que Hertwig est poussé à nier cette loi, ainsi qu'il l'avoue lui-même, uniquement pour ne point tomber dans l'objection qui en découle irrésistiblement et que Weismann avait déjà faite à Nægeli : savoir, que si l'on admet que des formes phylogénétiques diverses soient dues à des idioplasmas respectifs qualitativement différents entre eux, on ne conçoit pas comment ces mêmes formes, lorsqu'elles viennent à se succéder, au contraire, dans l'ontogénèse d'une seule espèce, puissent alors dépendre seulement « d'états de tension et de mouvement différents » d'un seul et même idioplasma.

Mais il nous semble que Hertwig a en vain tenté de tourner l'obstacle :

« Un fait très général, écrit Delage, et bien digne de nous étonner, c'est que presque jamais l'ontogénèse ne suit une marche simple et directe, presque jamais les cellules ne prennent tout de suite les dispositions qui rapprocheraient le plus l'embryon de la forme définitive. L'ontogénèse se rapproche peu à peu du but, mais comme en louvoyant contre un vent contraire ; et ses longues bordées l'en éloignent parfois d'une manière étonnante. Elle dessine des masses de rudiments inutiles, fait pousser des membres qui ne serviront pas, perce des fentes branchiales chez un animal pulmoné pour les fermer plus tard, et ainsi de suite [1]. »

Ces bordées, ces chemins tortueux, ces reculs ne dénotent certainement pas un acheminement de la substance idioplasmatique par la route la plus courte vers son état d'équilibre. Ils démontrent que l'on ne peut absolument pas admettre le passage des formes ontogénétiques par les phylogénétiques, et lui

1. Delage, œuvre citée ; *L'hérédité*, etc., 175-176.

refuser en même temps la signification d'une récapitulation effective de la phylogénèse de la part de l'ontogénèse : autrement dit, l'on doit chercher la cause de cette récapitulation, non seulement dans les lois biologiques d'équilibration d'un idioplasma homogène actuel, mais aussi et principalement dans tout le passé de l'espèce, dans ce fait historique justement qu'elle a passé pendant son évolution par telles ou telles formes phylogénétiques.

C'est pourquoi cette objection de Weismann, plus justement encore que contre Nægeli, peut toujours être élevée en toute sa plénitude contre Hertwig, car celui-là du moins, sans en indiquer à vrai dire la raison et la manière, admettait cependant la manifestation successive de toute une série de tendances différentes de l'idioplasma, et précisément dans le même ordre de leur apparition phylogénétique, tandis que celui-ci, après avoir admis cette activation de tendances successives de l'idioplasma, a fini ensuite par la nier.

Driesch.

Une conception du développement organique qui, par sa nature, ne peut être susceptible de fournir une explication quelconque de la transmissibilité des caractères acquis, et qui, par conséquent, au cas où cette transmissibilité existerait, devrait pour cette raison même être considérée comme inadmisssible, c'est celle de Driesch, que l'on peut résumer par les paroles suivantes de son auteur :

« Chaque cellule de l'ontogénèse, en tant qu'elle possède un noyau, porte effectivement en elle la totalité de la masse héréditaire (die Totalität aller Anlagen); en tant qu'elle possède, au contraire, un corps protoplasmique spécifique, elle est, grâce justement à ce dernier, capable d'accueillir seulement certaines stimulations ou causes dégageantes déterminées des différentes énergies nucléaires. »

« La capacité de répondre aux stimulations réside dans le noyau, mais la capacité de les accueillir appartient au protoplasma; lequel est susceptible d'une spécification chimique

différente de cellule à cellule. Ce dernier est ainsi la zone de
perception qui sert d'intermédiaire entre les causes dégageantes
et le noyau, lequel constitue seul la véritable zone d'action. »

« L'apparition des procès élémentaires successifs, en chaque
ontogénèse, a lieu, alors, par le fait d'autant de dégagements
d'énergies différentes. En d'autres termes, l'ontogénèse doit se
décomposer en une série de différents effets dégagés. »

« Chaque cause dégageante, non seulement produit une spécificité chimique et donne lieu par là à un nouveau procès élémentaire comme tel, mais elle produit encore et en même
temps, moyennant cette nouvelle spécifité chimique ainsi produite, la limitation qui permettra à la nouvelle cellule d'accueillir
seulement, dans la suite de l'ontogénèse, des causes dégageantes
ultérieures déterminées [1]. »

Ce qu'il faut surtout remarquer en cette conception, c'est le
manque d'une véritable dépendance continue des différentes
parties les unes des autres pendant tout le cours du développement. Chaque cellule viendrait à conserver, il est vrai, dans
son noyau la substance germinale intégrale ; mais le dégagement
successif des énergies nucléaires spéciales destinées à lui
imprimer son caractère somatique particulier dépendrait au
fond, — plutôt que des actions et réactions réciproques s'exerçant à chaque instant de l'ontogénèse entre toutes les parties
du corps, comme chez Hertwig, par exemple, — uniquement
des propriétés spécifiques que son protoplasma aurait déjà
acquises précédemment.

En effet, le protoplasma spécifique qu'à un moment donné
de l'ontogénèse une cellule donnée a déjà acquis, en accueillant
seulement un certain stimulus qui est adapté à sa spécificité,
viendrait à être en dernière analyse la cause effective qui déga-
gerait, parmi toutes celles qui sont possibles, cette seule énergie
nucléaire spéciale qui devrait s'activer à cet instant. L'activation de cette nouvelle énergie nucléaire modifierait à son tour
la spécificité du protoplasma de cette cellule et de sa progéniture immédiate ; et le protoplasma ainsi altéré serait de nouveau

---

1. Driesch, œuvre citée : *Analytische Theorie der organischen Entwickelung*, p. 49, 60, 81, 82.

la cause de la réception d'un autre stimulus particulier et du
dégagement qui s'ensuivrait de l'énergie nucléaire successive
voulue ; et ainsi de suite jusqu'au terme du développement.

Chaque cellule de n'importe quel stade ontogénétique viendrait ainsi à avoir en elle-même, à l'exception des stimulus
que le protoplasma est appelé à accueillir, tout ce qui serait
nécessaire pour déterminer son propre sort futur et celui de sa
descendance la plus éloignée.

Ce que l'on ne saisit pas bien, c'est ce point : si ces causes
dégageantes des différentes énergies nucléaires, c'est-à-dire
ces stimulus parmi lesquels il appartient ensuite à chaque
protoplasma de choisir et d'accueillir seulement les siens,
sont dus seulement au monde extérieur à l'organisme, ou
bien aussi aux actions et réactions réciproques s'exerçant à
l'intérieur de ce dernier entre ses différentes parties. Dans le
premier cas, il faudrait ranger Driesch au nombre des évolutionnistes décidés ; dans le second, son système viendrait à
être mixte, c'est-à-dire avec des phénomènes de nature évolutionniste coopérant avec d'autres de nature épigénétique.

Nous ne nous arrêterons pas à démontrer quelles énormes
difficultés on rencontrerait, dans un cas aussi bien que dans
l'autre, quand on voudrait concevoir au moyen de cette théorie
un mécanisme' quelconque de transmission des caractères
acquis. Encore que la totalité de la masse héréditaire viendrait
à se conserver identique, pendant le développement, dans les
noyaux de toutes les cellules indistinctement, cela n'arriverait
que grâce à la division nucléaire qualitativement égale. Tandis
que l'on ne conçoit pas comment les modifications qui surviendraient à l'état adulte, à la suite d'une nouvelle adaptation
fonctionnelle locale, dans la masse héréditaire nucléaire de
telles ou telles cellules somatiques, pourraient ne pas demeurer
localisées dans ces dernières.

Il nous suffira, par contre, de noter combien sont remarquables, dans cette théorie de Driesch, la conception que l'ontogénèse ait lieu par le fait d'autant de dégagements successifs
d'énergies différentes demeurées jusqu'alors à l'état potentiel ;
et cette conception, encore, que le dégagement d'une quel-

conque de ces énergies prépare, grâce aux effets qu'il produit, l'avènement des conditions nécessaires et suffisantes pour le dégagement de l'énergie potentielle immédiatement successive.

Herbst.

La conception épigénétique de Herbst est encore moins propre, si possible, que celle de Driesch, à rendre concevable un mécanisme quelconque de transmission des caractères acquis.

Il rapporte d'abord plusieurs expériences sur la façon dont les organismes unicellulaires et même les cellules réagissent contre des stimulus donnés, ainsi qu'un grand nombre de faits tendant à démontrer la grande dépendance, de l'ontogénèse végétale surtout, par rapport aux agents externes. S'il est évident que les agents externes ne constituent le plus souvent que de simples stimulus libérateurs ou dégageants, ils semblent, au contraire, devenir, pour certaines formations, de véritables stimulus formateurs. Pour ces formations il ne s'agirait plus alors d'une véritable ontogénèse, mais d'une effective phylogénèse qui se répéterait à chaque génération *ex novo*, à cause de la répétition toujours égale de la même action formatrice extérieure.

Ayant ainsi recueilli une riche moisson de faits sur les effets physiologiques produits par les stimulus les plus différents sur les organismes ou sur des parties données des organismes, — effets physiologiques produits par des stimulus, lesquels ne constituent au fond qu'autant d'adaptations fonctionnelles particulières dans le sens large du mot, — Herbst croit en pouvoir dériver sa conception épigénétique, confiant au fond le développement à toute une série de stimulus directifs :

« De même que les organismes libres de se mouvoir sont influencés par les agents externes dans la direction de leurs mouvements, de même les cellules histologiques indépendantes, en réagissant contre des stimulus directifs déterminés, rendent possible la production d'une quantité de procès de formations ontogénétiques. »

« De même que les vésicules germinales de *Cuscuta* développent leurs barbes urticantes aux points de contact avec la plante qui les héberge ; de même que dans les queues des feuilles d'*Helleborus niger*, à la suite de l'effort de traction d'un poids, se forment de nouveaux éléments mécaniques qui manquent sans cela ; de même qu'à cause de la sécrétion d'un cynips de galle il peut se produire des racines en une tige d'herbe ; de même à l'intérieur d'un embryon animal en voie de développement, un organe donné peut, grâce au contact, à la pression, à la traction, moyennant un produit spécifique donné d'échange matériel, ou par tout autre moyen, donner origine en un autre organe à des procès de formation nouveaux.

« C'est-à-dire, de même que chez les plantes et les animaux fixes, les formations morphologiques les plus différentes sont produites par des stimulus formateurs, lesquels proviennent du monde extérieur, ou bien sont exercés par un organe de l'organisme sur l'autre ; de même les changements morphologiques dans l'ontogénèse animale naissent eux aussi de nombreux stimulus inductifs (Induktionsreize), presque toujours d'origine intérieure [1]. »

Cette conception, spécialement si elle est étendue à tous les procès du développement en général, revient en somme à réduire l'ontogénèse, ainsi que dans le cas susmentionné des formations végétales par rapport auxquelles les agents externes viennent à fonctionner comme de véritables stimulus formateurs, presque à une phylogénèse, se répétant *ex novo* à chaque génération. Et le fait que les générations successives viendraient malgré cela à se reproduire toujours identiques à elles-mêmes, est attribué à la répétition se faisant toujours d'une manière identique des stimulus fonctionnels successifs, tant extérieurs qu'intérieurs à l'organisme en voie de développement, se produisant au fur et à mesure et l'un de l'autre par le principe de la causalité fructifiante, auxquels cette phylogénèse *ex novo* viendrait chaque fois à être confiée.

Sous ce rapport, la conception de Herbst rappelle l'explica-

1. Herbst, *Ueber die Bedeutung der Reizphysiologie für die kausale Auffassung von Vorgängen in der tierischen Ontogenese*, Biol. Centralbl., 1894, Band XIV, nᵒˢ 18-22, p. 771 ; et 1895, Band XV, nᵒˢ 20-24, p. 852.

tion purement mécanique du développement de His, laquelle
conflait la tâche de reproduire chaque fois les mêmes phénomènes ontogénétiques à la répétition se faisant toujours d'une
façon identique d'actions mécaniques données. Comme chaque
action, effet des précédentes, devenait à son tour, grâce au
principe de la causalité fructifiante, la cause des suivantes,
ainsi il suffisait que le premier anneau seul de la chaîne se
répétât constamment pareil à chaque génération, pour que la
même chose dût arriver pour tous les autres.

Remarquons que ces conceptions de Herbst, de His et autres
semblables, impliquent, même pendant l'ontogénèse, un grand
déliement, une grande autonomie, non seulement de chaque
partie de l'organisme, mais jusque, peut-on dire, de chaque
cellule. Le développement de chaque plus petite parcelle vient
au fond à dépendre de ce qu'elle répond d'une façon autonome, bien que déterminée à coup sûr et non arbitraire, aux
actions et réactions de ses seuls environs immédiats où prochains. Or, ceci est difficilement compatible avec cette étroite
connexion, qui doit nécessairement exister entre les différentes
parties constituant un seul tout coordonné. Et cela est encore
plus incompatible avec la constance et la précision avec lesquelles le développement est à chaque fois capable de reproduire les plus minces détails de l'organisme, lors même que
les conditions du milieu extérieur où ce dernier est forcé de
s'accomplir, par rapport à la nutrition, ou à la pesanteur, ou à
la température, ou à d'autres facteurs, ne se répètent pas toujours identiques.

D'autant plus que le principe de la causalité fructifiante,
employé pour expliquer cette constance et cette précision rigou-
reuses avec lesquelles vient toujours à se répéter la même
série de phénomènes ontogénétiques, est une lame à deux tran-
chants. Car il suffirait alors que même un seul des infinis
anneaux intermédiaires de la chaîne vînt à se trouver en des
conditions de milieu un peu différentes ou à être n'importe
comment tant soit peu différent de son correspondant de la
génération précédente, ce qui arrive, peut-on dire, dans tous les
développements, pour que la portion restante de la chaîne, les

altérations s'accumulant et se multipliant ainsi qu'une avalanche, vint à se trouver, particulièrement dans ses derniers anneaux, profondément changée.

La connexion étroite et la coordination d'infinies parties différentes en un seul tout harmonique, et la précision constante dans la répétition des plus minces détails, impliquent, en somme, un facteur ontogénétique de nature unique, directeur et coordonnateur à la fois, s'exerçant à chaque instant du développement à travers l'organisme entier jusque sur chacune de ses plus petites parties. Et les théories ontogénétiques type Herbst ou His se trouvent, au contraire, au pôle justement opposé à cette condition.

Il est inutile de faire remarquer qu'elles ne pourraient d'ailleurs rendre le moindre compte de l'ontogénèse comme récapitulation de la phylogénèse ; et moins encore de la transmissibilité des caractères acquis.

Il est fort probable, en effet, que cette dernière, nous pouvons retenir cela sans crainte de nous éloigner beaucoup de la vérité, exige comme première condition, certes non suffisante, mais nécessaire du moins, que ce facteur ontogénétique de nature unique soit justement en action partout et à tout instant, et qu'il n'abandonne jamais, pour ainsi dire, les rênes du développement, afin qu'il ait ainsi le moyen de ressentir, à son tour, chaque plus petite variation qui viendrait ensuite à se produire dans l'organisme même, à la suite de quelque nouvelle adaptation fonctionnelle. Or, les conceptions de Herbst, de His et toutes les autres semblables à celles-ci, lesquelles ont recours au seul principe de la causalité fructifiante, admettent, au contraire, que les effets successifs seraient à jamais livrés à eux-mêmes, par leurs causes particulières respectives, dès qu'ils auraient été produits et lancés, pour ainsi dire, dans le développement pour produire à leur tour d'autres effets.

Ces conceptions impliquent donc, ne fût-ce que pour cela, et de la manière la plus absolue, le rejet de toute transmission des caractères acquis. Et si, au contraire, celle-ci existe, elles se rendent, ainsi que nous le disions, tout à fait impossibles, même sous ce point de vue.

Orr.

Orr part de l'idée qu'il s'est faite de la manière dont les métazoaires dérivent des protozoaires :

Il est aisé de comprendre que, lorsque l'organisme unicellulaire, au cours des générations, eut atteint certaines dimensions, sa surface extérieure ait pu venir à se différencier, grâce au stimulus de contact, en une couche protectrice plus dense; et que, par suite de cette différenciation, elle ait perdu la capacité de reproduire l'animal, laquelle n'est demeurée qu'à la partie intérieure du protoplasma.

« Lorsque cet organisme, suivant son procès de reproduction ordinaire, est venu à se diviser en un nombre donné de fragments, qui demeuraient cependant unis entre eux et constituant un organisme pluricellulaire, les parties du protoplasma qui n'avaient pas subi la différenciation plus prononcée de la couche externe seront demeurées pareilles aux germes protoplasmiques de tous leurs ancêtres, et capables de répondre aux mêmes stimulus, et de se développer par conséquent de la même manière.

« La seule différence entre ces germes-ci et les ancestraux, ce serait la complexité augmentée de leurs coordinations nerveuses. Tandis que la partie de l'organisme qui s'est différenciée dans la couche externe plus dense, serait structuralement si différente des germes de l'espèce, qu'elle serait incapable de répondre à aucun des stimulus ordinaires auxquels ces germes sont soumis pendant la reproduction, et incapable pour cela de répéter le développement.

« A chaque progrès dans l'évolution, une partie du protoplasma garde ses qualités originaires, changeant seulement sa condition nerveuse en une condition de plus grande complexité de coordinations. De cette manière le protoplasma originaire s'ajoute graduellement à lui-même les coordinations propres à développer en chaque génération, d'abord de simples parois protectrices des cellules, et puis des organes différenciés[1]. »

1. Orr, *A Theory of Development and Heredity*, New York, Macmillan, 1893, p. 127-128.

De tout l'ouvrage d'Orr il semble résulter, sans aucun doute possible, qu'il admet cette partie du protoplasma non diffé-rencie comme présente et identique en toutes les cellules de l'organisme indistinctement, continue de manière que les effets de l'irritabilité puissent se transmettre d'un point quelconque à toutes les parties de l'animal, et constituant ainsi une unité physiologique unique [1].

Mais, d'un autre côté, on ne voit jamais assez clairement ce que l'auteur entend par cette plus grande complexité de coordinations se produisant dans le protoplasma. Le fait que le système nerveux préside à toutes les manifestations physiolo-giques de l'organisme, lui fait justement penser que le déve-loppement soit dû lui aussi à des phénomènes nerveux sem-blables. Cependant, dans le système nerveux de l'organisme on voit clairement ce que l'on doit entendre par une plus grande complexité des coordinations nerveuses, parce qu'il est constitué par une infinité de points distincts les uns des autres, et reliés les uns aux autres d'une manière plus ou moins compliquée par des communications nerveuses directes ou indirectes. Au con-traire, pour le protoplasma indifférencié, toujours identique à lui-même dans tous les points les plus divers du corps, et a fortiori pour cette portion infinitésimale qui est contenue dans la cellule germinale, ces prétendues coordinations ner-veuses et cette toujours plus grande complexité de coordina-tions, en quoi consisteraient-elles? et que signifient-elles?

Aucun éclaircissement plus grand ne résulte des passages suivants : « La capacité réactive du protoplasma, les effets qu'ont sur lui la répétition et la pratique, et les coordinations enchevêtrées que ces effets présupposent le plus souvent, si nous les comparons avec les impressions qui, laissées par des stimulus spéciaux, demeurent longtemps fixées comme « sou-venir », nous amènent directement à supposer que la propriété qui est la base du développement somatique chez les orga-nismes, soit la même propriété que nous reconnaissons comme base de l'activité et du développement psychiques. »

1. Par exemple, *ibid.*, 124.

« Selon le même principe pour lequel une pensée dans l'esprit rappelle une pensée associée, ou un son musical en évoque un autre, ou une action dans une série d'actions plusieurs fois répétée provoque l'action ou les actions immédiatement postérieures, de même, une fois que le stimulus initial est donné à un organisme à son début, son activité répondante (its responsive activity) tend chaque fois à produire par association l'activité immédiatement postérieure dans la série plusieurs fois répétée, et ainsi de suite pour les stades successifs d'accroissement et de développement [1]. »

Les points de ressemblance entre le phénomène mnémonique de l'association ou succession d'idées et celui du développement ontogénetique, ont déjà été très justement relevés par d'autres et nous les examinerons d'une façon particulière dans le dernier chapitre. Il nous suffira ici de remarquer que le premier ne peut cependant pas servir du tout à expliquer le second. En effet, non seulement il appartient à un ordre de phénomènes encore plus particuliers et plus complexes que le phénomène même qu'il s'agit d'expliquer; mais, en outre, les conditions de genèse et de répétition des deux phénomènes sont différentes.

Lorsque l'oreille est frappée pour la première fois, et puis pour beaucoup de fois de suite, par une mélodie, de nouvelles impressions sont laissées sur plusieurs centres nerveux, de nouvelles voies de communication nerveuse sont ouvertes entre eux et s'aplanissent toujours plus. Ces nouvelles impressions, ces nouvelles voies demeurent ensuite inaltérées à l'endroit même où elles ont été produites. Et c'est dans ce fait qu'elles demeurent telles quelles, là où elles ont été produites, que réside la cause de la facilité toujours plus grande avec laquelle cette mélodie viendra se représenter à la mémoire. Lorsque les muscles de la main s'exercent à exécuter un morceau de musique, le plus grand développement des muscles, la plus grande complexité des coordinations nerveuses qui relient ces muscles au cerveau, constituent des modifications matérielles bien déter-

---

1. Orr, *ibid.*, 238-239, 142.

minées qui, se conservant inaltérées là où elles se sont produites, rendent toujours plus aisée l'exécution qui était d'abord
difficile.

Au contraire, pour ce qui concerne le développement des
organismes, la cause de la répétition toujours des mêmes stades
ontogénétiques successifs doit résider en une seule cellule, la
germinale. Et cette cellule n'est aucunement le lieu où se sont
produites les modifications matérielles, acquises par le parent
et à transmettre au fils, telles que le développement plus grand
de certains muscles, la plus grande complexité de certaines
coordinations nerveuses, et ainsi de suite. Du plus grand développement des muscles, de la plus grande complexité des
coordinations nerveuses qui se sont produits chez le parent,
rien ne demeure, en tant qu'altérations de muscles et de nerfs,
dans le petit fragment de substance qui est destiné à engendrer
le fils.

Par conséquent, l'assimilation de ces deux phénomènes,
toute suggestive qu'elle est assurément, ne suffit pas pour
constituer à elle seule l'explication du phénomène ontogénétique.

Mais Orr continue en ces termes : « La coordination de
forces qui détermine le développement n'est pas à considérer
comme un mécanisme défini, localisé, monté et prêt à partir
quand il est touché. S'il en était ainsi, nous devrions trouver
ce mécanisme attribué à un nombre défini de cellules; au contraire, nous trouvons que, par exemple, chaque fragment
d'hydre, indépendamment du nombre de cellules qu'il contient,
qu'il soit la moitié ou bien la vingtième partie de l'animal, est
capable de reproduire un nouvel individu, et un seul.

« La qualité d'où dépend le développement semble donc
résider dans un petit fragment aussi bien que dans un grand,
et également dans tous les points.

« Je pense que le mieux c'est de comparer le plan et la
potentialité de développement inhérents au fragment de protoplasma, aux idées et aux potentialités de volition inhérentes
à la substance cérébrale : non pas comme si les idées et les
potentialités étaient localisées chacune dans ses limites d'espace

étroites et définies, et dépendantes d'un mécanisme matériel
défini, mais plutôt comme si le développement et les potentialités mentales étaient dépendants de certains états de la
substance vivante, lesquels seraient le résultat de l'histoire
passée tout entière de la substance vivante même, et lesquels
détermineraient, ainsi, la manière de répondre à des stimulus
extérieurs, et la direction que prendra la nouvelle énergie entrant
constamment du dehors [1]. »

Or, ceci rappelle la conception Nægeli-Hertwig, que nous
avons déjà examinée plus haut, d'un idioplasma également
général et mnémonique, avec tous ses défauts d'excessive indétermination ou, pis encore, de pur verbalisme.

Cependant, ce qu'il importe de relever, c'est que, quelque
grande que soit l'indétermination de la théorie de Orr, elle
offre néanmoins quelque chose de nettement exprimé et de
très remarquable, savoir : la conception de l'activité nerveuse
comme seul phénomène universel, base de la vie, la haute
tâche qui lui est conséquemment attribuée de constituer à elle
seule tout le mécanisme du développement aussi bien que de la
transmissibilité des caractères acquis, et la constatation d'analogies frappantes entre ce mécanisme et le phénomène mnémonique.

Cope.

Pour expliquer la transmissibilité des caractères acquis, Cope
part des expériences suivantes sur les Lépidoptères : Ayant
exposé à des couleurs différentes des larves prochaines au
moment de se chrysalider, on a obtenu dans les chrysalides
développées les couleurs correspondantes. Des larves qui allaient
filer leur cocon, exposées à certaines couleurs, ont été induites
à filer des cocons de la couleur correspondante. « Dans la
première expérience, ainsi commente Cope, l'effet dynamique
produit par l'exposition à des couleurs données est resté
emmagasiné pendant tout le temps qui s'est écoulé entre l'expo-

---

1. Orr, *ibid.*, 172-173.

sition même de la larve et le développement complet de la chrysalide. La seconde expérience démontre qu'un stimulus peut être transmis à une glande, de manière à modifier dans une direction nouvelle le caractère de sa sécrétion. Ces expériences nous montrent en outre, l'une et l'autre, la transmissibilité d'énergie du lieu de la stimulation à une région éloignée du corps, et sa conversion en énergie d'accroissement (énergie présidant au développement en général). Ceci nous prépare à considérer l'hérédité des caractères acquis comme un phénomène voisin, c'est-à-dire comme la transmission d'une énergie spéciale du point de la stimulation aux cellules germinales, où elle viendrait à se composer avec leur énergie héritée, pour se transformer en énergie d'accroissement ou « bathmisme, [1] ».

De là il passe sans plus à conclure que, lorsqu'un nouveau caractère donné est acquis par le soma à la suite d'une stimulation déterminée, il vient à se produire contemporainement dans le plasma germinatif aussi. C'est cette double acquisition contemporaine d'un même caractère de la part du soma et du germe, qui constitue sa théorie de la « diplogénèse » : « Les effets de l'usage et du non-usage sont de deux sortes, savoir, l'effet sur le soma et l'effet sur le plasma germinatif. Ceux qui soutiennent l'hérédité des caractères acquis doivent, je pense, l'entendre de cette manière. Le caractère doit être acquis en puissance par le plasma germinatif, ainsi qu'il est acquis en acte par le soma. Ceux qui soutiennent que les caractères acquis ne sont point hérités, oublient que le caractère acquis par le soma est identique à celui qui est acquis par le plasma germinatif, de sorte que le caractère acquis par le premier est hérité, mais pas directement. Il est acquis contemporainement par le plasma germinatif, et il est hérité de ce dernier. Il y a donc quelque chose de vrai dans chacune des deux affirmations opposées, et il me semble qu'elles sont mises en harmonie par cette théorie de la diplogénèse [2] ».

Il est inutile de faire remarquer que si l'on prend à la lettre

---

1. Cope, *The primary factors of organic evolution*, Chicago, The Open Court publishing Company, 1896, p. 440.
2. Cope, *ibid.*, 442-443.

cette prétendue double acquisition d'un même caractère de la part du soma et du germe, elle manque de toute base effective et doit même paraître inconcevable. Et cela non seulement parce que les deux expériences citées ci-dessus regardent des phénomènes trop particuliers et trop complexes et encore trop peu analysés pour qu'elles puissent servir de fondement à aucune théorie. Mais il est évident que, si ce caractère, au lieu de consister en une variation générale portant sur toutes les cellules, consiste, au contraire, en une modification morphologique ou physiologique locale quelconque d'organes ou de tissus donnés, il sera impossible de concevoir cette modification comme acquise contemporainement par le plasma germinatif aussi, dans lequel ces organes et ces tissus n'existent pas.

Il semble cependant que Cope entende, qu'à chaque modification morphologique ou physiologique même locale du soma, il vienne toujours à correspondre univoquement une certaine manière dynamique d'être spécifique du protoplasma en général, et que ce soit cette manière dynamique nouvelle qui serait acquise contemporainement par le protoplasma du soma et par celui du germe.

En effet, pour expliquer « la manière dont les influences qui ont agi sur la structure générale sont introduites dans les cellules germinales », il émet sa « théorie dynamique », prise au domaine de la « physique moléculaire », et ayant recours à cette forme particulière d'énergie rappelée plus haut, qu'il appelle « bathmisme ». Et ce bathmisme consisterait, suivant notre auteur, « en une manière de mouvement des molécules du protoplasma vivant, grâce à laquelle ce dernier vient à former des tissus donnés en des endroits donnés et non pas en d'autres ».

« C'est au début du développement, continue Cope, qu'il est plus aisé d'observer l'action de cette forme particulière d'énergie, comme dans la segmentation de l'œuf fécondé, dans la formation des feuillets blastodermiques, de la gastrula, de la gouttière primitive. Dans les œufs méroblastiques, l'énergie se trouve évidemment en excès dans une partie de l'œuf et en défaut dans l'autre. Ce sont là autant de simples exemples de la localisation de la force d'accroissement ou bathmisme. En chaque reploiement ou invagination il y a excès d'accroissement dans la région qui devient la partie convexe du repli; on a donc maintenant encore une localisation ou une activité spéciale de bathmisme sur ce point. Toutes les modifications de forme peuvent ainsi être attribuées à l'activité de cette énergie sur certains points particuliers.

« L'énergie constructive étant ainsi entendue comme une sorte de mouvement moléculaire, nous n'avons aucun droit de supposer que son existence soit dépendante des dimensions du corps organique où elle se manifeste. Cette sorte de mouvement moléculaire peut être caractéristique même d'une seule unité organique ou plastidule, de la même façon que la sorte de mouvement qui construit le cristal est caractéristique même du plus simple agrégat moléculaire, d'où le cristal tire son origine. La bathmisme n'offre cependant aucune autre ressemblance avec la cohésion cristallographique. Cette dernière est une énergie simple, qui agit selon certains rapports géométriques spatiaux, sans aucun autre égard en dehors des forces d'attraction présentes. Dans le bathmisme, au contraire, nous voyons la résultante d'innombrables influences antécédentes, laquelle forme ainsi un organisme adapté aux contingences plus variées et plus irrégulières qui caractérisent la vie des êtres vivants. Comme cette résultante est distincte pour chaque espèce, ainsi le bathmisme doit être considéré comme un terme générique, et l'énergie d'accroissement de chaque espèce, comme une espèce distincte d'énergie, qui présente en outre elle-même des diversités correspondantes aux différences individuelles[1]. »

Il sera inutile de relever l'indétermination extrême et, nous dirions presque, le pur verbalisme sans aucun fondement effectif, de cette théorie de Cope, qui rappelle de si près la périgénèse de Hæckel avec son mouvement ondulatoire plastidulaire. Nous nous bornerons à remarquer seulement que

1. Cope, *ibid.*, 447-449.

chaque manière d'être dynamique donnée du protoplasma,
particulière à une espèce donnée, bien que venant ainsi à être
le résultat de toutes les manières d'être dynamiques où serait
venu à se trouver le protoplasma même pendant le cours de
la phylogénèse, ne cesserait pas pour cela d'être maintenant
une manière d'être dynamique à elle, tout à fait différente des
précédentes, et mise dans l'impossibité matérielle de conserver
séparément la plus petite trace de chacune de ces dernières.
C'est pourquoi, avec cette théorie de Cope aussi, non moins
qu'avec celle de Hæckel lui-même, la récapitulation de la
phylogénèse de la part de l'ontogénèse demeurerait tout à fait
incompréhensible. Et, d'un autre côté, on ne saurait comprendre comment le protoplasma pourrait venir à se trouver en
une même manière d'être dynamique identique dans toutes les
parties les plus diverses du soma, et y donner cependant lieu
à des phénomènes biologiques spécifiques, respectivement différents pour chacune de ces parties.

Une tentative bien plus suggestive eût été, par contre, d'essayer
de réduire toutes les plus différentes variations physiologiques
et morphologiques contemporaines de l'organisme, plutôt qu'à
une variation dynamique unique et partout uniforme de cette
énergie d'accroissement donnée, à autant de variations spécifiques, au contraire, d'une seule forme générique d'énergie ;
forme générique d'énergie qui viendrait ainsi à être, par
rapport à ces variations morphologiques et physiologiques les
plus dissemblables, nous dirions presque leur dénominateur
commun. C'est là en effet l'un des moyens auxquels semble
devoir nécessairement recourir toute théorie qui voudrait tenter
d'expliquer la transmissibilité des caractères acquis. Car, une
fois que toutes les variations des formes d'énergie les plus
différentes, contemporainement en activité sur les points les
plus variés de l'organisme, seraient réduites à autant de variations spécifiques d'une forme d'énergie unique, leur base
commune à elles toutes, il ne serait plus du tout impossible de concevoir que, pour chaque état complexe de l'organisme, il puisse venir à se produire et univoquement à correspondre, dans le germe, une manière d'être spécifique

bien déterminée de cette forme commune d'énergie, laquelle serait comme la résultante de toutes les manières d'être spécifiques de cette dernière, contemporainement et différemment actives dans les points les plus variés du soma. Alors, de même que la résultante de plusieurs forces agissant sur un point à un même moment donné peut se décomposer de nouveau dans ses anciennes composantes mêmes, agissant maintenant encore toutes contemporainement, ainsi le premier pas est déjà fait pour s'acheminer à comprendre comment cette manière d'être particulière de la forme commune d'énergie, qui est venue de cette façon à se produire et à se conserver dans le germe, puisse en son temps se redécomposer, sur tous les points les plus variés de l'organisme nouveau, dans les mêmes manières d'être d'auparavant, qui avaient déjà été, dans l'organisme parent, ses propres composantes.

Pour compenser l'indétermination de sa théorie, notre auteur a lui aussi recours, de même que Hæckel, Orr et bien d'autres, à la comparaison de l'ontogénèse ainsi produite par le bathmisme avec le phénomène mnémonique. Et bien qu'il ne vienne assurément pas à ôter ni même à diminuer par là cette grande impression de vague qui ternit toute sa théorie, il devient cependant en cela plus intéressant et plus suggestif :

« Nous pouvons comparer la formation de l'embryon comme à un souvenir emmagasiné dans le système nerveux central du parent, et gravé en plus ou moins grande partie dans le plasma germinal pendant sa formation, et qui se déroulerait ensuite dans l'ordre même suivant lequel il a été emmagasiné. Nous pouvons nous imaginer ce souvenir comme tissé dans la structure de chaque cellule organique, et qu'il soit détruit à mesure que les cellules se spécialisent et qu'elles deviennent peu à peu incapables de reproduire autre chose qu'elles-mêmes.

« Dans le plasma germinatif il n'existe aucune autre spécialisation, de sorte que le souvenir tout entier peut être répété à chaque stade, produisant ainsi la succession de structures typiques que l'embryologie nous a rendues familières. Au cours du développement embryonnaire, chaque sorte de mouvement

engendrerait la sorte suivante, grâce au souvenir moléculaire
structural déposé d'abord dans l'œuf ainsi que dans le spermatozoïde, et combiné et recomposé ensuite dans leur union pour
former l'œuf fécondé.

« Si toutes les cellules étaient identiques dans leurs caractères,
chacune garderait le souvenir structural, ou mémoire, de son
histoire physique passée, ainsi que le font les organismes unicellulaires. L'évolution cependant a modifié la plupart des
unités structurales de l'organisme de telle sorte qu'aucune
d'elles, à l'exception des cellules nerveuses et reproductives,
ne garde, pas même imparfaitement, ce souvenir. Les cellules
nerveuses ont été spécialisées comme récepteurs d'impressions
nouvelles et comme excitateurs de mouvements correspondants
déterminés dans les cellules de tout l'organisme restant. Les
cellules somatiques gardent seulement le souvenir ou la mémoire de leur fonction spéciale. D'un autre côté, les cellules
reproductives, qui ressemblent le plus aux organismes unicellulaires indépendants, gardent avant tout les impressions
qu'elles ont reçues pendant leur primitive condition ancestrale
unicellulaire, et ensuite celles qu'elles ont acquises au moyen
de l'organisme, dont elles ont été et sont une partie seulement [1]. »

Comme, dans le dernier chapitre, nous nous occuperons particulièrement de la comparaison entre le phénomène ontogénétique et le phénomène mnémonique, il nous suffira de relever
ici — en contradiction cependant avec l'assertion, rapportée
ci-dessus, d'une manière d'être dynamique unique du protoplasma dans tout l'organisme — la complète somatisation mnémonique, c'est-à-dire nucléaire, des cellules somatiques spécialisées
reconnue par notre auteur, et la suggestive identification substantielle qu'il fait conséquemment des cellules nerveuses avec les
reproductives, comme les seules qui soient douées d'une
mémoire non somatisée, et par conséquent comme les seules qui
soient également aptes à garder plus ou moins parfaitement ce
souvenir des générations passées. Identification avec les repro-

1. Cope, *ibid.*, 451-453.

ductives qu'il aurait cependant dû, à notre avis, borner aux seules cellules nerveuses à leur tour les moins différenciées.

Delage.

Pour Delage, « l'œuf est comme un astre lancé par une force initiale au milieu d'un système d'astres en mouvement. La trajectoire de celui-ci sera influencée et déterminée par tous les astres dont il traversera la sphère d'action, et cependant, si quelque chose eût été changé dans sa masse ou dans son mouvement initial, elle n'eût pas été ce qu'elle est. Elle n'est point dépendante de lui seul, quoique en aucun point elle ne soit indépendante de lui. Toute autre masse semblable, lancée au même point, avec la même force, dans la même direction, reproduira une trajectoire identique à la sienne; mais toute différence même minime dans l'un ou l'autre de ces trois facteurs pourra amener des différences considérables dans la forme de cette courbe [1] ».

Cette comparaison ne rend point compte de l'ontogénèse récapitulation de la phylogénèse, ni de l'hérédité des caractères acquis.

L'hérédité des caractères acquis est cependant acceptée, en partie du moins, par Delage, qui l'explique ainsi : « Lorsqu'un composé chimique nouveau introduit dans l'organisme produit en différents points des effets différents, cela tient sans doute à ce que, dans chaque point différent, il trouve, à titre d'élément prédominant, une substance cellulaire différente. Donc, si l'œuf contient les substances caractéristiques de certaines catégories de cellules de l'organisme, il doit être touché en même temps que ces cellules et par les mêmes agents. Si ces agents ont une action excitante ou déprimante et poussent l'organe à se développer davantage ou à s'atrophier, il se produira dans l'œuf une action parallèle, les substances correspondantes subiront un certain accroissement ou une certaine déchéance et, lorsque l'œuf se développera, les cellules char-

---

1. Delage, œuvre citée : *L'hérédité,* etc., 802-803.

gées de les localiser en elles, et par suite les organes formés
de ces cellules, subiront l'effet de cette déchéance ou de cet
accroissement[1]. »

En premier lieu, il faut observer ici que les organes dont
les variations produisent des espèces nouvelles, ne se développent
ni ne s'atrophient en général d'une manière égale dans toutes
les directions. Bien plus, la variation morphologique spécifique
consiste toujours en un accroissement ou en une diminution
inégalement proportionnels dans les différentes directions. La
substance particulière qui s'est accrue dans l'œuf, pourra rendre
compte, tout au plus, d'une augmentation quantitative dans la
masse de l'organe, mais non pas d'une augmentation morphologiquement pareille à celle qu'a subie l'organisme parent.

En second lieu, l'explication que nous venons de rapporter
ne peut nous satisfaire lorsqu'il y a accroissement d'un organe,
tandis qu'un autre organe composé lui aussi du même tissu, tel
que le nerveux, le musculaire, le cartilagineux et ainsi de suite,
demeure stationnaire ou même diminue. Ces organes composés
d'un même tissu devraient s'accroître ou se rapetisser tous
ensemble à chaque variation quantitative que subit, dans
l'œuf, leur substance particulière.

En troisième lieu, enfin, ou pourrait ainsi expliquer, tout au
plus, l'hérédité de ces caractères qui se développent dans l'organisme parent sous l'action d'agents chimiques déterminés,
lorsque ceux-ci, répandus par tout le corps et par conséquent en
contact également avec toutes les parcelles ou cellules du corps
même, agissent seulement sur celles qui ont une certaine composition chimique. Mais la véritable hérédité morphologique,
l'hérédité du développement ou de l'atrophie d'un organe par
trop ou trop peu d'usage, celle de la structure spongieuse des
os, de la conformation de l'œil et de toutes les adaptations
fonctionnelles en général, comment peuvent-elles trouver leur
explication en cela?

Mais, pour l'hérédité de l'atrophie des organes hors d'usage,
Delage donne cette autre explication :

---

1. Delage, *ibid.*, 837.

« Cela seul est déterminé dans l'œuf, que l'excitation fonctionnelle ne détermine pas. Or, ce que détermine l'excitation fonctionnelle est énorme. » L'utilité nulle de la faible réduction de volume du fémur atrophié chez la baleine, et par conséquent l'inefficacité sélective, sous ce rapport, de la sélection naturelle; et, d'un autre côté, l'impossibilité de comprendre comment la faible réduction de volume que subit le fémur pendant la vie de l'individu, puisse étendre son influence jusqu'à l'œuf, et déterminer chez celui-ci la modification nécessaire pour reproduire, à la génération suivante, cette nouvelle réduction de volume, « nous forcent à admettre, poursuit notre auteur, que, ni par suite d'une variation de hasard fixée par la sélection, ni par suite d'une variation acquise, transmise, l'œuf des baleines actuelles ne diffère, en ce qui concerne le fémur, de celui qui donnait naissance aux baleines d'il y a quelques siècles, dont le fémur était à peine un peu plus gros que celui des baleines d'aujourd'hui.

« Il faut donc expliquer comment un même œuf peut donner naissance à des formes différentes, et sans recourir à des hypothèses invraisemblables. La chose n'est pas très malaisée, grâce à l'excitation fonctionnelle.

« Lorsqu'un animal a un fémur long de 20 centimètres, cela ne veut pas dire qu'il y ait dans son œuf toutes les conditions de la formation d'un os de cette taille. Cela veut dire seulement qu'il y a les éléments nécessaires pour que, l'excitation fonctionnelle aidant, il se forme un fémur de cette taille. Nous ne pouvons savoir quelle est au juste la part de cette dernière dans le résultat, mais elle est certainement considérable.

« Lorsque la baleine avait un fémur, je ne dis pas normal, mais à moitié atrophié seulement, les facteurs ovariens intrinsèques du fémur étaient peut-être seulement suffisants pour engendrer un os de la taille de celui des baleines actuelles, et l'excitation fonctionnelle qui commence, comme l'a montré Roux, dès la vie intra-utérine, a fait le reste. Il n'est donc pas étonnant que, si l'excitation fonctionnelle a été supprimée, le fémur se réduise à un minime rudiment[1]. »

1. Delage, *ibid.*, 854-857.

Mais l'excitation fonctionnelle intra-utérine chez les baleines d'il y a quelques siècles, dont le fémur était à peine un peu plus grand que celui des baleines d'aujourd'hui, et l'excitation fonctionnelle intra-utérine chez ces dernières, ne peuvent ne pas être identiques, même en restreignant autant qu'on veut l'action morphologique directe de l'œuf, si, par hypothèse, les œufs respectifs sont identiques. Pour quelle raison l'excitation fonctionnelle intra-utérine, relative au fémur, déjà si atrophié et si inutile, aurait-elle été, chez les premières, plus grande que chez les secondes? Le rapetissement progressif du fémur demeure donc tout à fait inexpliqué.

Delage rend enfin raison du parallélisme de l'ontogénèse avec la phylogénèse de la manière suivante :

« L'excitation fonctionnelle existe, disons-nous avec Roux, dès la vie intra-utérine, mais elle est certainement moins forte à ce moment qu'après la naissance, et elle va en accentuant ses effets pendant toute la durée de la croissance jusqu'à l'âge adulte. Il résulte de cela une conséquence remarquable à laquelle Roux n'avait pas songé. C'est que l'atrophie, tout au moins relative, de l'organe s'accentue à mesure que l'animal avance en âge; et que le jeune, et surtout l'embryon, doivent différer beaucoup moins de ce qu'était l'ancêtre sous le rapport de l'organe atrophié. Ainsi s'explique tout naturellement le parallélisme de l'ontogénie et de la phylogénie dans tout ce qui concerne l'atrophie et l'hypertrophie dues à l'inaction et à l'exercice, c'est-à-dire dans une multitude de cas[1]. »

Est-ce l'inaction qui, pendant la vie intra-ovulaire, fait rétrograder les membres déjà en partie développés chez les serpents? Est-ce l'exercice qui, toujours pendant la vie intra-ovulaire, achève le développement des mêmes membres chez les salamandres? D'où vient ce procédé intra-ovulaire si différent d'inaction et d'action? Pourquoi la même inaction et, par conséquent, la même atrophie ne se manifestaient-elles pas dans l'embryon intra-ovulaire des ancêtres reculés des serpents actuels? Pourquoi l'inaction, et conséquemment l'atrophie, de

1. Delage, *ibid.*, 856-857.

ces membres a-t-elle lieu, chez les serpents actuels, dans l'œuf, par l'effet de circonstances internes de l'organisme embryonnaire même; et se manifeste-t-elle justement au moment ontogénétique correspondant au moment phylogénique où elle se produisait chez leurs ancêtres; et cela tandis que, chez ces derniers, cette inaction ne commençait qu'à l'âge post-ovulaire, en contact avec le milieu externe, et se rendait nécessaire seulement à la suite de circonstances bien déterminées, extérieures à l'organisme? — Le problème de l'ontogénèse récapitulation de la phylogénèse demeure, ainsi, non moins irrésolu qu'auparavant. Il nous semble, en outre, qu'il reste seulement la conception erronée que d'entières époques phylogéniques puissent ne pas se fixer dans l'œuf, de manière que chaque ontogénèse soit, dans l'essence de sa marche, la phylogénèse même, qui se répéterait presque entièrement à chaque fois.

Delage reconnaît, du reste, lui-même, dans la seconde édition de son ouvrage, que l'importance qu'il avait ainsi donnée, dans l'ontogénèse, à l'excitation fonctionnelle, est exagérée[1]. Et il avoue lui-même qu'il serait embarrassé d'expliquer par elle, non seulement le fait particulier de la formation d'un organe aussi compliqué et aussi adapté que l'œil, dont l'excitation fonctionnelle est pourtant nulle pendant la vie intra-utérine, mais les phénomènes mêmes de la régénération, et même le fait général que presque tous les organes sans distinction commencent, dès les premiers stades de leur développement, à montrer une adaptation à des fonctions qu'ils n'exerceront que plus tard[2].

Le Dantec.

Pour Le Dantec, chaque masse élémentaire vivante ou plastide « contient un mélange de substances plastiques différentes, distribuées de telle manière que l'assimilation, représentée par l'équation : $a + Q = \lambda a + R$, multiplie toutes ces substances en leur conservant leurs proportions primitives. La destruction

---

1. Delage, *ibid.*, 862, note.
2. Delage, *ibid.*, 870.

au contraire, ou du moins certaines destructions, agissent séparément sur chacune de ces substances et modifient les proportions du mélange et par suite les qualités de la plastide [1]. »

Il en résulte que toutes les variations auxquelles les plastides
ou les organismes en général peuvent être soumis, semblent être
rapportées par Le Dantec à des *destructions*, totales ou partielles, des différentes substances plastiques particulières *a* déjà
existantes; jamais à des *productions* de substances plastiques
nouvelles. Le nombre et les qualités des substances plastiques
qui concourraient à former la substance complexe des plastides
ou des organismes en général, différeraient d'une espèce à
l'autre. Ce qui changerait d'une race à l'autre ou d'un individu
à un autre individu de la même espèce, ce serait seulement les
proportions avec lesquelles les substances plastiques particulières *a*, propres de cette espèce, viendraient à se trouver réunies :

« Nous sommes amenés à considérer les substances vivantes
des plastides comme des mélanges de substances plastiques
différentes, les substances *a*. L'espèce des plastides serait définie
par la nature ou qualité de ces substances plastiques; leurs
propriétés individuelles, leur personnalité, dépendraient des
proportions du mélange de ces substances plastiques spécifiques.
De même, pour les êtres supérieurs, nous devons considérer la
substance individuelle comme caractérisée par un mélange, en
proportions définies, des substances vivantes caractéristiques de
leur espèce. De sorte que nous pouvons déjà concevoir une
définition mathématique de la personnalité d'un individu quelconque de l'espèce, un signalement arithmétique de cet individu : la liste des coefficients du mélange de ses substances spécifiques [2]. »

Les proportions de ce mélange se maintiendraient inaltérées
pour toutes les cellules d'un même organisme. De ce mélange
dépendrait la qualité des réactions chimiques, c'est-à-dire des
mouvements moléculaires; de ces derniers dépendraient les
mouvements molaires ou courants osmotiques des substances

1. Le Dantec, œuvre citée : *Traité de Biol.*, 93.
2. Le Dantec, *ibid.*, 267.

nutritives et de rebut; des mouvements molaires, enfin, dépendrait la forme de chaque plastide aussi bien que de l'organisme le plus compliqué :

« Il n'est pas le moins du monde utile de supposer, dans l'œuf qui produit l'homme, des propriétés essentiellement différentes de celles, par exemple, d'un simple élément hépatique ou épithélial, qui assimile, détermine, par là même, autour de lui, des mouvements molaires ; ces mouvements molaires, combinés avec ceux qui résultent de l'assimilation dans les éléments voisins, et aussi avec l'existence du squelette tel qu'il est constitué d'une forme désormais immuable au moment de sa première déposition, déterminent les conditions d'équilibre local desquelles résulte la forme locale du corps. Par analogie, lorsqu'un élément d'homme (l'œuf fécondé) se trouve capable de vivre par lui-même isolément, ce sont les mouvements molaires résultant de l'assimilation dans ce seul élément, puis dans l'ensemble de ceux qui en dérivent, qui déterminent les formes successives de la masse croissante de substance provenant de l'assimilation ; et, par conséquent, l'apparence extérieure du phénomène est différente de ce qu'elle eût été si cet élément avait assimilé sans être isolé, s'il avait fait partie, par exemple, d'un homme en voie de croissance : le rôle de cet élément eût été alors, grâce aux dynamismes combinés des éléments voisins, de construire une partie de l'homme et non l'homme tout entier [1]. »

Les modifications de forme, enfin, auxquelles la substance vivante serait forcée sous l'action coercitive des influences externes, seraient transmissibles, — c'est-à-dire reproductibles dans l'organisme fils sans aucun nouveau besoin de la même coercition, — parce qu'elles modifieraient d'une façon correspondante la substance vivante même, de manière à l'adapter aux nouvelles conditions d'équilibre :

« Si l'assimilation était le seul phénomène possible dans la substance vivante, il n'y aurait pas modification de la substance vivante sous les influences extérieures. Mais aux phénomènes

1. Le Dantec, *ibid.*, 257-258.

réellement vitaux d'assimilation, se superposent, nous l'avons vu, des phénomènes de destruction; et la superposition de ces deux phénomènes peut entraîner des variations dans la nature de la substance, dans les proportions définies du mélange qui la constitue; c'est ainsi que l'éducation peut modifier l'hérédité. » « Puisque la forme résulte des mouvements molaires d'échanges dans toutes les cellules du corps, une variation imposée à la forme retentit inversement sur ces mouvements molaires, lesquels dirigent eux-mêmes les actions moléculaires à l'intérieur des cellules. Donc, par suite de cette forme imposée à la masse du corps, il y aura dans les cellules des phénomènes de destruction, c'est-à-dire de variation. Les variations auront lieu dans n'importe quel sens; mais la sélection naturelle (s'exerçant à l'intérieur de l'organisme, dans chaque cellule, entre les différentes variations plastidulaires) interviendra pour conserver seulement celles qui seront adaptées aux nouvelles conditions d'équilibre[1]. »

Remarquons tout de suite que le changement subi par les mouvements molaires relatifs à chaque cellule sera différent de l'une à l'autre; car, vu la conformation aussi compliquée des organismes, on ne saurait comprendre comment une modification locale de forme, imposée par les agents extérieurs, se répercuterait dans le reste du corps avec des changements identiques dans les mouvements molaires de toutes les cellules sans distinction. Par conséquent, les variations de la substance vivante conservées comme les plus aptes par la sélection naturelle, seront elles aussi différentes d'une cellule à l'autre. Comment peut-il donc être question de la survivance, à la suite de cette sélection naturelle intérieure, d'une substance unique, identique pour tous les points de l'organisme?

Le Dantec, ainsi que Hertwig, a recours à l'exemple de l'immunisation. Mais nous avons déjà vu que ce cas-ci est bien différent d'une modification plus ou moins locale de forme, subie par un individu à la suite d'une adaptation fonctionnelle particulière. Dans le cas de l'immunisation, la cause modificatrice, c'est-à-dire l'anti-bactérie, est égale pour toutes les cel-

---

1. Le Dantec, *ibid.*, 270. 298.

lules. Dans le cas d'une modification morphologique, la cause modificatrice, c'est-à-dire, admettons, le changement subi par les mouvements molaires respectifs, est au contraire différente d'une cellule à l'autre.

Quand même on admettrait une même modification identique de la substance vivante en tous les points de l'organisme indistinctement, elle n'expliquerait pas, en outre, ainsi que nous avons déjà eu l'occasion de le remarquer pour les hypothèses semblables de Spencer, de Hertwig et de quelques autres, la loi de la récapitulation de la phylogénèse de la part de l'ontogénèse : loi qui exige, nous l'avons vu, l'hypothèse de l'addition d'une substance nouvelle à toutes les précédentes.

Toutes les variations des organismes sont rapportées par Le Dantec, ainsi que nous l'avons vu, à des *destructions*, totales ou partielles, de quelqu'une d'entre les différentes substances plastiques *a* composant la substance vivante, ce qui altère leurs proportions quantitatives; mais jamais à des productions de substances plastiques nouvelles. En même temps, les diverses espèces différeraient entre elles par le nombre et la qualité des substances plastiques *a*. Il en résulte : 1° qu'une évolution ultérieure, quelle qu'elle fût, ne pourrait plus être produite par une substance vivante donnée, quand le nombre de ses substances respectives serait extrêmement réduit, et que surtout on aurait l'invariabilité la plus absolue dès que ce nombre serait réduit à l'unité; 2° que l'évolution des espèces ne pourrait avoir été produite que moyennant des *destructions totales* successives d'un nombre toujours plus grand de ces substances plastiques; 3° que plus une espèce serait évoluée, d'autant plus petit devrait être pour cela le nombre des substances plastiques qui composent sa substance vivante respective. On arriverait ainsi à cette absurdité : que moins la substance vivante serait complexe, d'autant plus complexes, au contraire, seraient les organismes qu'elle formerait.

Le Dantec enfin, non moins que Spencer, que Hertwig et que les autres, est incapable d'expliquer, par sa prétendue identité de substance vivante pour tous les points de l'organisme, la différenciation histologique :

« Un élément musculaire diffère profondément d'un élément nerveux ou d'un élément épithélial, et ces différences ne sont pas seulement manifestées par la forme des cellules, mais auss par leur mode d'activité. De quel ordre sont ces différences? Nous ne le savons pas. Sont-ce des différences dans l'état physique? Cela serait difficile à admettre, à cause de la différence des excreta chimiques de ces éléments! Si ce sont des différences d'ordre chimique, elles doivent respecter le patrimoine héréditaire (la substance vivante identique dans tous les points de l'organisme). Or, il n'est pas impossible que des variations quantitatives se produisent dans des éléments, tout en respectant un caractère quantitatif préexistant. Peut-être aussi n'y a-t-il pas réellement variation quantitative, mais seulement modification dans la nature des substances accessoires, non vivantes, qui encombrent les agrégats aux divers points de l'organisme, suivant les conditions particulières réalisées en ces points. A toutes ces questions, rien ne nous permet encore de répondre [1]. »

Avant de quitter cet auteur, nous devons encore insister sur un dernier point : c'est le raisonnement logique qui le *force* à supposer identique la substance vivante dans tous les points de l'organisme. Pour lui, cette supposition est une conséquence logique de la transmissibilité des caractères acquis, qu'il accepte comme étant désormais prouvée indiscutablement. Considérons, en effet, écrit-il, un changement morphologique quel qu'il soit acquis par un organisme et transmissible à ses descendants. Et admettons que le patrimoine héréditaire, c'est-à-dire la substance vivante α, primitivement commune par descendance de l'œuf à tous les éléments de l'individu, ait pu, sous l'influence de la modification morphologique subie par ce dernier, être remplacée, ici par une substance différente β, là par une autre substance γ, etc., de manière que l'ensemble des dynamismes réalisé dans cette masse hétérogène se traduise en une forme d'équilibre F, qui conserve précisément sans aucun besoin d'une coercition ultérieure celle que l'individu avait

1. Le Dantec, *ibid.*, 461-462.

acquise par suite de l'action coercitive des influences externes.

« S'il en était ainsi, poursuit Le Dantec, cette forme ne saurait être héréditaire. En effet, la substance β ne produit la forme F que grâce aux cellules de substance γ et α, qui coexistent dans d'autres éléments de l'individu modifié; aucune de ces substances n'appartenant à l'ensemble des éléments n'est par elle-même une conséquence de la forme F totale. Si donc l'on détache de cette forme divers morceaux capables de se reproduire, ces divers morceaux doués de substances ou patrimoines héréditaires différents donneront naissance à des individus différents, savoir à des individus ou groupements de cellules analogues à ceux dont l'ensemble faisait la forme F, mais dont aucun n'avait cette forme; il n'y a aucune raison pour qu'un seul de ces individus soit de forme F. Si donc l'observation nous enseigne que les caractères acquis peuvent être héréditaires, nous serons obligés de penser que, dans le cas où ils le sont, ils ont été acquis par le parent d'une manière homogène [1]. »

Ainsi, quand il serait possible, au contraire, d'expliquer cette transmissibilité, tout en admettant aussi en même temps la plus complète diversité des substances constituant les différentes parties de l'organisme, Le Dantec serait peut-être bien aise de renoncer, lui le premier, à sa substance individuelle unique, identique pour tout l'organisme, laquelle, ainsi qu'il l'avoue lui-même, lui rend tout au moins inexplicable la différenciation histologique.

Théories du développement chimique.

Roux, dans son ouvrage fondamental : « La lutte des parties dans l'organisme », c'est-à-dire lorsqu'il ne s'était pas encore formé sur l'idioplasma ou plasma germinatif la conception préformiste qu'il a ensuite plus nettement embrassée, et qui est sous bien des rapports semblable à celle de Weismann, mais qu'il considérait, au contraire, le développement plutôt comme

1. Le Dantec, *ibid.*, 294-205.

le résultat complexe de toute une longue série de purs phénomènes chimiques ; alors, n'ayant pas encore accueilli comme
une véritable délivrance d'un cauchemar le principe de cet
auteur de la non-transmissibilité des caractères acquis, il cher-
chait à expliquer cette transmissibilité de la manière suivante :

Il fait tout d'abord observer que le plasma germinatif, quoiqu'il se sépare, dès le tout premier début du développement,
de l'organisme en voie de formation, « demeure cependant
dans la dépendance de cet organisme et en rapport avec lui,
parce qu'il doit se nourrir, grossir, se multiplier, et qu'il reçoit
à cette fin la nourriture de son parent par voie d'échange matériel chimique, et que, par conséquent, il peut être influencé
au moyen de celui-ci même dans sa propre nature[1] ».

Il admet, en outre, d'un côté, que chaque formation structu-
rale soit provoquée et déterminée par certaines conditions chimiques spéciales. Et, réciproquement, que chaque variation
formelle que l'organisme adulte vient à acquérir par adaptation fonctionnelle, provoque à son tour une certaine variation
chimique spéciale. Cette variation chimique viendrait ensuite à
se transmettre dans le plasma germinatif moyennant les échanges
de nutrition[2].

Ici, on ne conçoit pas, à la vérité, comment une modification
chimique spéciale, produite dans le plasma germinatif par un
changement formel dans l'organisme adulte, puisse ensuite
donner lieu à un développement tel, de la part de ce plasma,
qu'il reproduise en son temps dans l'organisme nouveau ce
même changement formel. Si la variation chimique correspondante à une variation formelle déterminée était provoquée par
le plasma dans l'organisme nouveau au moment seulement où
ce dernier viendrait à atteindre le même âge et par conséquent
la même manière d'être dans son ensemble où se trouvait
l'organisme parent lorsque survenait en lui cette variation
formelle donnée, et seulement dans la même zone limitée où
cette variation chimique s'était produite en cet organisme
parent, alors la conception d'une effective réversibilité du phé-

---

1. Roux, œuvre citée : *Der Kampf d. Th. im Organismus*, 60.
2. Roux, *ibid.*, 61.

nomène n'aurait en soi rien d'impossible, c'est-à-dire qu'il ne serait point impossible que le même phénomène chimique reproduisît dans l'organisme nouveau la même variation formelle par laquelle il avait été lui-même produit dans l'organisme parent. Mais dans notre cas, au contraire, cette variation chimique, qu'elle altère toute la composition chimique du plasma ou une partie seulement, commence à agir sur l'organisme nouveau dès le tout premier début de son développement, et vient à intéresser, non pas une seule portion limitée des cellules de l'organisme, mais toutes ces cellules indistinctement. Comment est-ce que la même variation chimique, agissant au début du développement et conséquemment sur tous les stades du développement et sur toutes les cellules de l'organisme, pourrait aboutir aux mêmes résultats que si elle agissait seulement en un point bien délimité et à un moment bien déterminé du développement de cet organisme? Il nous semble plus légitime de nous attendre à ce que ces résultats doivent être très différents, et en aucune correspondance, en aucun rapport de similitude entre eux.

Cette impossibilité de la part de l'ancienne théorie de Roux d'expliquer la transmissibilité des caractères acquis, ne lui appartient pas en particulier à elle, mais à toutes les théories du développement chimique en général. Et la faute n'en est pas toute dans la non-réversibilité du phénomène de transmission que nous venons de considérer; mais bien aussi dans une caractéristique encore plus générale, que nous avons d'ailleurs déjà constatée plus haut pour d'autres théories, et commune aussi à toutes ces théories du développement chimique, de laquelle dérive en grande partie cette même non-réversibilité. Elle consiste en ceci, que, suivant toutes ces théories, une fois que la substance germinale aurait donné l'impulsion initiale au développement, elle cesserait d'avoir même la moindre influence sur la suite de ce développement. Les rênes du développement ainsi abandonnées, tranché ainsi tout fil de jonction qui relie les variations du soma à celles du germe et réciproquement, il devient impossible, jusqu'à présent du moins, de concevoir comment ce lien peut venir ensuite à se rétablir, dès que le besoin s'en fait sentir pour transmettre et fixer dans le germe la variation requise, correspondante à celle qui serait éventuellement survenue dans le soma à la suite d'une nouvelle adaptation fonctionnelle.

La théorie de Hofmeister peut servir comme un exemple des plus typiques de ce complet abandon du développement à lui-même, qui constitue le grand défaut de toutes les théories du développement chimique en général.

Cet auteur croit que l'activité chimique des cellules est due en général à des ferments colloïdes qui y sont contenus et dont chacun est destiné à un procès chimique particulier; il admet par conséquent l'existence de nombreux ferments colloïdes dans les cellules à procès chimiques multiples; et il imagine l'ontogénèse comme le résultat d'une série de réactions chimiques se succédant inévitablement l'une à l'autre toujours par le principe de la causalité fructifiante :

« Pendant le développement de l'embryon il y a une différenciation chimique parallèle à la différenciation morphologique. La formation de nouveaux constituants chimiques indique l'apparition de différents ferments à des stades déterminés du développement embryonnaire. » — « Il est difficile de se faire une meilleure idée des transformations chimiques pendant le premier développement de l'embryon que celle qui consiste à admettre l'existence d'un nombre minime de ferments parvenant d'abord à l'activité, puis formant, au moyen des matières existantes, de nouvelles substances, parmi lesquelles des proferments ou des ferments d'un autre genre, qui annihilent alors les premiers, mais sont à leur tour supplantés par une nouvelle génération de ferments qu'ils ont provoqués, et ainsi de suite, jusqu'à ce que le cycle des néo-formations chimiques que réclame l'histoire de la race soit parcouru. L'épigénèse de la forme ne serait donc qu'une expression de l'épigénèse des forces chimiques [1]. »

Nous voulons laisser de côté que toutes ces théories du développement chimique auraient encore à expliquer la con-

---

1. Hofmeister, *La chimie de la cellule*, Revue générale des sciences, 15 août 1902, pp. 730-731.

nexion entre chaque stade de développement chimique et le
stade correspondant de développement morphologique ; car
cette propriété morphologique des différentes réactions chimiques n'a été constatée jusqu'ici en aucun phénomène du
monde inorganique, puisqu'elle n'a aucune analogie avec la
propriété morphologique cristallographique, qui est une propriété de la structure moléculaire de substances déjà formées
et stables, c'est-à-dire se trouvant en parfait équilibre sta-
tico-chimique. Ce que nous tenons plutôt à relever, — sans
qu'il soit désormais nécessaire, après tout ce que nous avons
dit jusqu'ici, de nous arrêter encore pour le démontrer, —
c'est ceci seulement, que les phénomènes fondamentaux de
la régénération des organes amputés, de la réapparition occa-
sionnelle, dans les croisements surtout, de caractères ataviques
disparus depuis longtemps déjà, et spécialement de l'ontogénèse récapitulation de la phylogénèse et de la transmissibilité
des caractères acquis, non seulement ne trouvent aucune explication dans toutes ces hypothèses du développement chimique,
mais les excluent absolument.

Darwin, Galton, De Vries, Weismann.

Il ne serait d'aucune utilité pour notre but de nous arrêter
particulièrement sur l'une ou l'autre de ces quatre théories, si
étroitement voisines dans leur conception fondamentale des
germes préformistes. L'élaboration progressive de cette conception, qui a conduit pas à pas de la première théorie à la
dernière, présente cependant ceci d'intéressant : Que ces
germes préformistes, qui avaient été imaginés principalement,
peut-on dire, pour rendre compte de la transmissibilité des
caractères acquis, après avoir été en grande partie privés de
cet emploi par Galton, ont fini, avec De Vries et particulièrement avec Weismann, par constituer eux-mêmes le plus
grand obstacle pour cette transmissibilité.

De la pangenèse de Darwin il sera utile de relever ici
ceci seulement, savoir la conception des organes sexuels ou
reproducteurs en général ; non pas comme le lieu de refuge où

viendrait, pour ainsi dire, se rencogner le plasma germinatif qui se serait séparé du reste du soma dès le premier début du développement, mais bien plutôt comme les récepteurs de la substance germinale, produite et sécrétée continuellement par d'autres parties de l'organisme extérieures à eux, et comme les fabricants des cellules sexuelles ou reproductrices justement au moyen du précieux matériel ainsi recueilli peu à peu [1].

Dans l'hypothèse de Darwin, cette conception des organes reproducteurs comme de simples glandes de réception et de réémission de la substance germinale était intimement associée, bien que par elle-même tout à fait distincte et indépendante de celle-ci, à l'autre conception d'une libre circulation des gemmules à travers tout l'organisme; et il supposait, comme on sait, que ces gemmules étaient produites et émises continuellement pendant l'état adulte par toutes les cellules somatiques indistinctement, par celles qui existaient déjà aussi bien que par celles qui venaient à peine de se former pour la première fois à la suite d'une nouvelle adaptation fonctionnelle. Or, si Galton, par ses expériences sur la transfusion du sang d'une variété de lapins dans les vaisseaux sanguins d'une autre variété voisine, parvenait à soulever le scepticisme le plus justifié sur cette prétendue circulation de gemmules, spécialement en tant qu'elle aurait dû s'effectuer par les voies sanguines, il n'ébranlait cependant aucunement la première conception : c'est-à-dire celle d'une dérivation par les glandes sexuelles de la substance germinale, formée dans quelque lieu effectif d'origine extérieur à elles.

La théorie de Darwin, justement parce qu'elle faisait dériver la substance germinale de tous les points du soma, plutôt que d'une seule région bien déterminée de celui-ci, ne pouvait certainement pas objecter à ces expériences, qu'elles n'excluaient point la possibilité et l'hypothèse que le soin de charrier la substance germinale pût venir à être confié seulement à des voies spéciales bien déterminées unissant cette région particulière du corps avec les organes sexuels, voies

---

1. Darwin, œuvre citée : *The var. of an. and plants u. dom.*, II, 370, 379.

qui pouvaient même être toutes différentes des voies sanguines. Et elle ne pouvait pas non plus, *a fortiori*, à cause de la nature et des propriétés attribuées aux gemmules, avancer l'hypothèse de la possibilité de la reproduction à distance d'une substance identique à une autre, par l'action directe de cette dernière, grâce à quelque autre moyen d'union, de telle nature qu'il ne rendît nécessaire aucun transport matériel vrai et propre. On peut donc tirer de là cette conclusion, que toutes les théories qui, au contraire, n'excluraient pas, et qui impliqueraient peut-être par elles-mêmes l'une ou l'autre de ces hypothèses sur la manière de charriage ou le moyen de reproduction à distance de la substance germinale, peuvent à bon droit garder et adopter encore cette conception darwinienne des glandes sexuelles, comme des organes simplement chargés de dériver et de recueillir une substance qui a effectivement son origine hors d'eux.

De Galton, nous nous bornerons à rappeler encore que c'est lui qui a le premier introduit la conception que la *stirpe*, c'est-à-dire le plasma germinatif, constitué par le copieux résidu des germes ou gemmules qui demeurait après en avoir soustrait la petite portion employée pour la formation du nouvel organisme, se séparait complètement du soma dès le début du développement; et que, par cette séparation de la stirpe d'avec le soma, il a ouvert la route qui devait inévitablement aboutir ensuite à la négation la plus absolue de la transmissibilité des caractères acquis : bien que, n'osant encore aller si loin, il continuât d'admettre, comme par concession, que dans l'organisme adulte quelque gemmule pût occasionnellement s'échapper de la cellule somatique, sa génératrice et en même temps sa résidence habituelle, lors même que cette cellule avait été acquise depuis peu à la suite d'une nouvelle adaptation fonctionnelle ; et qu'elle pût ainsi venir à être recueillie par les organes reproducteurs et devenir une partie elle aussi de la stirpe, transmettant de la sorte le caractère acquis que sa cellule somatique représentait [1].

1. Galton, *A Theory of Heredity*, Journ. of the Anthropological Institute, January 1876, pp. 342-343.

De De Vries, nous ferons remarquer que, s'il admet la substance germinale, c'est-à-dire la totalité des pangènes, comme présente également dans tous les noyaux, cela arrive ici encore, comme nous l'avons déjà vu pour Driesch, uniquement grâce aux divisions nucléaires qualitativement égales. Par conséquent, si un noyau d'une cellule somatique venait à acquérir des pangènes nouveaux à la suite d'une nouvelle adaptation fonctionnelle locale, ils devraient rester là où ils se seraient produits, et ne pourraient point se retrouver aussi dans les cellules reproductrices. D'autant plus que, en même temps qu'il admet cette égalité nucléaire, il soutient cependant lui aussi que la substance qui ensuite ira effectivement constituer les cellules sexuelles se séparerait du reste du soma, et cela dès le début du développement, le long de certaines « voies germinales », caractérisées principalement par le fait que pendant leur parcours la plus grande partie des pangènes demeurerait inactive[1].

Quant à Weismann, nous remarquerons encore une fois qu'à la suite d'une élaboration logique plus rigoureuse de la doctrine des germes préformistes, qui lui a montré la nécessité pour ces derniers d'être reliés entre eux en une architecture raide, il a été porté, par la conception de ces germes préformistes qui s'imposait à lui, nous l'avons vu, à cause de la *particulate inheritance*, à nier de la manière la plus énergique toute possibilité de transmission du soma au germe des caractères que le premier aurait acquis par adaptation fonctionnelle.

Weismann admet, c'est vrai, que quelquefois les influences externes à action uniforme sur tout l'organisme, telles que la température et autres semblables, puissent modifier, en même temps et dans le même sens, et les déterminants du soma et les déterminants correspondants du germe, donnant ainsi l'illusion que le premier transmette effectivement au second ce caractère nouveau; c'est ce qui arriverait, par exemple, pour les déterminants des écailles du papillon *Polyommatus phlaeas*, dans le changement de couleur qu'il subit, ainsi que nous l'avons déjà vu, quand il est transporté en des climats plus

---

1. De Vries, œuvre citée : *Intracellulare Pangenesis*, 188-189.

chauds. Mais ces cas, où pourrait venir à se manifester cette espèce de diplogénèse, analogue sous certains rapports à celle de Cope que nous avons examinée plus haut, sont par Weismann lui-même limités à un nombre si petit, que l'on a tort de retenir que dans les derniers temps il ait en partie renoncé à son ancien anti-lamarckisme décidé.

Ce que nous pourrions plutôt remarquer c'est la contradiction suivante : il admet pour les organismes unicellulaires la transmissibilité qu'il refuse aux pluricellulaires, et pense pouvoir justifier cela en disant simplement que, comme les unicellulaires se divisent toujours en deux moitiés égales, celles-ci n'ont qu'à conserver ce qu'elles ont acquis, pour que cela vienne ainsi à se transmettre intégralement dans les deux nouveaux individus. Eh bien! ceci n'est pas juste : Les nouvelles adaptations fonctionnelles éventuellement acquises par la partie antérieure de l'infusoire *Stentor*, par exemple l'acquisition des « membranelles » de la part du péristome à la suite de la fusion survenue de plusieurs cils entre eux, ne devraient alors se transmettre qu'à celui des deux nouveaux individus auquel revient dans la division cette partie antérieure, et ne point se transmettre du tout à l'autre chez lequel cette partie antérieure se forme *ex novo*. Que si l'on admet, au contraire, que la transmission se fait au moyen du noyau, et que c'est pour cela qu'elle peut arriver également dans l'un et dans l'autre des deux individus fils, alors on ne comprend point en quoi la transmission des modifications somatiques chez les unicellulaires, s'effectuant au moyen de cette partie de l'organisme qui est extérieure à elles et ne contient en soi aucune membranelle, viendrait à différer de celle de n'importe quelle modification subie par n'importe quel organe d'un pluricellulaire, au moyen également d'un fragment de l'individu extérieur à l'organe modifié et ne contenant aucune portion de celui-ci. D'autant plus qu'à l'identité substantielle des unicellulaires complexes avec les pluricellulaires, que nous avons déjà discutée plus haut, vient répondre l'identité substantielle de leurs développements mêmes, ainsi qu'il est démontré par le fait que la loi biogénétique fondamentale de la récapitulation

de la phylogénèse de la part de l'ontogénèse se vérifie aussi
dans le développement des premiers, par exemple, dans la
formation du nouveau champ frontal pendant la division du
Stentor cœruleus[1].

Pour toutes ces théories à germes préformistes, enfin, depuis
celle de Darwin jusqu'à celle de Weismann, nous pourrions
faire observer, encore une fois, combien il serait difficile de
les contraindre à rendre compte, pour les unicellulaires comme
pour les pluricellulaires, justement de cette loi fondamentale
de la récapitulation. Ce fait-ci, et l'autre, que ces germes ont
fini par conduire nécessairement à des systèmes qui nient la
transmissibilité des caractères acquis, concourent ainsi, bien
qu'il n'y en eût certainement plus besoin, avec toutes les autres
considérations que nous avons déjà exposées dans un des
chapitres précédents, à démontrer que la conception même de
ces germes est insoutenable ainsi que toute théorie qui essaye-
rait de s'établir sur eux.

*
* *

Quelque limité que soit le nombre des théories ou hypothèses
que nous avons choisies, et quelque rapide et sommaire que
soit l'exposition critique que nous venons d'en faire, il nous
semble cependant que nous pouvons désormais nous arrêter
dans notre examen. D'autant plus que, tout en nous démontrant que parmi les principales théories qui ont été imaginées jusqu'à présent pour expliquer la transmissibilité des caractères acquis, aucune n'a réussi dans cette difficile entreprise,
il a déjà servi, tel qu'il est, au but dans lequel nous l'avions
principalement entrepris. Ce but consistait, en effet, d'une part,
à tirer des systèmes d'autrui et à en mettre en évidence les
conceptions les plus suggestives et les plus fécondes; de l'autre,
à rechercher et à déterminer les conditions qu'un examen
critique de théories concrètes déjà développées, mieux que la
simple réflexion livrée à elle-même, pouvait nous indiquer

1. Johnson, monographie citée : *A contribution to the Morphology and
Biology of the Stentors*, Journ. of Morphol., vol. VIII, n° 3, Boston, U. S A.
Ginn, August 1893, p. 519.

comme nécessaires et suffisantes pour que la transmissibilité des caractères acquis puisse se vérifier.

Si nous jetons un regard sur le chemin que nous avons parcouru, nous verrons que parmi ces conditions les trois vraiment fondamentales sont les suivantes :

1° Rapporter à des variations spécifiques d'une seule forme d'énergie toutes les variations physiques, chimiques, morphologiques et physiologiques les plus diverses qui peuvent se présenter dans les points les plus variés de l'organisme, de manière que cette forme unique d'énergie puisse servir à ces variations de nature toute différente comme de dénominateur commun, et leur permettre ainsi de se composer ou de se décomposer tour à tour.

2° Admettre que l'action déterminante que la substance germinale dans sa totalité exerce sur le soma ne se borne pas seulement au premier moment de la première segmentation de l'œuf, mais bien qu'elle persiste, au contraire, pendant tout le cours de l'ontogénèse et jusque dans l'état adulte, de sorte que la substance germinale ne perde jamais, pour ainsi dire, le contact avec le soma, mais se maintienne plutôt en un état continuel d'action et de réaction réciproque avec lui.

3° Rendre possible, enfin, que l'action ainsi exercée par le soma soit réversible, c'est-à-dire qu'elle laisse sur la substance germinale une impression telle, qu'elle soit capable de reproduire au moment opportun, dans les infinis points différents du soma de l'organisme fils, tous les mêmes états somatiques particuliers respectifs par la manière d'être complexe desquels cette impression avait à son tour été produite dans l'organisme parent.

Cette dernière condition, qui implique à elle seule tout le problème de la transmissibilité, peut à son tour se diviser en deux parties : la première, que chaque impression laissée sur la substance germinale soit apte à restituer au moment voulu, qualitativement identique et dans le sens opposé, la même action, — résultante unique chez l'organisme précédent de toutes les actions élémentaires somatiques convergeant en un même instant sur cette substance germinale, — action résultante par laquelle cette impression a été directement et immédiatement produite. La seconde, que la substance germinale restituant ainsi, qualitativement égale et dans la direction opposée, la même action qui l'a impressionnée, vienne à se trouver localisée en un seul point déterminé de l'organisme, toujours le même lorsque c'est le soma parent qui exerce son action impressionnante sur la substance germinale qu'il contient, comme aussi lorsque c'est cette dernière qui exerce sur le soma fils sa propre action déterminante ontogénétique.

C'est pourquoi nous devons maintenant nous proposer d'examiner, dans le chapitre suivant, si l'hypothèse centro-épigénétique que nous avons déjà exposée plus haut, la laissant au moment où le développement arrive à son terme, satisfait vraiment à toutes ces conditions, et si elle est en conséquence apte à donner réellement cette explication adéquate de la transmissibilité des caractères acquis que nous cherchions.

CHAPITRE VII

L'HYPOTHÈSE CENTRO-ÉPIGÉNÉTIQUE : EXPLICATION QU'ELLE DONNE DE LA TRANSMISSIBILITÉ

Nous avons vu, à la fin du troisième chapitre, que, lorsque la zone centrale du développement cessait d'activer des éléments potentiels spécifiques toujours nouveaux, l'action perturbatrice que cette zone avait jusqu'alors exercée sur l'équilibre dynamique de chaque stade ontogénétique venait à cesser aussi ; et que l'organisme atteignait pour cela, à ce moment même, l'équilibre définitif de l'état adulte. Nous observions néanmoins qu'une nouvelle cause perturbatrice pouvait maintenant entrer en jeu, savoir le stimulus fonctionnel dans son sens le plus large, avec toutes ses infinies variations possibles.

De même, disions-nous, que l'action perturbatrice de la zone centrale venait, auparavant, rompre l'équilibre qui s'était à peine formé, et qu'elle provoquait de cette manière le passage à un état ontogénétique nouveau, de même chaque changement durable du stimulus fonctionnel, en dérangeant l'équilibre dynamique de l'état adulte, viendra maintenant provoquer une distribution nerveuse générale différente. Par conséquent, un flux nerveux spécifiquement différent de celui d'auparavant, et spécifiquement différent d'une cellule à l'autre, passera maintenant par chaque cellule de l'organisme entier ou de certaines portions de l'organisme.

Dans chaque noyau de ces cellules, poursuivions-nous, il viendra par conséquent se former et se déposer un élément potentiel spécifique particulier, qui s'ajoutera à l'élément ou aux éléments déjà existants. Tous ces éléments, les nouveaux autant que les anciens, déposés dans les noyaux somatiques, se perdront cependant avec la mort de l'individu; et ceux-là seuls échapperont à cette destruction qui seront déposés dans la substance germinale de la zone centrale. La variation durable du stimulus fonctionnel aura eu ainsi pour tout effet, dans les rapports de l'espèce, la simple addition d'un élément potentiel spécifique en plus dans la substance germinale.

Arrivé à ce point, nous remettions à un des chapitres suivants l'examen de la manière d'agir que ce nouvel élément allait suivre dans l'ontogénèse de l'organisme qui succédera. C'est donc de cet examen que nous devons maintenant nous occuper dans le présent chapitre.

Nous devons avant tout nous arrêter de la manière la plus particulière sur l'hypothèse que nous avons à peine indiquée à propos de l'action posthume ou *Nachwirkung* du noyau dans les fragments énucléés des unicellulaires. Nous entendons l'hypothèse que la substance qui constitue chaque élément potentiel spécifique, et qui est apte à donner comme décharge un seul courant nerveux spécifique bien déterminé, soit en même temps la même et la seule que ce courant nerveux spécifique puisse à son tour former et déposer.

Et cela ne doit pas nous paraître trop étrange, vu que le monde inorganique lui-même nous présente un phénomène sous certains rapports semblable. Ainsi, la substance qui constitue effectivement la charge des accumulateurs électriques ordinaires est capable de redonner, dans le sens inverse, pendant sa décharge, le même genre d'énergie qu'elle a accueilli, le courant électrique continu par lequel cette substance a été elle-même déposée. La différence la plus importante consiste en ceci, qu'un accumulateur électrique est capable de restituer un seul et même genre d'énergie, mais non pas seulement telle ou telle manière d'être spécifique de cette énergie, par exemple, telle ou telle intensité seulement de courant. Il ne constitue pour cela qu'un élément potentiel *générique*; tandis que les accumulateurs deviendraient eux aussi des éléments potentiels spécifiques, des instruments récepteurs et restituteurs de la plus grande délicatesse, dès qu'il serait possible de faire restituer à chacun d'eux une seule intensité respective donnée de courant.

Les analogies et les différences que présentent les courants nerveux, par rapport aux courants électriques, peuvent à bon droit nous pousser à supposer dans les courants nerveux quelques-unes des propriétés des courants électriques; et à attribuer en même temps aux premiers d'autres propriétés que les seconds au contraire ne possèdent pas, pourvu qu'elles ne soient pas incompatibles avec les précédentes.

Il est connu que, si nous désignons par E la force électromotrice d'un accumulateur ou d'un générateur électrochimique quelconque, il peut fournir des courants de n'importe quelle intensité i, selon la résistance R du circuit, d'après l'équation :

$$i = \frac{E}{R}.$$

Ainsi, — bien que les termes de force nervomotrice, de résistance et d'intensité, ou, plus généralement, de spécificité, transportés des courants électriques aux nerveux, deviennent encore tout à fait vagues, — nous pouvons hasarder, comme toute première hypothèse d'essai, d'attribuer aux courants nerveux, parmi les propriétés qu'ils auraient analogues aux courants électriques, celles justement qui sont contenues dans cette équation.

Ce qui ne nous empêchera pas, nous le répétons, parce que cela n'est pas incompatible avec les propriétés exprimées par cette équation, d'imaginer un accumulateur nerveux constitué par une substance donnée, apte à être produite et déposée seulement par les courants d'une intensité ou spécificité déterminée, et apte en même temps à produire en se décomposant ce seul courant, maintenant de décharge et en sens inverse, de la même intensité ou spécificité i que celui de charge. Cet accumulateur, alors, se déchargera et produira ce courant toutes les fois que sa force nervomotrice, que nous pourrons continuer d'appeler E, sera assez grande pour vaincre la résistance respective, selon l'équation $E = iR$.

Enfin, nous pourrons supposer que la grandeur de cette force nervomotrice soit proportionnelle à la quantité ou masse de la substance qui s'est peu à peu déposée et accumulée, comme si les dépôts infinitésimaux successifs de cette substance venaient se disposer en cascade par rapport l'un à l'autre. Alors, plus grande sera la masse de la substance spécifique de cet accumulateur nerveux, d'autant plus grande sera la résistance que sa décharge pourra surmonter. En même temps, cet accumulateur capable de surmonter, par son courant d'une intensité préfixée i, une résistance donnée R, sera capable aussi de surmonter toute autre résistance moins grande que R; car il suffirait pour cela que ce ne soit point la quantité totale de matériel dont il peut disposer qui entre en action, mais seulement une portion plus ou moins grande, de manière à fournir, pour chaque résistance $R' < R$, la force nervomotrice $E' < E$, donnée par la formule : $E' = i R'$.

Supposons maintenant que la décharge de cet accumulateur ne puisse, à cause de l'ubication ou de la manière d'insertion de ce dernier, venir à se verser que sur un point donné d'un réseau quelconque, parcouru le long de ses mailles par autant de courants des spécificités les plus diverses, composables et décomposables tour à tour, et en équilibre dynamique entre eux. Cette décharge viendrait alors nécessairement provoquer, en s'effectuant, un changement de cet équilibre dynamique dans tout le système circulatoire. La quantité de travail ou d'énergie nécessaire pour produire ce changement dans l'équilibre dynamique devra être fournie par l'accumulateur; par conséquent, pour que la décharge puisse avoir lieu, cette quantité devra être inférieure ou égale à celle que ce dernier peut effectivement fournir. Et celle que ce dernier peut fournir sera nécessairement proportionnelle à la masse de la substance dont il est constitué. Comme la force nervomotrice de l'accumulateur est, elle aussi, par hypothèse, proportionnelle à cette masse, ainsi la quantité de travail nécessaire pour produire le changement en question pourra être considérée comme équipollente à une résistance R s'opposant à la décharge.

Il est évident que la quantité de travail nécessaire pour provoquer ce changement dans l'équilibre dynamique de tout le système circulatoire sera plus ou moins grande à proportion de

l'importance de ce changement, et par conséquent, à parité des
autres conditions, à proportion que la spécificité du courant
existant déjà en ce point du réseau différera plus ou moins de
la spécificité du courant que l'accumulateur viendrait à y verser.
Par conséquent, si la masse et conséquemment la force nervomotrice de ce dernier est minime, il ne pourra venir à se décharger que lorsque tout le système dynamique, à commencer
d'abord et surtout par les environs immédiats de cet accumulateur, viendra à se trouver de nouveau dans les mêmes conditions à peu près où il était lorsque l'accumulateur venait à se
former. C'est là une propriété des accumulateurs nerveux qui,
ainsi que cela se comprend tout seul et comme nous allons le
voir bientôt encore, est donc apte ainsi à expliquer complètement pourquoi les éléments potentiels spécifiques successifs de
la zone centrale ne peuvent s'activer que lorsque l'embryon vient
à atteindre les stades ontogénétiques correspondants aux phylogénétiques où ces éléments étaient respectivement acquis par la
substance germinale.

Supposons encore que, pour des circonstances externes
produisant ou versant au même instant dans quelques-uns des
points du système autant de nouveaux courants nerveux respectifs, spécifiquement différents des précédents, le système
vienne à passer d'un état d'équilibre dynamique à un autre
différent. Il est clair qu'il viendra alors se déposer, en tous
les points du système, et non pas en ceux-là seulement que les
circonstances externes auraient modifiés directement, autant
d'éléments potentiels spécifiques nouveaux, d'une masse plus
ou moins grande à proportion du temps que ce nouvel état
d'équilibre dynamique viendra à durer. En même temps cependant, tous ces mêmes points du système conserveront, à l'état
potentiel seulement et non en activation, tous les éléments spécifiques respectifs qui s'étaient déposés pendant l'état d'équilibre
dynamique précédent.

Si, tel étant l'état des choses, il arrive maintenant que
même un seul point quelconque de ce système soit de nouveau ramené, par quelque circonstance externe éventuelle, à
la spéficité qu'il possédait déjà dans ce stade précédent, cela

fera que les éléments potentiels spécifiques respectifs correspondants à ce stade pourront venir à s'activer de nouveau, d'abord dans le point immédiatement prochain, et puis
de proche en proche jusque dans les plus éloignés; et cela
parce que chacun viendra à retrouver ses environs immédiats
dans les mêmes conditions à peu près que lorsque cet élément
venait à se déposer et était en activité. Il suffira donc que
même un seul point du système revienne, par œuvre des circonstances externes, à sa manière d'être précédente, pour que
tout le système revienne momentanément, pendant la décharge
des différents éléments potentiels spécifiques correspondants à
ce stade ancien, à la manière dynamique d'être complexe de ce
stade. On a donc, ainsi, un phénomène de succession ou d'association des courants nerveux qui, on le comprend déjà et
nous le verrons encore mieux plus loin, peut servir de base à
la loi psychique de la succession ou association des idées.

En résumé, ce que nous avons désigné jusqu'ici par le nom
d'élément potentiel spécifique, et que nous pourrons désormais
désigner aussi par l'autre nom d'accumulateur élémentaire nerveux, n'est donc autre chose, par hypothèse, que la substance
de masse très petite, déposée dans le noyau par tout courant
nerveux spécifique qui viendrait à traverser ce dernier; substance capable de s'ajouter aux autres déjà existantes, sans les
altérer; et apte à restituer, lorsqu'elle viendrait à se trouver
dans des conditions de milieu pareilles, ou presque, à celles du
moment où elle était déposée, le même courant spécifique par
lequel elle a été produite.

De cette définition et de l'hypothèse qu'elle renferme, découle
immédiatement la réponse à la question de la manière d'agir
que le nouvel élément potentiel spécifique, acquis par la substance germinale de la zone centrale d'un organisme adulte à la
suite d'une nouvelle adaptation fonctionnelle acquise par ce
dernier, suivrait pendant l'ontogénèse de l'organisme qui succédera. De tout ce que nous avons vu jusqu'ici, il résulte, en effet,
tout d'abord, que ce nouvel élément potentiel spécifique ne
pourra s'activer que lorsque l'embryon aura déjà atteint le
même état où l'organisme parent se trouvait immédiatement

avant d'acquérir, avec le nouveau caractère, ce même élément potentiel spécifique nouveau.

Voyons alors ce qui va se passer à la suite de son activation : Dans l'organisme parent on avait eu d'abord un certain système circulatoire S, correspondant à l'état adulte antécédemment à l'acquisition du nouveau caractère; puis une force externe était venue faire varier en un point donné A de ce système la spécificité du courant respectif de i en i'; et à la suite de cela, tout le système circulatoire S, pour se redisposer en un état d'équilibre dynamique, s'était changé en un autre différent S', de manière que, dans ce système même, en un autre point donné B, celui de la zone centrale, la spécificité du courant respectif avait subi une variation correspondante bien déterminée de i_1 en i'_1. Si on vient donc à avoir maintenant dans l'embryon fils le même système circulatoire S du père, et que, à cause de l'activation de l'élément potentiel spécifique en question, il vienne à se produire dans le même point B de ce système la même variation de spécificité de i_1 en i'_1, il est évident — et nous verrons que quelques faits présentés par le monde inorganique démontrent expérimentalement le principe général sur lequel se base notre affirmation — que cela portera nécessairement au même changement qu'auparavant de l'équilibre dynamique du système général, et que, en conséquence, il viendra maintenant aussi à se produire dans le point A la même modification spécifique qu'auparavant de i en i'. La transmissibilité des caractères vient ainsi à trouver son explication la plus complète.

Remarquons, par parenthèse, que, la somatisation nucléaire une fois admise, nous devrons supposer que chacune des substances qui constituent les différents éléments potentiels spécifiques d'un noyau quelconque soit susceptible de remplacer graduellement les autres, par l'accroissement continuel de sa masse, lorsque le courant spécifique respectif, à cause de la répétition incessante toujours d'un seul et même stimulus, vient lui seul à passer itérativement et fréquemment dans le noyau. Alors ce noyau ainsi somatisé, c'est-à-dire qui viendrait à être composé tout entier d'une seule et unique substance

spécifique, et qui acquerrait de cette façon, à cause même de
la masse considérable de cette dernière, une énergie potentielle
capable de vaincre des résistances même considérables à sa
propre décharge, ne pourra répondre, quand même il serait
éventuellement sollicité à se décharger par des influences
externes ou des stimulus accidentels tout différents de ceux
auxquels il est d'ordinaire exposé, que d'une seule et même
manière spécifique, correspondante au seul et unique courant
nerveux spécifique qu'il pourra activer, et qui constituera
justement son « irritabilité ».

« Une cellule musculaire, écrit Oscar Hertwig, répond à
toutes sortes de stimulus par la contraction, une cellule glandulaire par la sécrétion; un nerf optique peut sentir ou voir seulement de la lumière, qu'il soit excité par des ondes lumineuses,
par l'électricité ou par la pression. De la même manière, les
cellules végétales sont, elles aussi, pourvues d'énergies spécifiques propres. La réaction au stimulus, ou excitation, reçoit
toujours son empreinte spécifique de la structure particulière de
la substance irritable, ou, en d'autres termes, l'irritabilité est
une propriété fondamentale du protoplasma vivant, mais selon
la structure spécifique de celui-ci elle se manifeste sous l'action
du monde extérieur par des réactions spécifiques [1]. »

Et Claude Bernard définissait l'irritabilité : « La propriété de
l'élément vivant d'agir *suivant sa nature* sous une provocation
ou stimulation externe [2]. »

« Nous devons nous imaginer, poursuit Hertwig, la substance irritable comme un système en équilibre instable de parcelles matérielles pourvues d'une énergie potentielle à haute
tension. Dans un pareil système il suffit d'un tout petit choc
d'une parcelle, pour mettre en mouvement toutes les autres
aussi, chacune transmettant son propre mouvement à sa voisine. Par là on explique aussi qu'une petite cause de stimulus
puisse souvent avoir comme conséquence une réaction extraordinairement grande, de la même manière justement qu'un grain

1. Oscar Hertwig, œuvre citée : *Die Zelle und die Gew.*, I, 76.
2. Claude Bernard, œuvre citée : *Leçons sur les phén. de la vie communs
aux animaux et aux végétaux*, 248, 281.

de poudre à canon enflammé par une petite étincelle peut provoquer l'explosion d'une grande masse [1]. »

Nous avons ouvert cette parenthèse sur la somatisation nucléaire et cité ces auteurs, afin de mettre bien en relief que la conception d'accumulateurs d'énergie nerveuse en tension, aussi bien que celle d'accumulateurs d'une énergie nerveuse spécifique constituant leur irritabilité particulière, sont habituelles et les plus communément acceptées, et, que, dans la définition que nous avons donnée plus haut de l'élément potentiel spécifique, elles ne sont exprimées tout au plus que par des mots un peu différents de l'ordinaire. Ce qu'il y a de plus dans cette définition, ce n'est que l'hypothèse, qui y est comprise, que la substance qui est ainsi capable de donner comme décharge un courant nerveux donné, n'ait été et ne puisse avoir été produite et déposée que par un courant nerveux de la même spécificité, seulement dans le sens inverse. Mais cette hypothèse, toute simple qu'elle est, est tout; car c'est justement elle qui, seule et à elle seule, peut rendre compte complètement de la loi fondamentale de la réversibilité du rapport entre action et réaction, entre stimulus et impression, qui régit toute la vie organique. La transmissibilité des caractères acquis, les phénomènes psycho-mnémoniques proprement dits, le procès de spécialisation ou somatisation des cellules grâce auquel elles réagissent de leur façon habituelle à des stimulus accidentels différents de l'ordinaire, le phénomène vital même en toute sa généralité, qui, ainsi que nous l'avons vu et que nous le verrons encore, ne sont qu'autant de cas particuliers de cette réversibilité, trouvent tous dans cette très simple hypothèse leur explication immédiate.

En résumé : Par cette hypothèse d'un accumulateur nerveux formé et déposé par le même courant spécifique qu'il pourra ensuite restituer, on a pu satisfaire à la première des deux sous-conditions dans lesquelles venait se diviser la troisième des conditions nécessaires et suffisantes pour rendre compte de la transmissibilité des caractères acquis. La localisa-

1. Oscar Hertwig, *ibid.*, I, 77.

tion de la substance germinale dans la zone centrale, qui a été donnée comme point de départ et comme base fondamentale à l'hypothèse centro-épigénétique, était déjà venue, d'un autre côté, satisfaire aussi à la seconde de ces sous-conditions. Quant aux deux autres conditions, on y avait déjà satisfait : à la première, en prenant le courant nerveux, avec ses infinies spécificités différentes, comme dénominateur commun ou base fondamentale des manifestations vitales de la nature la plus diverse, qui sont en activité à chaque et même instant dans les points les plus variés du soma ; à la seconde, en supposant l'action continue de la substance germinale pendant toute l'ontogénèse, moyennant l'activation d'éléments potentiels spécifiques toujours nouveaux versant leurs décharges dans le système circulatoire général. Il s'ensuit donc que, si la centro-épigénèse est propre à rendre complètement compte de la transmissibilité des caractères acquis, c'est justement et uniquement parce qu'elle satisfait à ces conditions, que nous avons donc pour cela retenues, à juste titre, non seulement comme nécessaires, mais comme suffisantes aussi.

Pour plus de clarté cependant, il conviendra d'établir, ainsi que nous l'indiquions plus haut, la comparaison entre ce développement ontogénétique tel qu'il serait produit par la centro-épigénèse, et un phénomène sous certains rapports analogue et très caractéristique que présente le monde inorganique.

La reproduction d'une phrase de la part du phonographe est en effet, qu'on nous passe l'expression, une véritable centro-épigénèse : l'aiguille située au centre de la membrane repasse par tous les stades par lesquels elle avait passé lorsque la phrase était prononcée ; stades dont chacun n'était que l'effet unique résultant de la répercussion sur ce point de tous les mouvements vibratoires extrêmement complexes provoqués dans la membrane par les agents externes, constitués ici par les vibrations de l'air. Cette aiguille, — c'est-à-dire ce seul et même point du système dynamique, — en repassant ainsi par la même et identique série de mouvements spécifiques qui avaient auparavant été provoqués sur ce point par tous les mouvements compliqués du système concourant et se composant dans ce même point, fait en sorte que ces mouvements spécifiques successifs de ce point unique se redécomposent en toutes les mêmes manières d'être complexes successives du système dynamique tout entier, constitué ici par les vibrations on ne peut plus compliquées de la membrane.

Supposons, en outre, qu'il fût possible d'interposer dans un fil téléphonique ordinaire transmettant une série donnée de variations d courant électrique, un accumulateur complexe capable de re evoir le courant et de le restituer après un certain temps tel quel dans ses variations successives. Toute la série de systèmes dynamiques complexes, constitués par les variations compliquées successives de la membrane-récepteur du discours prononcé, pourrait alors être reproduite telle quelle, dans la station même de départ, après un temps quelconque, comme dans le phonographe. Eh bien, le rôle que la centro-épigénèse attribue à la substance germinale n'est pas autre chose au fond que de constituer un accumulateur complexe semblable.

De l'explication que la centro-épigénèse est venue ainsi donner de la transmissibilité des caractères acquis, il découle immédiatement une conséquence très importante : savoir, que, si par stimulus fonctionnel nous entendons, pas tant l'agent externe, mais plutôt la modification immédiate qu'il apporte dans le procès vital, alors le stimulus fonctionnel et le stimulus ontogénétique viennent, selon l'hypothèse centro-épigénétique, à être de la même nature identique. Or, c'est là justement ce qui semble résulter des faits les mieux constatés.

Il faut, avant tout, bien s'entendre sur cette distinction entre actions physiques externes et stimulus fonctionnel, distinction qui nous paraît absolument indispensable. Les premières, en effet, ne constituent pas, dirions-nous, elles-mêmes les stimulus fonctionnels vrais et propres, mais elles les déterminent. Les actions externes et les stimulus fonctionnels sont deux formes particulières d'énergie, dont la première est propre à se transformer dans la seconde; mais elles sont bien distinctes entre elles : l'une étant de nature inorganique, l'autre de nature biologique ou vitale. C'est à l'action externe, en tant et au moment qu'elle vient à se transformer en énergie vitale, qu'appartient vraiment le nom de stimulus fonctionnel. La possibilité d'une identité substantielle entre le stimulus fonctionnel et l'ontogénétique n'existera, naturellement, que si l'on entend le premier de cette façon.

Cela étant posé, il conviendra de rappeler Roux, lorsqu'il distingue la vie embryonnaire de la vie adulte comme deux choses de nature toute différente : « Dans la vie de toutes les parties de l'organisme, on doit distinguer deux périodes, savoir : une période embryonnaire dans un sens large où les parties se développent, se différencient et croissent par elles-mêmes; et une période de l'état adulte où l'accroissement, et chez beaucoup de parties même la seule reconstitution complète de ce qui est consommé, n'a lieu que sous l'action de stimulus. Ces stimulus peuvent alors donner origine aussi à du nouveau, qui, quand il a été ainsi produit pendant une série de générations, devient à son tour héréditaire; c'est-à-dire qu'il se forme chez les descendants sans ces stimulus; il devient, en somme, selon notre signification, embryonnaire [1]. »

Ces deux périodes, constituées respectivement par des différenciations embryonnaires et par des changements fonctionnels, seraient pour Roux, ainsi que nous le disions, substantiellement différentes : « Comme les changements chez l'homme adulte se produisent seulement moyennant des actions externes transformatrices, tandis que les différenciations embryonnaires ont lieu sans ou presque sans ces stimulus différenciants, ainsi nous sommes fondés à admettre que ces résultats sont produits d'une autre manière, qui, bien que régie elle-même sans doute par des lois naturelles, nous est cependant pour le moment incompréhensible. Par conséquent, l'essence de la différenciation embryonnaire et ses causes physico-chimiques respectives nous sont jusqu'à présent tout à fait inaccessibles [2]. »

La centro-épigénèse nous dit, au contraire, nous l'avons vu, que l'essence de la différenciation embryonnaire est la même que celle de la différenciation fonctionnelle. Pour appuyer cette

1. Roux, œuvre citée : *Der Kampf d. Th. im Org.*, 180-181.
2. Roux, *ibid.*, 166.

supposition nous pouvons rappeler, entre autres, les ordres principaux de faits suivants :

Tous les organes qui, dans l'embryon, remplissent leur fonction spécifique, y ont déjà « une vie dépendante de stimulus (ein Reizleben), dans la mesure de cette fonction[1] ». Ce qui dénote qu'un organisme en voie de développement peut, en un même instant, se trouver pour quelques-unes de ses parties dans la période embryonnaire et pour d'autres dans la fonctionnelle, sans cesser pour cela de se comporter dans toutes ses manifestations indistinctement comme un ensemble d'une seule et unique nature.

Une quantité de caractères commencent à se développer embryonnairement, qui ont ensuite besoin du stimulus fonctionnel pour compléter leur développement : « Dans le développement embryonnaire on a des parties qui, ayant été phylogénétiquement formées entièrement par adaptation fonctionnelle, naissent et se développent d'elles-mêmes, mais seulement jusqu'à un certain degré de développement capable de fonctionnement. Les stimulus fonctionnels semblent être nécessaires seulement pour ce reste du développement qui est soumis à une vie fonctionnelle propre[1] ». Ceci déposerait en faveur d'un passage de la période embryonnaire à la fonctionnelle s'accomplissant peu à peu sans aucun saut brusque, c'est à-dire d'une substitution insensiblement graduelle du stimulus fonctionnel à l'ontogénétique, de façon à laisser supposer que pendant une période donnée, plus ou moins longue, du développement les deux stimulus doivent agir simultanément et d'accord.

Ainsi Hyrtle, ayant sectionné chez un lapin nouveau-né les nerfs moteurs des muscles d'une moitié de la face, constata, un an après, que, outre l'atrophie de ces muscles, les os de ce côté de la tête avaient subi un arrêt de développement surprenant. Il attribue cet arrêt au fait que, par suite de la paralysie musculaire, sont venues à manquer la traction et la compres-

1. Roux, ibid., 182.
2. Roux, Zur Orientirung über einige Probleme der embryonalen Entwickelung, Zeitschr. f. Biologie, Bd. XXI, München, Juli 1885, p. 503, Gesamm. Abhandl., II, 231-232.

sion, qui excitent l'activité des parties vivantes de l'os, et causent l'accroissement normal de l'os même[1].

De même Alessandrini et E. H. Weber ont constaté que, chez un embryon, à cause d'une inactivité pathologique partielle de la moelle épinière, il manquait, dans la partie correspondante du corps, outre les nerfs les muscles aussi, et que les os et les articulations relatifs étaient anormaux, ces dernières étant en partie rigides[2].

Remarquons ici, tout d'abord et par parenthèse, que l'exercice des muscles ou des articulations, de la part de l'embryon, n'aurait jamais pu avoir assez d'importance pour en provoquer à lui seul, au moyen du simple stimulus fonctionnel, respectivement la formation ou le complétement. Ce qui est venu à manquer, par suite de l'inactivité pathologique partielle de la moelle épinière, ce doit donc être, non seulement le stimulus fonctionnel, mais en grande partie le stimulus ontogénétique aussi.

En outre, comme quelques-unes de ces parties ont cependant eu, malgré l'absence du stimulus fonctionnel, un certain développement, et cela pendant la période même où, en voie normale, elles auraient eu le concours du stimulus fonctionnel, ainsi il est clair que s'il n'y avait point eu cette inactivité pathologique de la moelle épinière, le stimulus ontogénétique et le fonctionnel auraient coopéré en même temps à une même formation. Or, nous le répétons, chacun voit que cette coopération harmonique et parallèle des deux stimulus, jointe au fait que dans n'importe quelle structure embryonnaire on ne remarque aucun changement substantiel dans la manière de formation et de développement entre la portion purement héréditaire due au stimulus ontogénétique seul et la portion due au stimulus fonctionnel, dépose fortement en faveur de la nature substantiellement identique de ces deux stimulus.

Nombre d'organes, enfin, qui par leur stimulus ontogénétique seul parviendraient à leur développement complet, sont cependant sollicités à l'anticiper par le stimulus fonctionnel

1. Oscar Hertwig, œuvre citée : *Die Zelle und die Gew.*, II, 175.
2. Roux, œuvre citée : *Der Kampf d. Th. im Org.*, 81.

survenant par accident avant le temps. Ainsi, par exemple, chez les enfants nés prématurément, la faculté visuelle avance son développement; c'est-à-dire que celui-ci s'accomplit en un nombre total de jours, à partir du premier instant du développement, moindre que le normal, tel qu'il serait donné par le temps de la gestation ordinaire augmenté du nombre de jours nécessaires à l'enfant né à terme pour acquérir le même degré de développement de la vue [1]. Ce qui démontre encore une fois que le stimulus fonctionnel peut se substituer à l'ontogénétique ou, mieux encore, que les deux stimulus peuvent coopérer et s'additionner ensemble, en intensifiant ainsi leurs effets : ce qui serait malaisé à concevoir s'ils étaient de nature différente.

A ces faits d'ordre plus général nous pouvons ajouter encore les suivants, plus particuliers, qui sont de nature tout à fait analogue aux premiers :

Les queues de larves d'amphibiens, coupées par une section oblique à leur axe, se régénèrent de façon que l'axe du fragment régénéré est toujours normal au plan de la section, et formant par conséquent un certain angle avec l'axe du tronçon restant. Cependant, toutes ces queues, à cause des forces internes régulatrices de l'organisme, tendent peu à peu à se redresser. Or, Barfurth a démontré que, chez les larves de grenouille qu'on empêchait presque totalement de nager en les mettant dans des eaux basses divisées en un grand nombre de petits compartiments par la riche végétation du fond, ce redressement se faisait d'une manière bien moins complète et bien plus lente que chez celles qu'on avait mises dans des eaux profondes, et auxquelles on permettait ainsi de nager à leur gré. C'est signe que l'adaptation fonctionnelle de la queue à la natation coopère avec l'action complexe des stimulus internes régulateurs, ou ontogénétiques dans le sens large, et s'additionne à eux, en en intensifiant et en accélérant les effets [2].

Un exemple de stimulus ontogénétique n'ayant pas encore remplacé le fonctionnel ou, mieux, pas encore doué d'une quan-

---

1. Roux, *ibid.*, 182.
2. Barfurth, *Versuche zur functionnellen Anpassung*, Arch. f. Mikr. Anat., XXXVII Bd., Dr. Heft, Bonn, Cohen, 1891; partic., pp. 403-405.

tité d'énergie potentielle suffisante pour vaincre à elle seule la résistance qui s'oppose à son activation, et qui a pour cela besoin de ce stimulus fonctionnel pour commencer à agir, nous est fourni par les *Axolotls*. Ces batraciens urodèles peuvent demeurer et vivre indéfiniment et se reproduire avec des branchies externes, ou bien se transformer en Amblystomes, suivant qu'ils sont ou non empêchés de passer au moment opportun de leur développement à la vie terrestre : « On peut dire que cela tient à ce que la forme Amblystome n'est pas encore suffisamment fixée dans l'hérédité spécifique, puisque l'épigénèse, résultant de cette hérédité, ne détermine pas fatalement l'apparition de la forme Amblystome, avant que soient réalisées les conditions auxquelles cette forme est adaptée [1]. »

On connaît, enfin, les expériences, déjà rappelées plus haut, de Cunningham sur les colorations des poissons aplatis asymétriques. Il a démontré que pendant leurs premières métamorphoses, lorsque le pigment est encore présent des deux côtés, l'action de la lumière reflétée artificiellement sur le côté qui est tourné vers le fond, n'empêche pas que le pigment même ne disparaisse de ce côté, de sorte que la couleur passe ici rapidement par un développement rétrograde. Mais une exposition prolongée à la lumière provoque, sur ce côté inférieur, le pigment à *reparaître*, et à la suite de cette réapparition les taches du pigment sont sous tous les rapports pareilles à celles que présente normalement le côté supérieur du poisson,[2].

Dans cette expérience aussi, on a donc la manifestation directe d'un stimulus fonctionnel renforçant le stimulus ontogénétique. Nous disons *renforçant* parce que le fait que les taches, qui paraissent maintenant au-dessous, sont pareilles à celles du dessus, démontre qu'elles ne sont pas produites ex novo par le stimulus fonctionnel, mais bien maintenant encore par l'ontogénétique, qui, grâce au fonctionnel, acquiert de nouveau la force qu'il avait jadis chez les ancêtres de l'espèce actuelle :

1. Le Dantec, œuvre citée : *Traité de Biol.*, 403-404.
2. Osborn, *The ereditary mechanism and the search for the unknown factors of evolution*, Biol. Lect. at the Mar. Biol. Lab. of Wood's Holl, Summer Session 1894, Boston, U. S. A., Ginn, 1896, p. 91.

autre preuve que le stimulus fonctionnel et l'ontogénétique peuvent agir d'accord dans le même instant, qu'ils peuvent s'additionner, qu'ils doivent par conséquent être de la même nature.

Aussi pourrons-nous tirer les conséquences suivantes :

1° L'identité substantielle des deux stimulus, l'ontogénétique et le fonctionnel, dont les faits que nous venons de citer et mille autres semblables nous permettent de déduire la réalité, jointe au fait que les agents externes, provocateurs immédiats des stimulus fonctionels, viennent au contraire à manquer en général pendant la période embryonnaire, suffirait, même à elle seule, pour nous autoriser à induire que les stimulus ontogénétiques ne sont autre chose que la réactivation et restitution des fonctionnels, obtenue par voie indirecte, moyennant des accumulateurs spéciaux de ceux-là seuls, d'entre ces derniers qui sont venus se manifester successivement toujours en un même point de l'organisme ; elle constitue ainsi, en même temps, un nouvel argument en faveur de la transmissibilité des caractères acquis.

2° Cette conception du développement, reposant sur l'identité substantielle du stimulus fonctionnel et du stimulus ontogénétique, et, jusqu'à ce jour du moins, cette conception seule, permet de ne supposer dans le développement, en aucun de ses stades, aucun phénomène qui ne soit au nombre des phénomènes physiologiques normaux que présente l'organisme même pendant tout son âge adulte ; et elle ramène ainsi la vie, durant toutes ses diverses époques, à la plus rigoureuse unité de nature.

3° L'ontogénèse, enfin, nous apparaît de cette manière simplement *comme une continuelle adaptation fonctionnelle, de la part de l'embryon, aux successives manières d'être actives de la zone centrale du développement.*

Ayant ainsi exposé et éclairci dans ses lignes fondamentales la manière dont la centro-épigénèse parvient à rendre compte de la transmissibilité des caractères acquis en général, le cas particulier aussi de cette transmissibilité, constitué par le dimorphisme sexuel et par tout le polymorphisme en général, que nous avons été jusqu'ici forcé de laisser de côté, vient à être expliqué aussitôt sans la moindre difficulté.

La question des caractères sexuels principaux et secondaires, écrit Delage, se rattache à l'une des plus importantes de la biologie générale : « Quand une partie se développe dans un certain sens, une autre se développe corrélativement d'une certaine manière, et si la première se fût développée d'une autre façon, autre aussi eût été le développement de la seconde ; et cependant il n'y a aucun lien direct entre ces deux parties. Et la question se posera ainsi : par quelle voie et sous quelle forme peut se manifester cette influence à distance des organes les uns sur les autres, sans aucune ressemblance entre la cause et l'effet? [1] »

Or, l'explication du dimorphisme sexuel que peut donner l'hypothèse centro-épigénétique est la suivante : il serait dû au fait que, dans la série totale des éléments potentiels spécifiques germinaux, se trouveraient interpolés deux groupes distincts de ces éléments, tels que l'activation, de la part de la zone centrale, de l'un de ces groupes exclurait l'activation de l'autre, et réciproquement. En effet, une fois que les deux sexes ont commencé à différer somatiquement entre eux même de très peu, tout caractère sexuel ultérieur principal ou secondaire, qui serait acquis par adaptation fonctionnelle, respectivement par le mâle ou par la femelle, ou, mieux, la conformation complexe de l'organisme entier qui s'ensuivrait, viendrait à être représenté dans la zone centrale de cet organisme par un petit groupe correspondant d'éléments potentiels spécifiques. Et ceux-ci ne pourraient venir à s'activer dans l'organisme qui succédera, que lorsque la distribution nerveuse générale de celui-ci viendrait à se trouver dans les mêmes conditions où ce caractère sexuel nouveau avait été acquis : ce qui exige tout d'abord que l'organisme soit du sexe respectif voulu.

Les faits ordinaires du développement embryonnaire, d'accord avec cela, nous apprennent que, lorsque les organes sexuels de l'un des sexes commencent à se montrer, les organes auxi-

---

1. Delage, œuvre citée : *L'hérédité*, etc., 184-185.

liaires à peine ébauchés appartenant au sexe opposé cessent de se développer et restent rudimentaires, tandis que les organes propres du sexe qui s'est déjà déclaré, les essentiels et les secondaires, se développent entièrement. C'est là un arrêt d'accroissement de quelques organes par le fait du développement de quelques autres, qui fait soupçonner que ce développement crée un milieu tel qu'il entrave l'activation ultérieure des énergies qui donnaient lieu à la production des organes de l'autre sexe.

De là, en même temps, la possibilité toujours latente que les caractères de l'autre sexe viennent à se présenter aussi chez l'individu qui s'est développé dans le sens opposé, notamment dans l'âge avancé, lorsque, avec la cessation de leurs fonctions respectives, tous les organes et les caractères sexuels viennent à s'amortir dans leur vitalité; ce qui arrive souvent pour beaucoup d'espèces et pour l'homme lui-même, ce qui est arrivé particulièrement pour cette fameuse vieille poule, dont Darwin rapporte que, après avoir cessé de pondre, elle avait pris, non seulement le plumage, mais la voix, les ergots et le tempérament batailleur du coq.

On pourrait en dire autant du polymorphisme : Il peut, en effet, se comprendre aisément lui aussi comme dû à une interpolation, tout à fait analogue à celle dont nous parlons plus haut, de trois groupes ou plus d'éléments potentiels spécifiques dans la série totale des germinaux, tels que l'activation de l'un d'eux exclurait l'activation de tous les autres. Chaque forme de l'espèce polymorphique viendrait ainsi à avoir, elle aussi, ses caractères propres dérivés entièrement de la transmission de propriétés acquises par adaptation fonctionnelle.

Il faut cependant remarquer que quelques formes de certaines espèces polymorphiques pourraient même être dues au fait que parmi tous les éléments potentiels spécifiques germinaux de la série totale, quelques groupes de ces éléments seraient empêchés de s'activer, plutôt que par les conditions ontogénétiques proprement dites dues au développement d'autres caractères, par des conditions très générales de température, de nutrition et ainsi de suite; de sorte que la forme où ces groupes ne s'activent pas ne serait que la forme principale, sauf quelque caractère en moins. A ce cas pourraient appartenir, par exemple, les ouvrières des abeilles et les neutres en général de beaucoup d'insectes ; dont l'explication viendrait ainsi à être fort semblable à celle que Spencer a soutenue dans sa polémique avec Weismann. Mais, évidemment, ces formes à développement incomplet ne seraient au fond qu'un cas particulier du précédent.

Aussi pouvons-nous dire que le principe fondamental auquel la centro-épigénèse a recours pour expliquer le dimorphisme sexuel et le polymorphisme en général, c'est-à-dire pour expliquer comment il se fait que le développement de certains caractères empêche celui de certains autres également latents, est encore le même qui lui a déjà servi pour expliquer le fait que les caractères ontogénétiques se présentent dans l'ordre même de leur acquisition phylogénétique.

Si la capacité d'explication du principe lamarckien que possède la centro-épigénèse arrive ainsi jusqu'à rendre compte, sans besoin d'aucune hypothèse subsidiaire, de la transmissibilité de ces caractères aussi que l'un et l'autre sexe ont acquis séparément à des moments différents et chacun pour son propre compte; elle se montre, encore plus particulièrement, apte à expliquer la transmissibilité de ces caractères, communs ou exclusifs, de l'un ou de l'autre sexe qui, par leur excessive complexité, par le fait qu'ils ne résident pas seulement en tel ou tel point de l'organisme, mais bien en une infinité de points à la fois, ont toujours constitué la plus grande difficulté pour toute théorie qui prétendait en expliquer le mode de transmission : nous voulons parler des instincts.

Il est évident, en effet, que nous pouvons concevoir tout instinct comme dû à une manière d'être spéciale respective des divers centres psychiques et du réticulé nerveux qui les unit. Car il dépendra de cette manière d'être qu'à certaines sensations déterminées, arrivant à certains centres percepteurs, correspondent nécessairement certains mouvements réflexes, commandés par les centres moteurs qui sont en une communication déterminée avec ces centres percepteurs. Or, toute déposition de nouveaux centres psychiques, percepteurs ou moteurs, mnémoniques ou volitifs, et toute nouvelle jonction de ceux-ci moyennant des communications nerveuses plus ou moins directes ou indirectes, plus ou moins aisées ou résistantes, ne seraient, suivant l'hypothèse centro-épigénétique, que les effets d'autant de manières d'être particulières de circulation nerveuse dans le cercle limité du seul système nerveux. Il est pour cela aisé de s'imaginer, surtout si nous rappelons que la zone centrale ne serait qu'une portion, la moins différenciée de ce système, qu'à chacune de ces manières d'être complexes de la configuration nerveuse constituant un instinct donné doit répondre dans la zone centrale même son élément potentiel spécifique respectif; et que ce dernier, s'activant ensuite dans l'ontogénèse suivante, lorsque la configuration nerveuse générale est déjà venue se reproduire telle qu'elle était au moment précédant immédiatement celui où cet élément s'était formé chez le parent, doit être capable de modifier légèrement cette configuration, de manière à lui faire acquérir le même instinct que la configuration nerveuse du parent avait, au contraire, acquis par l'action des agents externes.

C'est pourquoi, tirant la conséquence de tout ce que nous avons dit jusqu'ici, il nous semble que ce n'est pas en vain que nous avons essayé de rendre compte, par le moyen de l'hypothèse centro-épigénétique, du principe lamarckien dans toutes ses différentes et ses plus complexes manifestations. Observons que cette hypothèse peut être, elle aussi, rangée au nombre des théories mnémoniques de l'hérédité : avec cette remarquable différence toutefois que, tandis que celles de Hæckel, de Hertwig, d'Orr, de Cope et autres semblables, pour expliquer le phénomène de la transmission des caractères acquis se produisant dans le développement, ont recours à un phénomène encore plus particulier et plus complexe tel que le mnémonique, et que par conséquent elles ne constituent ni ne peuvent constituer aucune explication effective, la centro-épigénèse, au contraire, ainsi que nous l'avons vu, a recours, à titre d'hypothèse subsidiaire, à un phénomène biologique très général et très simple, analogue même, sous quelques rapports, à certains phénomènes d'accumulation d'énergie présentés par le monde

inorganique, et qui serait en même temps la base et du phénomène de l'hérédité et du phénomène mnémonique. De sorte
que ces derniers, au lieu d'être expliqués l'un par l'autre,
seraient tous les deux expliqués par ce phénomène unique, plus
simple et plus général qu'eux.

Aussi faudra-t-il que, dans le dernier chapitre qui va suivre,
nous examinions rapidement le phénomène mnémonique, afin
de vérifier s'il trouve effectivement, lui aussi, son explication
adéquate dans ce phénomène biologique élémentaire supposé
d'une accumulation spécifique d'énergie. Après quoi nous tâcherons de voir si ce même phénomène hypothétique peut
constituer un commencement d'explication pour les propriétés
fondamentales que présente le phénomène vital lui-même dans
toute sa plus grande généralité.

CHAPITRE VIII

LE PHÉNOMÈNE MNÉMONIQUE ET LE PHÉNOMÈNE VITAL

La comparaison entre le phénomène du développement et le phénomène mnémonique, notamment après la découverte de la loi biogénétique fondamentale de l'ontogénèse récapitulation de la phylogénèse, s'est présentée spontanément à un grand nombre d'auteurs. « Le germe, écrivait déjà Claude Bernard, semble garder la mémoire de l'organisme dont il procède [1]. » Hœckel attribuait le développement à la propriété mnémonique de ses plastidules. Et nous avons vu, au chapitre sixième, qu'Orr tentait d'expliquer la récapitulation de la phylogénèse de la part de l'ontogénèse par la loi mnémonique de l'habitude; que Cope retenait que l'ontogénèse est provoquée par le souvenir inconscient de la phylogénèse; que Nœgeli et, par endroits, Hertwig lui-même attribuaient en quelque sorte à l'idioplasma la faculté de se souvenir des stades phylogénétiques successifs par lesquels il était venu à passer tour à tour.

Mais c'est Hering qui, des premiers et plus hardiment que tous les autres, a soutenu l'identité fondamentale du phénomène ontogénétique et du mnémonique : « Qu'est-ce que cette réapparition, chez l'organisme fils qui se développe, de propriétés de l'organisme parent, sinon une reproduction, de la part de la matière organisée, de procès auxquels elle a déjà pris part autrefois, quoique seulement en tant que germe dans l'ovaire;

---

1. Claude Bernard, œuvre citée : *Leçons sur les phén. de la vie communs aux an. et aux vég.*, 66.

et dont maintenant, au moment opportun, elle se souvient également, en réagissant à des stimulus égaux ou semblables d'une façon semblable à celle qu'a déjà suivie l'organisme précédent, dont elle a été jadis une partie, et dont elle a alors partagé, elle aussi, les vicissitudes? Si l'organisme parent, par la longue habitude ou l'exercice réitéré, a changé en quelque chose de nature, de manière que la cellule germinale située dans cet organisme en ait été atteinte elle aussi, quelque faiblement que ce soit; si, tel étant l'état des choses, cette dernière commence une nouvelle existence, s'étend et se développe en un être nouveau, dont les différentes parties ne sont pourtant autre chose toujours qu'elle-même et la chair de sa chair; et que, en se développant ainsi, elle reproduise ce qu'elle a déjà vécu autrefois en tant que partie d'un grand tout : ceci est en vérité justement aussi étonnant que lorsque le souvenir de sa plus tendre enfance revient tout à coup chez le vieillard; mais ce n'est pas plus étonnant. Que ce soit maintenant encore la même substance organisée qui reproduit un procès déjà vécu une fois; ou que ce soit seulement un rejeton, un fragment de cette substance, lequel dans l'intervalle a crû et est devenu grand; cela n'est évidemment qu'une différence de degré et non pas essentielle [1]. »

Nous ne reviendrons pas ici sur les objections que nous avons déjà faites aux affirmations semblables d'Orr et de Cope. Nous nous bornerons à remarquer, ici encore, que, comme Hering n'a pas essayé lui non plus une analyse, fût-elle conjecturale, touchant le phénomène même de la mémoire, cela fait que l'explication qu'on veut ainsi essayer de donner du développement, non seulement manque absolument de netteté et de précision, mais prend l'air d'un rapprochement tout à fait artificieux entre des phénomènes trop dissemblables l'un de l'autre.

Il en est de même, *a fortiori*, de la conception encore plus générale de Hering lui-même, dont celle du développement serait un cas particulier, et qui consiste à considérer la mémoire

1. Ewald Hering, *Ueber das Gedächtniss als eine allgemeine Function der organisirten Materie*, Wien, Gerold, 1876, pp. 16-17.

comme une fonction générale de toute la matière organisée vivante. Conception que Ribot accepte et fait sienne, et qu'il exprime en disant que la mémoire est essentiellement un fait biologique, accidentellement un fait psychologique [1].

Cette attribution de la faculté mnémonique à tout et n'importe quel phénomène vital, qui renferme pourtant un si grand fond de vérité, ne peut cependant constituer elle non plus par elle-même aucune explicati. n de l'un ni de l'autre phénomène, mais elle contribue bien plutôt à les rendre encore plus obscurs l'un et l'autre; car, par cette comparaison, sans parvenir à mettre en relief les propriétés communes les plus cachées, on en vient à faire perdre de vue les caractéristiques les plus apparentes de chacun des deux phénomènes, lesquelles sont différentes de l'un à l'autre, et sont pourtant celles qui ont jusqu'à présent servi à nous donner de leur phénomène respectif l'idée, autant qu'il était possible. la plus exacte.

La mémoire ne peut donc servir ni à l'explication du phénomène du développement, ni à celle du phénomène vital en général, et cela à cause, nous le répétons, qu'elle est un phénomène encore plus particulier et plus complexe que ceux qu'elle serait appelée à expliquer. Il y a cependant la possibilité que la ressemblance qu'ils laissent entrevoir comme probable entre 'quelques-unes' de leurs propriétés fondamentales puisse être expliquée par un phénomène plus général et plus simple, qui formerait à la fois la base de ces trois catégories de phénomènes : l'ontogénétique, le mnémonique proprement dit ou psycho-mnémonique et le vital.

Or nous avons déjà dit que ce phénomène commun pourrait se trouver en celui que nous avons supposé plus haut, par lequel les éléments potentiels spécifiques nous ont apparu comme des accumulateurs élémentaires d'énergie nerveuse spécifique, comme des accumulateurs élémentaires spécifiques. C'est en ce fait de pouvoir restituer la même spécificité de courant nerveux par laquelle chaque élément aurait été déposé, que résiderait justement la cause de la propriété mnémonique

1. Ribot, *Les maladies de la mémoire*, Paris, F. Alcan, p. 1.

dans le sens le plus large que présente toute la substance vivante. Bien plus, l'essence même de la propriété mnémonique viendrait à consister tout entière en cette faculté de restitution.

Remarquons qu'alors les éléments potentiels spécifiques, que l'on peut aussi définir, ainsi que nous l'avons vu au chapitre précédent, comme des accumulateurs élémentaires spécifiques, nous paraissent maintenant susceptibles de recevoir un troisième nom, à savoir celui d'éléments mnémoniques.

Selon cette définition, les accumulateurs électriques ordinaires, qui sont, nous l'avons vu, des accumulateurs simplement génériques, constituent, peut-on dire, des éléments mnémoniques très imparfaits. Plus ils seraient, au contraire, aptes à accueillir chacun une seule des infinies même très petites variations spécifiques de ce genre d'énergie, et à la restituer identique à chaque décharge, plus ils pourraient s'assimiler à des éléments mnémoniques parfaits.

Comme, de tous les phénomènes vitaux, les psycho-mnémoniques sont ceux qui présentent le plus nettement la faculté mnémonique possédée par toute la substance vivante, c'est en eux que nous pourrons le mieux vérifier les lois qui, pour cette propriété mnémonique, dérivent du fait qu'on lui donne pour base le phénomène hypothétique en question d'une accumulation et d'une restitution spécifiques; lois dont les principales ont justement été brièvement développées dans le chapitre précédent.

Tout d'abord, observons que des trois éléments de la mémoire : conservation de certains états, reproduction, localisation dans le passé. Ribot juge que les deux premiers seuls sont nécessaires et la caractérisent [1]. Eh bien, observons que l'hypothèse des éléments mnémoniques permet de concevoir cette conservation de certains états comme une accumulation d'énergie spécifique, et leur reproduction comme la décharge de cette énergie spécifique.

« Lorsque nous parlons, écrit Maudsley, d'une trace ou

1 Ribot, *ibid.*, 2.

empreinte ou résidu, laissé par une impression donnée sur un
centre mnémonique, tout ce que nous entendons dire par là, c'est
qu'un effet donné est laissé en arrière dans l'élément organique,
que quelque chose est retenu par ce dernier, qui le dispose à un
acte fonctionnel semblable; une disposition est ainsi acquise
qui, à partir de ce moment, le différencie, bien que nous
n'ayons aucune raison de penser qu'il existât d'abord une différence spécifique originaire quelconque entre une cellule nerveuse et une autre [1]. » Ce quelque chose que l'impression
laisserait après elle dans la cellule nerveuse, et qui la dispose-
rait à d'autres actes fonctionnels semblables, serait donc, à
notre avis, un vrai et propre résidu matériel de substance,
apte à restituer le même courant fonctionnel par lequel elle
avait à son tour été déposée. Et la différenciation des cellules
nerveuses, de même que pour toutes les autres cellules somatiques, consisterait dans l'acquisition de la part de chacune
d'elles d'un nombre plus ou moins grand d'éléments potentiels
spécifiques ou mnémoniques, différents d'une cellule à l'autre.
Seulement, nous devons retenir que cette différenciation, loin
d'être entièrement acquise après la naissance, se produit déjà,
dans certaines limites, ne fût-ce que par rapport à tous les
instincts innés, pendant l'ontogénèse même.

« La reproduction mnémonique, écrit à son tour Hering, d'un
groupe entier de sensations, ordonné précisément selon l'espace
et le temps, nous montre d'une manière évidente que, lors
même que cette sensation ou perception a cessé depuis longtemps déjà, il reste cependant dans notre système nerveux une
trace matérielle, un changement de la structure moléculaire ou
atomique, par lequel la substance nerveuse est rendue capable
de reproduire les procès physiques constituant le procès psychique qui est le correspondant de cette sensation ou perception. » « Les représentations ne persistent pas comme représentations, mais il y a quelque chose qui persiste, et c'est justement cette disposition particulière de la substance nerveuse, en
vertu de laquelle cette dernière, pourvu qu'elle soit convena-

---

1. Maudsley, *The Physiology of Mind*, third edition, London, Macmillan,
1876, p. 270.

blement touchée, fait retentir encore aujourd'hui le même son qu'elle rendait hier [1]. »

Cette conception de Hering, d'une disposition de la substance nerveuse à « résonner » le son d'hier, est empruntée au phénomène physique des résonateurs acoustiques : la substance nerveuse qu'une sensation ou représentation élémentaire déterminée aurait fait vibrer, en un point donné, selon un mode spécifique donné, demeurerait, à partir de ce moment, apte à vibrer toujours et exclusivement selon ce mode spécifique. Suivant l'hypothèse des éléments mnémoniques, au contraire, il est bon de le répéter encore, chaque sensation ou représentation élémentaire consisterait, non pas en une vibration spécifique de la substance nerveuse en tel ou tel point, mais bien dans la production, par l'action des stimulus externes, d'un courant nerveux spécifique donné ; de sorte que le souvenir de cette sensation ou représentation élémentaire ne consisterait que dans la reproduction, par l'action de causes internes maintenant, du même courant nerveux spécifique.

En d'autres termes, la manière dont l'hypothèse des éléments mnémoniques ou accumulateurs élémentaires spécifiques viendrait à concevoir le phénomène mnémonique, est la suivante :

Une suite de sons ou de mots, par exemple une certaine mélodie ou une phrase quelconque d'un discours, une fois qu'elle est entrée par l'oreille, nous pouvons nous imaginer qu'elle produise une série de courants nerveux dans le nerf auditif, spécifiquement différents l'un de l'autre, ainsi que sont spécifiquement différents entre eux, — dans le cas particulier, différents par leur intensité, — les courants électriques successifs que la même série de sons produit dans l'appareil récepteur et transmet ensuite le long du fil téléphonique. Alors, si un centre ou plusieurs centres nerveux, récepteurs de ces courants spécifiquement différents, sont aptes à accumuler ces énergies spécifiques chacune distinctement de l'autre, de manière à les reproduire identiques au moment de la décharge,

---

1. Hering, œuvre citée : *Ueber das Gedächtniss*, etc., 8, 9.

et si la décharge de chaque énergie spécifique immédiatement précédente, et elle seule, est apte à produire le dégagement de l'énergie spécifique immédiatement suivante, — et nous avons vu dans le chapitre précédent que c'est justement là une conséquence de l'hypothèse même d'accumulations élémentaires spécifiques, — il sera de cette manière possible que la même succession de courants spécifiques différents se répète un grand nombre de fois, et toujours identique à celle qu'a produite le phénomène phonique réel : répétition d'une succession identique de courants spécifiques, et conséquemment d'idées ou impressions, qui constituera précisément le phénomène mnémonique.

On pourra, évidemment, dire la même chose pour le phénomène optique, c'est-à-dire pour une série quelconque de couleurs ou vibrations lumineuses spécifiques qui se succéderaient dans l'espace ou dans le temps.

Ribot a dit avec raison qu'il « n'y a pas une mémoire, mais des mémoires; il n'y a pas un siège de la mémoire, mais des sièges particuliers pour chaque mémoire particulière [1] ». Or, chaque élément mnémonique viendrait précisément constituer un siège particulier pour chaque sensation ou impression élémentaire spécifique particulière.

En ce sens là, c'est-à-dire à la condition que l'expression d'éléments nerveux ne soit pas disjointe de la conception d'accumulateurs élémentaires spécifiques ou éléments mnémoniques, nous pourrions donc accepter la représentation que cet auteur se fait de la mémoire : « Si nous essayons de nous représenter, écrit-il, une bonne mémoire et de traduire cette expression en termes physiologiques, nous devons nous figurer un grand nombre d'éléments nerveux, chacun modifié d'une manière particulière, chacun faisant partie d'une association et probablement apte à entrer dans plusieurs, chacune de ces associations renfermant les conditions d'existence des états de conscience. La mémoire a donc des bases statiques et des bases dynamiques. Sa puissance est en raison de leur nombre et de leur stabilité [2] ».

« On s'est demandé, continue Ribot, si chaque cellule ner-

1. Ribot, *Maladies de la mémoire*, 11.
2. Ribot, *Ibid.*, 32

veuse peut conserver plusieurs modifications différentes, ou si, une fois modifiée, elle est pour jamais polarisée. Le nombre des cellules cérébrales étant de 600 millions, d'après les calculs de Meynert (et sir Lionel Beale donne un chiffre beaucoup plus élevé), l'hypothèse d'une impression unique n'a rien d'inacceptable[1]. » Remarquons que, selon l'hypothèse des éléments mnémoniques, toute une série de dépôts spécifiques, plutôt qu'un seul dépôt spécifique, pourront trouver place dans chaque cellule cérébrale. Nous avons même vu déjà qu'il faut supposer dans la substance germinale un très grand nombre d'éléments potentiels spécifiques ou mnémoniques; et nous pouvons supposer que la même chose arrive aussi dans les centres mnémoniques très complexes.

Ce que l'on peut affirmer pour le moment, c'est que la dépendance étroite où la mémoire se trouve vis-à-vis des faits de la nutrition[2], dépose fortement en faveur de l'hypothèse que la conservation de la mémoire soit due à des accumulations de substance. En outre, comme le fait très bien observer Hensen, le fait que bien des souvenirs demeurent complètement tranquilles pendant beaucoup d'années pour se représenter ensuite avec netteté, bien que toutes les parties de l'organisme doivent sans aucun doute s'être renouvelées plusieurs fois dans l'intervalle[3], dénote, — quand on se rappelle que l'assimilation consiste dans la reproduction incessante de nouvelles quantités toujours de la même substance identique, — que pour conserver ces souvenirs il suffit de la substitution à une substance donnée d'une autre identique. L'existence, enfin, de souvenirs plus ou moins nets, plus ou moins intenses, jointe au fait que cette plus grande netteté ou intensité, et toutes les hypermnésies en général, dépendent elles aussi des phénomènes de la nutrition[4], semblerait déposer en faveur de l'hypothèse que le degré de cette netteté ou intensité, et le degré des hypermnésies en général, seraient une fonction de la

1. Ribot, *Maladies de la mémoire*, 17.
2. Ribot, *ibid.*, 155-163.
3. Hensen, *Ueber das Gedächtniss*, Kiel, Universitäts-Buchhandlung, 1877, p. 13.
4. Ribot, *Maladies de la mémoire*, 160-161.

quantité de masse de la substance respective, à l'accumulation de laquelle serait due la conservation de ces souvenirs.

S'il paraît ainsi démontré par les faits que la conservation des souvenirs est due à des accumulations de substance, toute une série d'autres faits semble démontrer que le réveil de ces souvenirs consiste dans la restitution des mêmes courants qui avaient jadis constitué la sensation ou impression réelle.

Nous ne pouvons pas rappeler ici tous les infinis exemples qui démontrent que les effets moteurs, ou sécréteurs, ou physiologiques en général, du réveil mnémonique d'une sensation ou impression donnée, sont tout à fait identiques à ceux de la sensation ou impression réelle : par exemple que le souvenir d'un certain mets produit la même salivation provoquée par le mets effectif; que le souvenir de la personne aimée peut causer à chaque fois la même rougeur du visage, le même éclat des yeux, la même accélération du pouls que la vue directe de cette personne; que toutes les fois qu'une mère repense à son propre enfant il lui vient un flux de lait dans les seins [1]. Ce sont là des exemples qui démontrent l'identité substantielle du stimulus fonctionnel et du stimulus mnémonique.

Nous nous bornerons plutôt à citer seulement l'expérience suivante de Wundt rappelée par Ribot : « Si, les yeux fermés, nous tenons une image d'une couleur très vive longtemps fixée devant l'imagination, et qu'après cela, ouvrant brusquement les yeux, nous les portions sur une surface blanche, nous y verrons durant un instant très court l'image contemplée en imagination, mais avec la couleur complémentaire. Ce fait, remarque Wundt, prouve que l'opération nerveuse est la même dans les deux cas, dans la perception et dans le souvenir [2] ». Pour nous, cela indiquerait que le courant nerveux relatif à la couleur, rouge supposons, de l'image, produit, en même temps que tous les autres relatifs aux autres caractéristiques de cette image, par le centre mnémonique réévoquant cette dernière, est égal et en sens opposé à celui qu'envoient vers le même centre les rayons rouges partant de la surface blanche : par conséquent, ce ne sont

---

1. Lewes, œuvre citée : *The physical basis of mind*, 288.
2. Ribot, *Maladies de la mémoire*, 11.

que les courants envoyés par les rayons complémentaires de cette
surface blanche qui peuvent poursuivre vers ce centre, et qui,
unis aux courants relatifs aux autres caractéristiques de l'image,
donneront à celle-ci le même aspect qu'auparavant, seulement
de la couleur complémentaire.

Si la conservation de chaque souvenir est due à un nombre de
dépôts égal à celui des courants nerveux élémentaires spécifiques que la sensation ou impression complexe avait provoqués dans le système nerveux, nous sommes alors en état de
comprendre aussi le phénomène connu sous le nom de raccourcissement des souvenirs : « Tout souvenir, écrit Ribot, si
net qu'il soit, subit un énorme raccourcissement. A mesure
que le présent rentre dans le passé, les états de conscience
disparaissent et s'effacent. Revus à quelques jours de distance,
il n'en reste rien ou peu de chose : la plupart ont sombré dans
un néant d'où ils ne sortiront plus et ils ont emporté avec eux la
quantité de durée qui leur était inhérente; par suite un déchet
d'états de conscience est un déchet de temps [1] ».

Cette disparition d'états de conscience élémentaires, produisant le raccourcissement du souvenir, serait donc, pour nous,
due à la disparition des éléments mnémoniques secondaires,
c'est-à-dire pourvus d'une quantité minime de la substance
respective et de l'énergie potentielle qui en est la suite, de la
série qui constitue le souvenir complexe. Disparition qui pourrait même être provoquée par le fait que le liquide nutritif
viendrait peu à peu à être entièrement absorbé par les éléments
mnémoniques principaux de la même série et par les nouveaux
qui surviendraient à la suite de sensations ultérieures conservées
elles aussi en souvenir.

Remarquons que ce raccourcissement de tout souvenir,
interprété de la sorte, devient alors complètement apte à expliquer aussi le raccourcissement semblable que subit la phylogénèse pendant l'ontogénèse : en effet, des anciens éléments
mnémoniques constituant la substance germinale, les plus
prononcés, c'est-à-dire ceux qui sont représentés par les plus

1. Ribot, ibid., 44, 45.

grandes quantités de substance, persisteront seuls. Les éléments
mnémoniques anciens moins prononcés, la quantité totale de
nourriture demeurant la même ou à peu près, verront toute leur
portion de nourriture accaparée peu à peu par les éléments
mnémoniques anciens plus prononcés dont nous parlions tantôt
et par les éléments mnémoniques nouveaux dont le nombre ira
continuellement en augmentant à chaque avancement phylogénétique. Ne pouvant, par conséquent, reconstituer complètement leur substance à chaque ontogénèse, ils disparaîtront peu
à peu.

Si nous avons toujours supposé jusqu'ici, comme premier
degré d'approximation nécessaire à la compréhension de la
nature fondamentale du phénomène, que l'ontogénèse reproduise
la phylogénèse tout entière, ces raccourcissements de souvenirs
nous permettent donc de pénétrer encore plus avant dans la
nature intime de ce phénomène, et de comprendre que l'ontogénèse, au lieu d'une reproduction intégrale de la phylogénèse,
ne peut en être qu'une récapitulation fort succincte.

En réévoquant un souvenir donné, les cellules mnémoniques
ne perdent pas l' « impression », ainsi qu'on la nomme, qu'elles
gardent de ce souvenir ; au contraire, plus un souvenir est
réévoqué, d'autant plus l' « impression » respective s'en renforce. Ceci dénote que l'entrée en activité ou en fonction des
éléments mnémoniques ne fait qu'en accroître la masse et
l'énergie potentielle. Ce fait que la participation active des
centres mnémoniques aux phénomènes biologiques de la
mémoire les laisse dans le même état qu'auparavant, de sorte
qu'ils sont aussi aptes et même plus aptes qu'auparavant à
reproduire bien d'autres fois encore les mêmes phénomènes,
nous les révèle, même sous ce rapport, de nature complètement
semblable à la substance germinale, que sa participation active
aux phénomènes biologiques ontogénétiques laisse également
dans le même état qu'auparavant, et rend même toujours plus
apte à produire les ontogénèses suivantes.

Les éléments mnémoniques de la substance germinale, à
l'exception des derniers relatifs à l'état adulte, ne se réactive-
raient, selon l'hypothèse centro-épigénétique, qu'à chaque nou-

velle ontogénèse; c'est-à-dire que leur réveil arriverait après de longues périodes de repos qui peuvent même avoir la durée de quelques années. Or, des réveils semblables de centres mnémoniques à de longues années de distance constituent des faits fort ordinaires. Les cas sont fréquents, par exemple, d'adultes qui parviennent à répéter des poésies qu'ils ont récitées dans leur plus tendre enfance, même après bien des années pendant lesquelles ils n'ont jamais eu l'occasion de les répéter à qui que ce fût. Coleridge parle d'une jeune fille qui, dans le délire de la fièvre, répéta de longs morceaux en langue hébraïque, qu'elle ne comprenait pas, mais qu'elle avait, très longtemps auparavant, entendu lire à haute voix par un prêtre au service duquel elle se trouvait[1]. Un pasteur luthérien d'origine allemande, vivant en Amérique, et qui avait dans sa congrégation un nombre considérable d'Allemands et de Suédois, racontait au Docteur Rush que presque tous, un peu avant de mourir, prient dans leur langue maternelle. « J'en ai, disait-il, des exemples innombrables, quoique plusieurs d'entre eux, j'en suis sûr, n'aient pas parlé allemand ou suédois depuis cinquante ou soixante ans[1]. »

Voici deux faits qui, sous ce rapport, sont encore plus typiques :

« Une dame à la dernière période d'une maladie chronique fut conduite de Londres à la campagne. Sa petite fille, qui ne parlait pas encore, lui fut amenée, et, après une courte entrevue, elle fut reconduite à la ville. La dame mourut quelques jours après. La fille grandit sans se rappeler sa mère jusqu'à l'âge mûr. Ce fut alors qu'elle eut l'occasion de voir la chambre où sa mère était morte. Quoiqu'elle l'ignorât, en entrant dans cette chambre elle tressaillit : comme on lui demandait la cause de son émotion : « J'ai, dit-elle, l'impression distincte d'être « venue autrefois dans cette chambre. Il y avait dans ce coin « une dame couchée, paraissant très malade, qui se pencha sur « moi et pleura[3] ».

---

1. Maudsley, œuvre citée : *The physiology of mind*, 25.
2. Ribot, œuvre citée : *Maladies de la mém.*, 146-147.
3. Ribot, *ibid.*, 143-144.

De même, un homme doué d'un tempérament artistique très marqué, dès qu'il est arrivé devant un château du Sussex, a « une impression extrêmement vive » de l'avoir déjà vu, et il revoit même par l'imagination, dans tous ses détails, le cortège des visiteurs. Il apprend de sa mère qu'en effet il avait été apporté ici en excursion à l'âge de seize mois, et que le souvenir qu'il a gardé du cortège était très exact [1].

Ces exemples démontrent donc combien « la persistance des conditions latentes du souvenir » peut être remarquable. Observons, en outre, avec Ribot lui-même, que ces deux derniers cas présentent, seulement sous une forme plus frappante et plus rare, une de ces « réviviscences par contiguïté dans l'espace » qui se rencontrent à chaque instant dans la vie.

Ces réviviscences ne sont qu'un cas particulier de la loi générale de l'association ou succession des idées. Elles dénotent que le centre mnémonique ne se réactive que lorsque la vue du même lieu vient replacer tous les environs de ce centre à peu près dans la même manière d'être de distribution nerveuse que la fois précédente où il était impressionné. Ce qui est, précisément, comme nous l'avons vu au chapitre précédent, un des premiers résultats auxquels conduit l'hypothèse que nous y avons avancée d'accumulations élémentaires spécifiques.

Dans les phénomènes mnémoniques proprement dits, ce sont les contingences infiniment diverses et sans cesse variables du milieu extérieur, et les sensations correspondantes s'ensuivant chez l'individu, qui provoquent, comme à leur fantaisie, telle ou telle association ou succession d'idées ; tandis que dans le développement de l'embryon, qui est soustrait à toute influence externe perturbatrice, et, surtout, qui est provoqué par l'activation des différents éléments potentiels spécifiques d'un seul et même centre mnémonique complexe constitué par la substance germinale, la succession des états mnémoniques de cette dernière rappelés en activité les uns après les autres, et celle des stades correspondants de l'ontogénèse, doivent inévitablement se faire selon une série obligée, toujours la même pour tous les

---

1. Ribot, *Maladies de la mémoire*, 144.

développements d'une même espèce. En effet, à réveiller chaque
élément mnémonique de cette substance germinale, concourraient exclusivement les conditions de distribution nerveuse
de l'embryon qui auraient été provoquées par le réveil de
l'élément mnémonique immédiatement précédent.

C'est donc dans le développement, plus encore que dans les
phénomènes mnémoniques proprement dits, que peut valoir la
loi de la succession rigoureuse, où, comme dit Ribot, chaque
membre de la série « suggère » le suivant [1].

En résumant tout ce que nous avons dit jusqu'ici, nous pouvons donc affirmer que, si les phénomènes mnémoniques proprement dits ne pouvaient à eux seuls servir à expliquer les ontogénétiques, ni ceux-ci à expliquer ceux-là, leur ressemblance,
qui a pourtant frappé un si grand nombre d'auteurs, peut être
expliquée par un troisième phénomène plus général et plus
simple que tous les deux, et qui en serait la base commune. Ce
phénomène consisterait dans la faculté que posséderait la
substance vivante d'accumuler et de restituer séparément les
différentes spécificités particulières de l'énergie générique nerveuse, constituant l'essence de tous les phénomènes vitaux sans
exception.

*
* *

Cette propriété d'accumulation et de restitution d'énergie nerveuse spécifique, attribuée par hypothèse à la substance organique vivante, s'est donc montrée apte à expliquer les phénomènes biologiques les plus fondamentaux : de celui de la
spécialisation histologique des cellules, qui répondent toujours
de leur manière spécifique accoutumée, quel que soit le stimulus
inaccoutumé qui les excite, à celui de la transmissibilité des
caractères acquis; de celui de l'évolution des espèces et de
la récapitulation de la phylogénèse de la part de l'ontogénèse,
conséquences directes de cette transmissibilité, au mnémonique
proprement dit. Il nous reste à démontrer que cette propriété,
ainsi que nous l'avons affirmé plus haut, peut nous aider en

1. Ribot, *ibid.*, 8.

grande partie à expliquer la caractéristique essentielle même du phénomène vital en toute sa généralité : c'est-à-dire l'assimilation.

Une chose qui nous frappe tout d'abord, c'est que le phénomène vital est un phénomène de reproduction continuelle, car l'assimilation ne fait que reproduire continuellement la substance à mesure qu'elle se consume. Il est naturel, par conséquent, que, s'il y a quelques propriétés fondamentales de la substance organique vivante qui expliquent le phénomène du développement ou de la reproduction en général, elles doivent être à cause de cela même aptes à rendre compte en même temps de l'assimilation, en tant qu'elle est, elle aussi, un phénomène de reproduction.

Cela étant posé, il sera utile que nous nous arrêtions avant tout un instant pour jeter un regard et nous livrer à quelques courtes considérations sur quelques-unes des principales conceptions que les biologistes ont exposées au sujet de la nature, soit des phénomènes vitaux, soit de l'assimilation, et qui nous intéressent le plus de notre point de vue.

Roux, par exemple, tient justement à faire remarquer que la nature de la vie doit être dynamique : « La vie est, dans son essence, un procès, aussi ne peut-elle être définie statiquement. Il n'y a qu'une définition processuelle, et par conséquent fonctionnelle, qui puisse approcher de l'essence de l'organique[1] ».

D'un autre côté, nous avons déjà vu les raisons qui portent à retenir que la nature fondamentale du phénomène vital consiste en une activation d'énergie nerveuse. Rappelons que pour Orr, par exemple, la propriété fondamentale de la substance vivante, ce serait une nervosité élémentaire (an elemental nervousness)[2].

Nous avons déjà vu aussi que Claude Bernard, d'accord avec cela, considère la sensibilité de la substance nerveuse comme n'étant autre chose qu'une modalité particulière de l'irritabilité, qui serait la propriété générale de toute la substance vivante :

---

1. Roux, *Ueber die Bedeutung der Kerntheilungsfiguren*, Leipzig, Engelmann, 1883, p. 18, Gesamm. Abhandl., Zw. Bd., 136.
2. Orr, œuvre citée : *A Theory of Dev. and Heredity*, 86.

« La sensibilité, écrit-il, considérée comme une propriété du système nerveux, n'est qu'un degré élevé d'une propriété plus simple qui existe partout, en toute substance vivante, tant animale que végétale. Elle n'a rien d'essentiel ou de spécifiquement distinct; c'est l'irritabilité spéciale au nerf, comme la propriété de contraction est l'irritabilité spéciale au muscle, comme la propriété de sécrétion est l'irritabilité spéciale à l'élément glandulaire. Ces phénomènes sont autant de degrés différents d'un même phénomène élémentaire[1]. »

Bard fait à son tour remarquer que, si la nature de l'énergie constituant la base de tous les phénomènes vitaux doit être unique, les modalités infiniment variées que présentent ces mêmes phénomènes vitaux devront alors être dues à autant de modalités correspondantes de cette énergie unique :

« Malgré la complexité et la multiplicité des fonctions physiologiques, écrit-il en effet, il est possible de les ramener en dernière analyse à une fonction générale de la cellule vivante, celle de créer des substances dérivées. La spécificité cellulaire peut seule expliquer, et faire comprendre, comment cette unique fonction peut assurer les innombrables fonctions nécessaires à un organisme collectif; la variété des substances dérivées est elle-même l'effet et le témoin des propriétés vitales radicalement différentes des espèces cellulaires qui créent chacune d'elles.

« Il faut établir une différence radicale entre les propriétés physico-chimiques des substances dérivées, créées par le fonctionnement spécifique de chaque cellule vivante, et les propriétés des noyaux cellulaires qui relèvent directement des forces toutes spéciales qui constituent la vie; les différences spécifiques résultent des modalités mêmes de la vie cellulaire. La vie cellulaire est une propriété spéciale de la matière, qui, comme toutes ses propriétés les plus hautes, consiste sans doute essentiellement en un mode particulier de mouvement; on peut dire en quelque mesure que la cellule est un circuit de vie. Or, de même que la lumière ou l'électricité, avec lesquelles

---

1. Claude Bernard, œuvre citée : *Leçons sur les phén. de la vie communs aux an. et aux végétaux*, 289-290.

on peut la comparer non pas pour l'assimiler étroitement avec
elles, mais pour en faciliter la compréhension, la force vitale
présente des variétés multiples, dues aux variations des lon-
gueurs d'ondes, du rythme, de la direction, ou de tous autres
éléments de ce mouvement qu'on pourra supposer ou découvrir.
Ces variétés sont sans doute incomparablement plus nombreuses
que celles de l'électricité, qui sont assez limitées, que celles
mêmes de la lumière qui le sont déjà infiniment davantage. Et
de même que les couleurs révèlent les différences des diverses
lumières, les fonctions physiologiques différentes des espèces
cellulaires révèlent les divers modes de vie [1] ».

Il vaut la peine de nous arrêter, à ce propos, pour observer
comment les biologistes sont enclins à tomber dans les deux
excès opposés :

Quelques-uns nient absolument la possibilité qu'on arrive
jamais à comprendre la nature de la vie. Mais si nous nous
demandons en quoi pourrait consister, du point de vue philoso-
phique positif, cette « compréhension de la nature de la vie »,
nous n'aurons point de difficulté à reconnaître que tout devrait
se réduire à comparer le phénomène vital à quelque « modèle »
physico-chimique déjà connu, convenablement modifié par des
conditions spéciales déterminées en plus, qui précisent bien en
quoi ce phénomène vital diffère du phénomène le plus voisin de
lui, qu'on emprunterait au monde inorganique. S'il en est ainsi,
la science ne peut laisser de protester contre cette abdication
de la pensée scientifique, de renoncer à cette compréhension.
C'est même, qu'on veuille bien l'avouer ou non, cette recherche
de la nature du « principe vital », qui constitue effectivement
l'objet principal et le but final de toutes les études biologiques
en général [2].

D'autres, au contraire, ne veulent même pas accorder à la
vie la moindre propriété qui ne soit d'ordre simplement physico-chimique. Il suffira de citer, entre tous, comme exemple,

---

1. Bard, art. cité : *La spécificité cellulaire et ses principales conséquences*,
La semaine médicale, Paris, 10 mars 1891, p. 116.
2. Charles Sedgwick Minot, *On the conditions to be filled by a theory of
life*, Proceedings of the Am. Ass. for the Adv. of Sc., vol. XXVIII, 1879,
p. 411.

Verworn, pour lequel les courants protoplasmiques, les protrac-
tions des pseudopodes, les mouvements des cils, et tous les
mouvements en général des êtres vivants, seraient dus, plutôt
qu'à des courants d'énergie nerveuse, à un chemotropisme
double et alternatif de la substance protoplasmique. La substance protoplasmique, en effet, suivant qu'elle serait non stimulée ou au contraire stimulée, c'est-à-dire partiellement
décomposée par le stimulus qui viendrait comme la secouer
mécaniquement, posséderait une affinité chimique pour l'oxygène
du milieu ou pour les substances produites par le noyau, aptes
à réintégrer cette substance protoplasmique en partie décomposée. Et à cette alternative d'affinités différentes correspon-
draient les mouvements protoplasmiques opposés d'expansion
et de contraction [1].

Or, il est évident que ces prétentions de ne pas attribuer à
l'énergie vitale une nature propre, et conséquemment d'expliquer les phénomènes même les plus caractéristiques de la vie
au moyen des seules énergies que nous fournit aujourd'hui la
physico-chimie, ne peuvent avoir plus de succès que si l'on prétendait expliquer les phénomènes chimiques au moyen des phénomènes physiques seulement. Prétentions, en même temps,
que rien ne justifie, car il n'y a rien d'antiscientifique à
admettre que cette forme d'énergie, base des phénomènes
vitaux, soit différente de toutes les formes d'énergie que les
corps non vivants ont jusqu'ici manifestées; pas plus qu'à
admettre, par exemple, que l'électricité est aussi une forme
d'énergie différente des autres.

L'énergie vitale, l'énergie nerveuse, sera certainement, nous
l'admettons sans réserve, un cas particulier des formes d'énergie
physico-chimiques plus générales, déjà connues ou encore à
connaître. Comme telle, elle ne pourra point ne pas obéir aux
lois qui régissent ces dernières; comme aussi, *a fortiori*, elle ne
pourra point ne pas obéir aux lois qui régissent toute l'énergie
en général. Mais, comme telle également, c'est-à-dire comme cas
particulier de formes d'énergie physico-chimiques plus générales,

---

1. Verworn, œuvre citée : *Die Bewegung der lebendigen Substanz*, particul. 100-103.

elle aura *en plus* des lois propres, qu'on ne pourra déterminer qu'expérimentalement, et non pas déduire simplement
des susdites lois plus générales, bien qu'elles doivent toujours
être soumises à celles-ci : des lois propres en plus, qui seront
justement ce par quoi elle sera, non plus simplement une
énergie physico-chimique, mais l'énergie vitale. — C'est justement là la conception qui nous a guidé lorsque, au chapitre
précédent, nous avons attribué à l'énergie nerveuse, prise
comme base fondamentale de la vie, des propriétés spéciales,
que l'énergie électrique, son analogue sous certains rapports,
au contraire ne possède pas.

Si, passant maintenant à l'assimilation, nous examinons la
conception que les biologistes s'en sont faite, nous verrons
que leurs opinions à ce sujet sont bien remarquablement con-
cordantes.

Ainsi, par exemple, Lewes écrit : « La particularité des phénomènes vitaux consiste en ceci, que la matière vivante subit
des changements moléculaires de composition et de décomposition, qui sont simultanés; et grâce à cette simultanéité elle
préserve son intégrité de structure [1] ».

« En s'exprimant de la manière la plus générale, remarque
à son tour Oscar Hertwig, on peut dire que la vie, le procès
vital tout entier, se manifeste en ce que la cellule, en vertu de
sa propre organisation et sous les influences du monde extérieur, est assujettie à des changements continuels et développe
des forces, à la suite de quoi sa substance organique, d'un
côté est continuellement détruite en donnant lieu à des manifestations déterminées d'énergie, de l'autre est régénérée. » —
« Aussi peut-on dire que la vie ne consiste qu'en un procès
continuel de destruction et de néoformation de substance organique [2]. »

Mais le plus clair et le plus suggestif entre tous, c'est Claude
Bernard, dans le célèbre passage suivant :

« Les caractères de la vie considérés dans leur essence et

1. Lewes, œuvre citée : *The Physical Basis of Mind*, 5.
2. Oscar Hertwig, œuvre citée : *Die Zelle und die Gew.*, I, 54, et II, 190-191.

dans leur universalité peuvent être classés en deux grands ordres :

« 1° Les phénomènes d'*usure*, de *destruction vitale*, qui correspondent aux phénomènes fonctionnels de l'organisme ;

« 2° Les phénomènes *plastiques* ou de *création vitale*, qui correspondent au repos fonctionnel et à la régénération organique.

« Tout ce qui se passe dans l'être vivant se rapporte soit à l'un, soit à l'autre de ces types ; et la vie est caractérisée par la réunion et l'enchaînement de ces deux ordres de phénomènes.

« La désorganisation ou la désassimilation use la matière vivante dans les organes en fonction. La synthèse assimilatrice régénère les tissus ; elle rassemble les matériaux des réserves que le fonctionnement doit dépenser. Ces deux opérations de destruction et de rénovation, inverses l'une de l'autre, sont absolument connexes et inséparables, en ce sens, au moins, que la destruction est la condition nécessaire de la rénovation. Les phénomènes de la destruction fonctionnelle sont eux-mêmes *les précurseurs et les instigateurs* de la rénovation matérielle du processus formatif qui s'opère silencieusement dans l'intimité des tissus [1]. »

« C'est dans les analyses des matériaux excrétés à la suite du travail physiologique, fait enfin observer Dastre, que Claude Bernard a puisé sa conviction, que toute manifestation d'un phénomène fonctionnel est nécessairement liée à une destruction organique. Les excreta, en effet, témoignent d'une démolition organique certaine.

« Mais la raison profonde de cette coïncidence entre la destruction chimique et le fonctionnement, l'énergétique nous la rend saisissable. Une portion du matériel organique (matériel de réserve, mais aussi protoplasma vivant) se décompose, se simplifie chimiquement, descend à un moindre degré de complication, et abandonne dans cette sorte de chute l'énergie chimique qu'elle recélait à l'état potentiel.

1. Claude Bernard, œuvre citée : *Leçons sur les phén. de la vie communs aux an. et aux vég.*, 125-127, 157, 347-348.

« Tout acte qui dépense de l'énergie, qui produit de la chaleur, du mouvement, toute manifestation quelconque pouvant être envisagée comme une transformation énergétique, consomme nécessairement de l'énergie, et celle-ci est empruntée aux substances de l'organisme. Le fonctionnement du muscle produit chaleur et mouvement, le fonctionnement des glandes produit de la chaleur, le fonctionnement des nerfs et du cerveau produit une faible quantité d'électricité et de chaleur : toutes ces manifestations énergétiques supposent une destruction de matière organique, une simplification chimique, source de l'énergie manifestée. Et c'est pour cela que la destruction matérielle ne coïncide pas seulement avec l'activité fonctionnelle, mais qu'elle en est la mesure et l'expression.

« La reconstitution du protoplasma est, au contraire, un phénomène de synthèse évident, de complication chimique certaine, puisque ce protoplasma vivant est en quelque sorte au plus haut échelon de complexité. Sa formation, aux dépens des matériaux alimentaires plus simples, exige donc une quantité appréciable d'énergie.

« Les phénomènes des êtres vivants, continue Dastre, se divisent en deux catégories : il y en a qui sont intermittents, alternatifs, qui se produisent ou se renforcent à certains moments, mais qui ne sauraient être continus, ce sont les *actes fonctionnels*; il y en a d'autres, où n'apparaissent point ces caractères de dépense énergétique explosive et d'intermittence : ce sont, en général, les *actes nutritifs*. Le muscle qui se contracte fonctionne : il a une activité et un repos. Pendant ce repos apparent, il n'est pas permis de dire qu'il soit mort : il a une vie, et celle-ci est obscure par rapport au fait éclatant du mouvement fonctionnel.

« Les phénomènes d'*activité fonctionnelle* sont ceux qui nous sautent aux yeux, et par lesquels nous sommes enclins à caractériser la vie. Ceux-là ont pour condition des faits d'usure, de simplification chimique, de destruction organique libératrice d'énergie. Et il faut bien qu'il en soit ainsi, puisque ces manifestations fonctionnelles dépensent de l'énergie. Ces phénomènes, les plus apparents de la vitalité, en sont les moins spécifiques. Ils appartiennent à la phénoménalité générale.

« Les phénomènes qui accompagnent le *repos fonctionnel* répondent à la reconstitution des réserves détruites dans la période précédente, à la synthèse organisatrice. Celle-ci reste, ce sont les mots de Claude Bernard, « intérieure, silencieuse, cachée dans son expression phénoménale, rassemblant sans bruit les matériaux qui seront dépensés. Nous ne voyons point directement ces phénomènes d'organisation. Seul l'histologiste, l'embryogéniste, en suivant le développement de l'élément ou de l'être vivant, saisit des changements, des phases qui lui révèlent ce travail sourd : c'est ici un dépôt de matière, là une formation d'enveloppe ou de noyau; là une division ou une multiplication, une rénovation ». Cet ordre de phénomènes est le seul qui n'ait point d'analogues directs : il est particulier, spécial à l'être vivant : cette synthèse évolutive est ce qu'il y a de véritablement vital. La vie c'est la création [1] ».

C'est cette synthèse reconstitutrice de la substance vivante qui s'accomplit pendant ce qu'on appelle le repos fonctionnel que nous devons donc tâcher d'expliquer par les propriétés que nous avons plus haut supposées pour l'énergie nerveuse prise comme base du phénomène vital.

Dans ce but, supposons, conformément à l'hypothèse que nous avons faite au chapitre précédent, qu'il soit possible de construire un accumulateur électrique élémentaire, capable de fournir une seule intensité ou spécificité donnée de courant, et dont la force électro-motrice, ou différence de potentiel entre les pôles, soit proportionnelle à la masse de substance constituant sa charge : comme si chaque nouvel accroissement même tout petit de cette masse constituait un élément à part qui viendrait se disposer en série ou en cascade à la suite des autres. Considérons deux de ces accumulateurs A et A', insérés avec leurs pôles intervertis sur le même circuit. Supposons qu'ils soient tout à fait identiques entre eux, sauf que l'un, A', soit complètement déchargé, l'autre, A, complètement chargé. Le courant c, engendré par A, tendra alors à

1. Dastre, *La Vie et la Mort*, Paris, Flammarion, 1902, p. 103, 107, 208-209, 210-211.

charger A'; il continuera à être lancé dans le circuit, jusqu'à ce que A se soit déchargé à moitié et que A' se soit chargé d'autant, car alors, selon notre hypothèse, leurs forces électro-motrices seront égales et contraires.

Mais supposons qu'il se trouve en D une dynamo génératrice, actionnée par un moteur propre, laquelle viendrait s'insérer dans le circuit dès que l'un ou l'autre accumulateur lance dans le circuit même son courant, et y resterait insérée seulement pendant la très courte durée de ce dernier; que le mode de cette insertion momentanée soit tel, en outre, que, sans altérer l'intensité du courant lancé en cet instant par l'un ou par l'autre accumulateur, la dynamo ne fasse qu'accroître la force électro-motrice du courant même.

Considérons alors ce qui va se passer : Le courant c, engendré par l'accumulateur A, et tendant à charger l'accumulateur déchargé A', parviendra, grâce à l'aide momentanée de la dynamo D, non seulement à le charger de la moitié, mais d'une certaine quantité en plus, et à le porter par conséquent à une force électro-motrice plus grande que celle qui est demeurée en A. En cet instant les conditions seront interverties : la dynamo, n'étant plus insérée dans le circuit, n'influencera aucunement la différence des forces électro-motrices respectives des deux accumulateurs; par conséquent, ce sera maintenant A' qui viendra à lancer son propre courant c' de direction opposée au précédent c. Ce courant c' tendra à charger A de la moitié de ce surplus de charge dont, grâce à l'aide de la dynamo, a été fourni A'. Grâce à l'aide que la dynamo D, qui est venue de nouveau s'insérer momentanément dans le circuit mais avec ses pôles intervertis, prêtera maintenant au courant c', celui-ci parviendra à charger A d'un peu plus qu'il n'aurait pu faire à lui seul, et à en élever, par conséquent, la force motrice respective au-dessus de celle qui demeurera en A'. Les

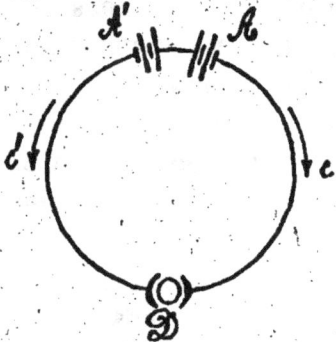

conditions seront de nouveau interverties, et ainsi de suite indéfiniment.

On aura ainsi une oscillation continuelle du courant électrique, respectivement dans le sens c et dans le sens opposé c', qui aura comme effet d'augmenter continuellement la masse totale des deux accumulateurs A et A', pourvu que la solution saline respective constituant comme leur aliment ne vienne pas à faire défaut.

Si la contribution de force électro-motrice apportée chaque fois par la dynamo est elle-même proportionnelle à la différence de charge ou de force électro-motrice entre les deux accumulateurs, si elle en est, par exemple, une fraction déterminée, cette différence entre les deux forces électro-motrices tendra, dans la suite des oscillations, à diminuer peu à peu ; et après une certaine période de temps, théoriquement infiniment éloignée, pratiquement plus ou moins prochaine, que nous pourrons appeler période de reconstitution ou de surcompensation de la consommation, les deux forces électro-motrices viendront à s'égaler entre elles. Toute production de nouveaux courants viendra alors à cesser ; et l'accroissement du total de la masse des deux accumulateurs, qui était devenu par degrés toujours plus petit, viendra à se terminer tout à fait.

Mais si en cet instant l'un quelconque des deux accumulateurs, se trouvant tout à coup inséré, en même temps que dans son propre circuit d'oscillation, dans l'un aussi des circuits ordinaires, vient à se décharger plus ou moins partiellement le long d'une voie autre, la différence entre les forces électromotrices respectives viendra à se reproduire, et le procès oscillatoire d'auparavant recommencera. Ceci aura pour résultat une augmentation de la masse totale des deux accumulateurs, au-dessus même du montant qu'elle avait déjà atteint avant cette dernière décharge. Nous pourrons comparer cette décharge de l'un des deux accumulateurs dans la voie autre que celle du circuit d'oscillation, à la décharge nerveuse extranucléaire ou excitation fonctionnelle biologique, qui aboutit aux mêmes effets trophiques.

Pareillement, si au moment où les deux accumulateurs sont

parvenus à l'état d'égalité dans leur force électro-motrice, et par conséquent de repos, au lieu de faire décharger l'un d'eux par une autre voie, on le remplace par un autre accumulateur ayant une force électro-motrice différente des deux anciennes désormais égales entre elles, les effets seront les mêmes : et l'impulsion donnée au procès d'oscillation sera d'autant plus grande que la différence sera plus grande entre la force électro-motrice de l'accumulateur nouveau et celle de l'ancien ainsi remplacé. En d'autres termes, et pour nous servir d'un langage biologique, la « réjuvenescence » de l'élément potentiel spécifique représenté par l'accouplement des deux accumulateurs sera d'autant plus grande, que les deux demi-éléments qui se seront ainsi fécondés entre eux seront quantitativement plus inégaux.

Notre hypothèse sur la nature du procès vital de chaque élément potentiel spécifique, ou élément mnémonique, consisterait précisément à supposer ce dernier comparable, — après substitution de la conception de force nervo-motrice à celle de force électro-motrice, — à cet accouplement d'accumulateurs insérés intervertis sur un même circuit élémentaire d'oscillation, que nous appellerons circuit intra-nucléaire, aidés, de la même manière, au lieu que par la dynamo, par l'énergie thermique en général.

L'assimilation, la reconstitution de la substance vivante, serait donc due, selon cette hypothèse, comme à un flux oscillatoire rythmique de charge et décharge, comme à une décharge oscillante intra-nucléaire, à laquelle la décharge nerveuse extra-nucléaire ou fonctionnelle donnerait lieu, en dérangeant l'équilibre entre les forces nervo-motrices en opposition entre elles des deux accumulateurs accouplés. L'élément vital ne serait, de cette façon, qu'un double accumulateur élémentaire spécifique d'énergie nerveuse, en procès continuel de charge et décharge.

On aurait ainsi, sous certains rapports, un phénomène analogue aux résonateurs électriques de Hertz, dans lesquels une décharge électrique, produite par la différence de potentiel existant entre les deux armatures d'un condensateur, se transforme en décharge oscillante. Il sera utile de rappeler en peu de mots en quoi consiste précisément ce phénomène :

Supposons que A et B soient les deux armatures d'un condensateur chargé, lesquelles soient tout à coup reliées l'une à
l'autre par un conducteur externe $A\ r\ M\ L\ B$, de manière que
ce dernier constitue un circuit ouvert seulement dans le point
du diélectrique D. Dans la figure à côté, r représente la résistance totale du circuit, et L l'inductance ou coefficient de self-
induction du circuit même. Lorsque la capacité c du condensateur et l'inductance L du circuit sont entre elles en un certain
rapport, et que r est petit, on
peut avoir une décharge oscillante, constituant comme un courant alternatif sinusoïdal : c'est-à-
dire que l'électricité oscille de A
vers B et de B vers A, avec une
fréquence déterminée par l'inductance L et par la capacité c. Si
nous faisons diminuer toujours
plus la résistance r du circuit, en
employant des fils toujours plus

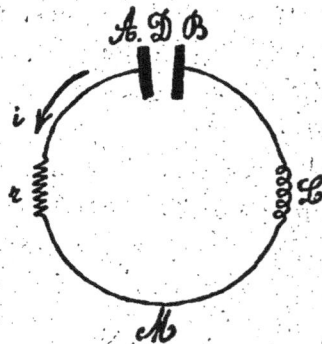

gros, nous approcherons de la limite où cette oscillation pourra
se maintenir d'elle-même indéfiniment.

Si, dans ce cas de r très petit, nous insérons en M une
machine dynamo-électrique, produisant dans le circuit des
forces électro-motrices alternatives sinusoïdales de la même
fréquence que la décharge oscillante, alors, même avec un tout
petit nombre de *volts* produits par cette machine, on pourra
produire en A et B des différences d'un très grand nombre de
volts. On aura le même effet si, en retirant la dynamo du circuit, on expose ce résonateur électrique à l'action de courants
alternatifs inducteurs, qui induisent eux aussi dans le conducteur des forces électro-motrices alternatives sinusoïdales de la
même fréquence que la décharge oscillante, ainsi que l'aurait
fait la dynamo.

C'est sur ce principe que reposent, comme on sait, les célèbres
expériences de Hertz; lesquelles ont, à leur tour, constitué le
point de départ pour la télégraphie sans fil.

On sait que ce résonateur électrique a été justement comparé à un système dynamique en oscillation, à un pendule qui a une durée d'oscillation propre, à une corde sonore que les plus petites impulsions, ayant la même fréquence dont elle est capable, suffisent pour mettre en vibration, et en une vibration même forte. Ce qui arrive en lui, c'est une transformation périodique continuelle d'énergie : à l'instant où le courant alternatif sinusoïdal a son maximum d'intensité, on a le maximum d'énergie actuelle, et le condensateur, au contraire, n'a aucune énergie potentielle. A l'instant où le courant a l'intensité zéro, le condensateur présente la plus grande déformation du diélectrique respectif, et possède de cette manière une énergie potentielle parfaitement égale à l'énergie actuelle que possédait la décharge au moment de sa plus grande intensité : précisément ce qui arrive d'un pendule, où l'énergie potentielle se transforme continuellement en actuelle et réciproquement.

Il nous suffira, à nous, de remarquer, dans le simple but d'une comparaison éloignée, le fait que nous venons d'indiquer, qu'en induisant en ce résonateur électrique une force électro-motrice alternative sinusoïdale, ne fût-ce que de très peu de *volts*, pourvu qu'elle soit de la même fréquence que la décharge oscillante, elle peut produire en A et B des différences même de beaucoup de *volts* : car, si nous supposions dans le courant ainsi oscillant la faculté de déposer, en chacune des armatures du condensateur, des parcelles toutes petites de substance, en série l'une après l'autre, et cela jusqu'à ce que le total de leur masse et la force électro-motrice qui s'ensuit vînt à surpasser la force électro-motrice de sens opposé possédée en ce point et en ce moment par ce courant, alors nous serions près de comprendre le cas, sous certains rapports analogue, que nous avons supposé pour les décharges oscillantes nerveuses, où les oscillations calorifiques, remplaçant en ce cas les oscillations du courant inducteur, accroîtraient continuellement la masse de la substance vivante, qui serait de cette façon « assimilée ».

Remarquons que, dans le cas des courants nerveux, nous devrons supposer que leur spécificité soit constante même pendant l'oscillation. En même temps, cependant, la durée t de chaque décharge nerveuse et par conséquent de chaque oscillation aussi, au cas où la spécificité i du courant nerveux serait quelque chose de dynamiquement équipollent à l'intensité des courants électriques, sera déterminée et constante pour toute spécificité donnée. En effet, considérons encore un courant électrique continu : si son intensité i dure un temps t, l'énergie actuelle totale fournie pendant tout ce temps par ce courant sera Eit, où E sera la force électro-motrice. Or, cette énergie totale sera nécessairement proportionnelle à la masse m de la substance qui a donné lieu, en se décomposant, à ce courant pendant le temps t; c'est-à-dire qu'on aura $Eit = hm$, où h est un coefficient de proportionnalité, dépendant uniquement des unités de mesure choisies. Mais, si l'hypothèse que nous avons acceptée pour les courants nerveux en général subsistait aussi pour ce courant électrique, c'est-à-dire que la force électro-motrice fût, elle aussi, proportionnelle à la masse de la substance qui, en se décomposant, tend à produire le courant, alors E serait à son tour $= km$, k étant un autre coefficient de proportionnalité, dépendant, lui aussi, uniquement des unités de mesure qu'on adopterait. Par conséquent l'équation donnée ci-dessus se réduirait à la suivante :

$$km \cdot it = hm,$$

c'est-à-dire :

$$it = \frac{h}{k} = H,$$

où H est encore un nouveau coefficient de proportionnalité dépendant uniquement des unités de mesure déjà fixées plus haut, c'est-à-dire une constante numérique quelconque. Il résulte de cela que, si $it =$ constante, et que i pour chaque courant spécifique soit aussi constant, alors t aussi sera constant : c'est-à-dire qu'à chaque spécificité déterminée i de courant correspondra une période de décharge, et conséquemment d'oscillation aussi, également déterminée et constante.

Il s'ensuit que, de toutes les vibrations des différents rayons calorifiques, celles qui auront la même période oscillatoire que l'élément mnémonique en voie de reconstitution, pourront imprimer à la décharge oscillante de ce dernier comme une impulsion, en sus de celle qu'elle aurait reçue par l'effet de la différence de potentiel entre les deux accumulateurs accouplés, et avoir ainsi le même effet identique que le courant électrique alternatif sinusoïdal inducteur a sur le résonateur électrique qui aurait une période égale de vibration. D'autant plus que nous n'avons pas besoin de rappeler que la théorie de Maxwell, pleinement confirmée par les expériences de Hertz, a démontré l'identité substantielle entre ces oscillations électriques inductrices, à travers le diélectrique constitué par l'air, et les oscillations lumineuses et calorifiques en général : la seule différence consistant dans la période de vibration bien plus rapide pour les deux dernières que pour les premières.

L'énergie thermique, donc, — soit celle qui provient de l'irradiation solaire et en général du milieu physique extérieur à l'organisme, soit celle que développent les phénomènes chimiques de décomposition et d'oxydation se produisant à l'intérieur de l'organisme, — en tant qu'elle est composée de rayons calorifiques aux périodes oscillatoires les plus différentes, constituerait ainsi le stimulus externe général activant indifféremment tous les procès vitaux quels qu'ils soient. Des espèces déterminées d'énergie à périodes oscillatoires variables entre des limites plus resserrées et même à période vibratoire unique, telles que les rayons de chacune des différentes couleurs élémentaires du spectre solaire, constitueraient au contraire des stimulus externes particuliers, qui activeraient seulement les énergies vitales de certaines spécificités ou d'une certaine spécificité correspondante.

Par conséquent, si nous supposons une cellule dans le noyau de laquelle existeraient en même temps divers éléments mnémoniques ayant chacun une période vibratoire spécifique propre, et que nous supposions cette cellule exposée dorénavant toujours à un même stimulus externe à période vibratoire constante, il est évident que celui d'entre tous les éléments mnémoniques qui sera syntonique à ce stimulus externe s'accroîtra de masse, en absorbant des quantités toujours plus grandes du liquide nutritif, et cela au détriment de tous les autres, si bien qu'il pourra parvenir de cette façon à les supplanter tous, pour demeurer lui seul survivant ; nous pourrons exprimer ce fait en disant que la cellule a subi une somatisation nucléaire complète.

Si nous supposons, au contraire, qu'une cellule dans le noyau de laquelle il existe un ou plusieurs éléments mnémoniques soit exposée, en même temps qu'aux autres, à un stimulus externe nouveau dont la période vibratoire serait différente de toutes celles des éléments mnémoniques déjà existants, alors nous pourrons admettre que cette période vibratoire nouvelle parvienne à imprimer à quelqu'une des décharges oscillantes déjà existantes, — et non pas, probablement, à tout le courant nerveux constituant une de ces décharges, mais bien seulement à une portion de ce courant, — sa propre fréquence, c'est-à-dire à se le rendre syntonique à elle-même. On aura comme conséquence la déposition graduelle d'une nouvelle substance spécifique ou élément mnémonique qui, quand ce stimulus externe nouveau ne se substituerait pas pour toujours à tous les autres, mais coexisterait ou alternerait avec eux, ne fera que s'ajouter aux précédents : nous pourrons exprimer ce fait en disant que la cellule a gardé l' « impression » du stimulus nouveau auquel elle est venue à se trouver exposée, ou qu'elle a gardé l' « empreinte » des états par lesquels elle a passé antérieurement.

On peut dire la même chose si, au lieu d'être exposé à un stimulus externe nouveau ayant une rythmicité différente de toutes les précédentes, le noyau est contraint, à la suite, plus en général, d'une nouvelle adaptation fonctionnelle quelconque de la part de lui-même ou de son voisinage immédiat, à diviser quelqu'un de ses courants spécifiques en deux ou plusieurs composantes, ou bien à accueillir quelque courant spécifique nouveau, né de la composition d'autres courants spécifiques de ses alentours.

En ce fait, qu'à chaque changement de quelque période d'oscillation ou de quelque spécificité de courant, par l'action d'un stimulus nouveau, externe ou interne, suivrait immédiatement la déposition, s'ajoutant à toutes les autres qui demeureraient inaltérées, d'une substance nouvelle capable de reproduire

seulement des courants syntoniques ou spécifiquement identiques à celui par lequel elle aurait été déposée, c'est en ce fait,
disons-nous, que consisterait le premier acte mnémonique, l'acte
mnémonique fondamental de toute la substance vivante. Et de
celui-ci dériveraient ensuite immédiatement tous les autres, depuis
la différenciation histologique et la transmissibilité des caractères
acquis, jusqu'aux phénomènes mnémoniques proprement dits.

Remarquons que pour chaque décharge spécifique, tant oscillante intra-nucléaire que fonctionnelle extra-nucléaire, corres-
pondront des substances de désassimilation bien déterminées.
En effet, les différentes spécificités des courants nerveux ne
pourront être dues qu'à la décomposition de substances pareillement différentes; et quand même la diversité de ces dernières
substances, extrêmement complexes et instables, ne consisterait que dans le nombre différent ou dans la différente manière
de groupement des mêmes atomes des quatre principaux
éléments constituant toute la substance organique, cependant les
substances de désassimilation respectives, auxquelles chacune
de ces substances complexes donnera lieu, seront nécessairement différentes les unes des autres. Ces substances de désassimilation, bien déterminées et particulières pour chaque décharge
spécifique, qu'elles s'oxydent toutes ou en partie seulement,
donneront lieu à leur tour à des produits de sécrétion et
d'excrétion également bien déterminés, différents d'une cellule
à l'autre. Ces produits imprimeront, à leur tour, grâce à leurs
propriétés physico-chimiques particulières, un caractère physico-
chimique correspondant même au protoplasma ou cytoplasma.
Et comme, en même temps, la déposition et la disposition de
ces matériaux dans le corps de la cellule seront une conséquence, pour une part des propriétés physico-chimiques mêmes
de ces produits, pour une autre part des voies que les décharges
ou courants nerveux respectifs, selon leurs spécificités, auront
suivies dans le cytoplasma, ainsi on comprend que l'ensemble
des éléments mnémoniques constituant un noyau donné puisse
être apte à déterminer son propre protoplasma ou cytoplasma,
tant du point de vue simplement physico-chimique, que du
point de vue morphologique proprement dit.

Nous viendrons à établir de la sorte une double correspondance univoque entre le cytoplasma, l'espèce d'excitation nucléaire et la substance du noyau : la substance nucléaire, en effet, déterminerait à la fois le rythme de charge et décharge et la spécificité du courant nerveux correspondant; et cette spécificité de courant déterminerait, grâce aux substances de désassimilation auxquelles elle donnerait lieu, le cytoplasma respectif. Réciproquement, le rythme, une fois qu'il serait modifié par le stimulus fonctionnel, entraînerait immédiatement la modification correspondante de la spécificité de courant; et celle-ci à son tour déterminerait à la fois la substance de synthétisation ou substance nucléaire, et les substances de désassimilation qui iraient constituer le cytoplasma.

On n'exclut pas non plus que quelques substances chimiques, qui viendraient à agir sur le cytoplasma et à le modifier chimiquement, puissent, en secondant la formation de telles ou telles substances de désassimilation, faciliter de cette manière la production de telles ou telles spécificités nouvelles de courants; lesquelles, à leur tour, déposeraient et détermineraient la substance nucléaire respective. En d'autres termes, on n'exclut pas qu'à côté des stimulus fonctionnels physiques, modificateurs directs préférablement du rythme vital, puissent subsister aussi des stimulus fonctionnels chimiques, modificateurs directs plutôt de la spécificité nerveuse; et les uns et les autres aboutiraient cependant, grâce à la correspondance univoque entre la spécificité et la rythmicité de ces courants, au même résultat, d'ajouter à la substance nucléaire chacun leur élément mnémonique respectif.

Résumons : Les éléments potentiels spécifiques qui au chapitre précédent se sont manifestés comme des accumulateurs élémentaires spécifiques, et au commencement du présent chapitre comme des éléments mnémoniques, maintenant se montrent aussi comme des éléments vitaux spécifiques, c'est-à-dire comme les plus petites parcelles possibles de substance organique susceptibles de vie. Dans le même temps, les dénominations d'élément *potentiel* et d'élément *vital*, qui auraient pu nous paraître au premier abord incompatibles entre elles si

l'adjectif *potentiel* avait indiqué une non-activité vitale en ce
moment-là, ne nous paraissent plus telles, après l'hypothèse
que nous venons d'exposer. Selon celle-ci, en effet, l'élément
serait *potentiel* en ce que chacun des deux accumulateurs
accouplés serait apte à fournir au besoin sa propre décharge
nerveuse fonctionnelle extra-nucléaire; et il serait en même
temps *en procès vital* à cause de la décharge oscillante intra-
nucléaire qui persisterait à se produire incessamment entre un
accumulateur et l'autre. L'énergie vitale se montrerait ainsi
susceptible de trois modes distincts : le potentiel proprement dit, qui se vérifierait dans les phénomènes de suspension
effective de la vie ou de léthargie dans le sens le plus large du
mot; le potentiel-oscillatoire, ou de décharge oscillante intra-
nucléaire, qui constituerait l'essence de la période dite de
« repos fonctionnel », de « reconstitution organique », d' « em-
magasinement des matériaux qui seront dépensés ensuite », de
« synthèse assimilatrice » ou « création vitale »; et, enfin,
l'actuel proprement dit, ou de décharge non oscillante extra-
nucléaire, qui constituerait la période d' « excitation », d' « activité fonctionnelle », d' « usure », de « dépense des matériaux
emmagasinés pendant la période de repos », de « désassimilation » ou « destruction vitale ».

On aurait de cette manière l'explication immédiate du fait,
sur lequel Dastre insiste avec raison, que, « après la destruction
explosive d'une réserve chimique », constituant l'activité fonctionnelle, la substance vivante conserve cependant toujours,
à l'état de repos qui succède, les mêmes propriétés, quoique
atténuées, qu'elle a manifestées à l'état d'activité. De sorte que
l'état de repos et l'état d'activité ne peuvent pas être, ainsi
qu'inclinait à le croire Claude Bernard, d'essence différente :
« Aujourd'hui, écrit Dastre, si nous avions à exprimer une
opinion plus personnelle sur cette importante distinction de
l'activité fonctionnelle et du repos fonctionnel, nous dirions
qu'après avoir distingué les deux catégories de phénomènes, il
faut chercher à les rapprocher. Il faut rechercher, par exemple,
ce qu'il y a de commun entre le muscle au repos et le muscle
en contraction, et apercevoir dans le tonus musculaire une sorte

de pont jeté entre ces deux conditions. Le fonctionnement serait
ininterrompu, mais il aurait ses degrés. Le tonus musculaire
serait la condition permanente d'une activité qui est seulement
susceptible de s'exalter considérablement et de s'atténuer[1]. »

Nous mettrons, enfin, un terme à notre exposition en obser-
vant tout brièvement que trois encore parmi les phénomènes
les plus fondamentaux qui accompagnent le vital viendraient à
trouver eux aussi, en cette hypothèse sur la nature de la vie,
un commencement d'explication. Ce sont : la rythmicité, propriété caractéristique de tous les phénomènes de la vie; le phénomène de la fécondation et de la « réjuvenescence » en
général; la division cellulaire caryocinétique avec ses phénomènes de détail si caractéristiques et si merveilleux.

Toute une série de faits porte à supposer que la rythmicité
doive être rangée au nombre des caractéristiques les plus générales de la manière de se manifester de l'énergie vitale. Outre
le fait que presque tous, et peut-être tous les stimulus externes
physiques, depuis les thermiques et lumineux jusqu'aux pho-
niques, ont un caractère vibratoire, outre l'autre fait, conséquence du premier, de l'action physiologique qu'exercent les
rythmes et les intervalles musicaux, par exemple, et toutes les
manifestations rythmiques des énergies les plus diverses, il y a
le fait fondamental de la périodicité, plus ou moins manifeste et
plus ou moins régulière, de toutes ou presque toutes les fonctions biologiques. Chacun songe immédiatement, par exemple,
au rythme synchronique de tous les cils péristomiques d'un
infusoire, rythme qui se maintient tel même dans les deux parties de l'animal qu'on aurait divisé, pourvu qu'elles restent unies
entre elles par un pont protoplasmique de jonction; à la
rythmicité, chez les unicellulaires en général et chez les cellules
elles-mêmes, des pulsations des vacuoles contractiles qui se
vident et se remplissent incessamment par intervalles réguliers;
aux pulsations du cœur, même indépendamment de sa jonction
avec le système nerveux; aux pulsations semblables de tout le
système vasculaire, de tout l'appareil respiratoire, de l'utérus et

1. Dastre, œuvre citée : *La Vie et la Mort*, 212.

d'une quantité d'autres organes; à la périodicité, enfin, de toute une série de variations physiologiques, que subissent les animaux et les végétaux en conséquence de variations périodiques correspondantes du milieu, mais qui persiste pendant quelque temps sans changement, lors même que le milieu ou la périodicité de ses variations viendraient à changer. — Or, cette rythmicité ou périodicité que présentent ainsi presque toutes les fonctions biologiques, il n'est pas difficile de la concevoir comme une conséquence plus ou moins directe ou indirecte du phénomène vital en toute sa généralité, lorsque ce phénomène, ne fût-ce qu'en tant que phénomène de reconstitution, commence, lui-même le premier, à être un phénomène rythmique.

Quant à la fécondation, on sait que Spencer le premier a eu l'intuition, et que les autres ont plus ou moins explicitement accepté, qu'elle consiste probablement en une perturbation d'un équilibre qui tendait vers une stabilité défavorable au mouvement vital[1].

Or, nous avons déjà vu que l'hypothèse exposée ci-dessus aide immédiatement à concevoir en quoi cet équilibre défavorable au mouvement vital peut consister : selon cette hypothèse, il consisterait, en effet, dans l'égalité vers laquelle tendraient et qu'atteindraient à la fin les masses et les potentiels correspondants des accumulateurs accouplés de chaque élément mnémonique; équilibre qui serait dérangé par la substitution à l'un de ces accumulateurs d'un autre spécifiquement égal à lui, mais de masse et de potentiel différents. Et c'est justement en cette fonction de la fécondation, de remplacer dans chaque couple l'un des accumulateurs spécifiques par un autre préférablement le plus différent possible sous l'aspect quantitatif, que trouverait son explication ce fait, que la réjuvenescence du germe et la vitalité conséquente de la progéniture, à laquelle aboutit la fécondation, sont d'autant plus grandes qu'elle se fait, non pas entre des individus trop semblables, mais plutôt entre individus, de la même espèce il est vrai, mais quelque peu dissemblables entre eux,

---

1. Spencer, œuvre citée : *Principles of Biology*, I, 340-341, et II, 614-616.

Cet équilibre pourrait toutefois, selon cette même hypothèse, être dérangé aussi par la décharge fonctionnelle extra-nucléaire de l'un ou de l'autre des deux accumulateurs accouplés. Et c'est là précisément ce que démontrent les expériences universellement connues sur la réjuvenescence des infusoires, lesquelles ont fourni la preuve que cette dernière peut venir à être réacquise, même sans aucun besoin de la conjugaison fécondatrice ordinaire, simplement en apportant quelque changement dans les conditions ambiantes de la vie, et en provoquant de cette façon une forte reprise de l'activité fonctionnelle de l'animal [1].

Remarquons, par parenthèse, que si des décharges oscillantes s'établissent entre les accumulateurs spécifiques désaccouplés ou demi-éléments mnémoniques correspondants, respectivement de l'ovule et du spermatozoïde, lors même que cet ovule et ce spermatozoïde seraient relativement éloignés l'un de l'autre, c'est-à-dire avant encore qu'ils soient venus à se fondre en un seul noyau fécondé, alors on comprend comment l'espace interposé entre chaque couple de ces éléments peut et doit fonctionner comme le diélectrique déformé entre les deux armatures du condensateur d'un résonateur électrique, et tendre ainsi à produire l'attraction de chaque demi-élément spermatozoïque vers le demi-élément correspondant de l'ovule. Ce qui devra aboutir, comme résultat final d'ensemble, à l'attraction réciproque énergique entre l'ovule et le spermatozoïde.

La raison intime de l'attraction sexuelle des deux germes, mâle et femelle, résiderait donc, elle aussi, dans leur capacité de vibrations syntoniques. Réciproquement, l'absence de toute attraction entre ovule et spermatozoïde appartenant à des espèces animales ou végétales trop diverses, résiderait dans le fait qu'ils viendraient à être composés de demi-éléments potentiels dont un trop grand nombre seraient spécifiquement tout à fait différents entre eux, et incapables, par conséquent, d'une même rythmicité.

Quant à la division cellulaire indirecte ou caryocinétique,

---

1. V., par ex., Hartog, *Problems of Reproduction : Conjugation, Fertilisation, and Rejuvenescence,* The Contemporary Review, Juil 1892, partic. pp. 94-95, 100, 102.

enfin, remarquons que, lorsque chacun des deux accumulateurs accouplés, par suite de l'accroissement continuel de sa masse, sera à un potentiel trop élevé, les deux moitiés de chacun de ces accumulateurs tendront à se repousser, ainsi que le feraient, par exemple, les deux moitiés d'une sphère ou d'un disque conducteurs, chargées d'une trop grande quantité d'électricité du même signe. Si nous admettons, en même temps, que la séparation des deux moitiés de chaque accumulateur vienne à interrompre brusquement le circuit d'oscillation, — ce qui semblerait être indiqué par la rupture, rétraction et disparition, au commencement de la mitose, des mailles du réseau nucléaire, — et à suspendre ainsi momentanément la décharge oscillante, alors l'énergie nerveuse de cette décharge, se trouvant encore en cet instant à l'état dynamique le long du circuit même d'oscillation, devra se transformer d'actuelle qu'elle est en potentielle, se versant indifféremment sur le premier grumeau de substance apte à la recueillir. Et ce dernier, à son tour, une fois qu'il sera chargé d'une énergie nerveuse statique du même signe, devra se diviser lui aussi en deux fragments, et aller ainsi constituer deux centres d'attraction distincts, se repoussant réciproquement. Par conséquent, — sans prétendre pouvoir descendre par là à l'explication des plus petits détails de ce phénomène, — on comprend cependant que les phénomènes vitaux d'ordre dynamique, dus à la décharge nerveuse oscillante, devront alors nécessairement être suivis par des phénomènes d'ordre statique, tout semblables aux correspondants qu'offrirait la décharge oscillante d'un résonateur électrique si, interrompant tout à coup son oscillation, elle venait à se verser sur le premier petit monceau de limaille métallique conductrice qu'elle rencontrerait sur son chemin, se transformant d'électricité dynamique qu'elle était en électricité statique.

Cette manière de voir trouverait un appui surtout dans l'observation de Delage, que, dans la division indirecte, le dédoublement longitudinal des chromosomes ou du filament nucléaire commence avant qu'il se soit établi des filaments achromatiques capables d'exercer sur eux une traction quelconque, ce qui porte à déduire qu'elle tient à une répulsion qui s'exerce entre les deux moitiés [1];

celle de Hansemann, que, pendant la caryocinèse, toutes les fonctions proprement vitales de la cellule, telles que l'assimilation, la sécrétion et ainsi de suite, sont complètement suspendues [2];

celle de Watasé, que le centrosome ne serait au fond qu'un simple cyto-microsome, seulement de dimensions et d'une force d'attraction plus grandes, et que les cyto-microsomes, toujours situés au point de rencontre de trois ou de plusieurs filaments cytoplasmiques, ne seraient, à leur tour, que de petits grumeaux provisoires tout à fait a-spécifiques, se formant de nouveau à chaque division cellulaire, et dérivant, par suite d'une contraction, de la substance des filaments cytoplasmiques mêmes [3];

celle, enfin, de Ziegler, qui en répandant de la limaille de fer sur une mince plaque de cire horizontale, sur laquelle on avait préalablement fixé de petits bouts de fil de fer de forme égale à celle des chromosomes, et au-dessous de laquelle les pôles d'un aimant en fer à cheval faisaient fonction de centrosomes, a obtenu de cette manière des figures tout à fait semblables à celles que présente la caryocinèse : ce qui est une démonstration directe de l'hypothèse déjà avancée par Roux, que dans l'attraction qu'exercent les centrosomes sur les chromosomes sont en jeu des énergies statiques d'une nature semblable à celle des forces magnétiques ou de l'électricité statique [4].

1. Delage, œuvre citée : *De l'hérédité*, etc., 149-150.
2. Hansemann, œuvre citée : *Studien über die Specificität, den Altruismus, und die Anaplasie der Zellen*, 10.
3. Watasé, *On the nature of Cell-organisation*, Biol. Lect. at the Mar. Biol. Lab. of Wood's Holl, Summer Session 1893, Boston, U. S. A., Ginn, 1894, pp. 92-93; et : *Origin of the centrosome*, ibid., Summer Session 1894, Ginn, 1896, pp. 282, 285.
4. Ziegler, *Untersuchungen über die Zelltheilung*, Verhandl. der Deutschen Zoolog. Gesellsch., Leipzig, 1895, pp. 78-83; et : Roux, *Ueber die Bedeutung der Kerntheilungsfiguren*, Leipzig, Engelmann, 1883, p. 18, Gesamm. Abhandl., Zw. Bd., 142.

CONCLUSION

Quiconque nous a suivi jusqu'ici aura sans doute remarqué que les hypothèses ou conceptions fondamentales nouvelles que nous soumettons au jugement des biologistes et des philosophes positivistes en général, sont au nombre de trois. Bien qu'elles s'entr'aident réciproquement et qu'elles tiennent toutes les trois à une même conception générale informatrice des phénomènes de la vie, elles sont cependant indépendantes l'une de l'autre, et particulièrement les deux premières de la dernière.

La première hypothèse, c'est celle de la centro-épigénèse, à la conception de laquelle nous avons été amené, ainsi que nous l'avons déjà dit dans l'introduction et exposé dans le premier chapitre, par la loi biologique fondamentale de l'ontogénèse récapitulation de la phylogénèse avec toutes ses conséquences plus ou moins immédiates ou médiates.

La deuxième hypothèse, c'est celle de la déposition de la part de chaque courant nerveux spécifique d'une substance bien déterminée, apte à son tour à restituer seulement cette spécificité de courant par laquelle elle a été elle-même déposée; c'est là une conception qui, d'un côté nous a permis, à l'aide de l'hypothèse centro-épigénétique, de rendre compte immédiatement de la transmissibilité des caractères acquis; et qui, de l'autre côté, a constitué à elle seule l'explication immédiate de tous les phénomènes mnémoniques dans leur sens le plus large, depuis la spécialisation histologique, grâce à laquelle les cellules répondent aux stimulus accidentels les plus différents toujours de la même manière qui leur est habituelle, jusqu'aux phénomènes psycho-mnémoniques ou mnémoniques proprement dits.

La troisième hypothèse, c'est celle qui fait consister le phénomène vital essentiellement en une décharge nerveuse oscillante intra-nucléaire; conception qui, à l'aide de la deuxième hypothèse indiquée ci-dessus d'accumulations spécifiques, nous a rendu compte aussitôt de la propriété fondamentale du phénomène vital, consistant dans l'assimilation.

Nous n'avons pas besoin de faire remarquer que la première et la deuxième hypothèse sont, comme nous disions, quoique à l'unisson, cependant tout à fait indépendantes de la troisième; et que, par conséquent, celles-ci peuvent continuer de subsister également, que la dernière soit acceptée ou non.

Nous n'osons d'ailleurs présenter cette dernière comme une vraie et propre hypothèse, car on connaît encore trop peu le phénomène vital pour pouvoir nous hasarder jusque-là. Nous la présentons plutôt comme un simple schéma tout à fait provisoire du procès vital, propre à servir surtout comme base initiale concrète pour la discussion sur la nature de la vie. En effet, quand il s'agit d'un problème encore tout à fait irrésolu, fournir quelque base provisoire nettement tracée sur laquelle les discussions puissent s'appuyer, cela donne toujours le résultat utile de préciser les termes de la question, de faire paraître nettement comme inadmissibles quelques suppositions qui ne pouvaient pas paraître telles tant que le problème se présentait confus, et de nous rapprocher ainsi par degrés mais sûrement d'une plus juste compréhension du phénomène, à mesure que, les propositions inacceptables étant écartées les unes après les autres, celles qui sont acceptables restent seules debout et se détachent avec plus de relief.

Aussi ne nous reste-t-il qu'à attendre avec sérénité les jugements de la critique, en exprimant dès à présent notre reconnaissance à toutes les personnes qui voudront bien ne pas nous refuser leur aide et leurs conseils pour une éventuelle élaboration ultérieure et plus approfondie de ce sujet, que nous avons dû nous borner ici à traiter trop rapidement. Nous saurons gré surtout à tous ceux qui voudront bien nous communiquer, en même temps que leurs critiques et objections, tous les faits nouveaux que l'on pourrait encore produire soit contre chacune des trois hypothèses que nous venons d'indiquer, soit en leur faveur.

TABLE DES MATIÈRES

1146-05. — Coulommiers. Imp. PAUL BRODARD. — 12-05

www.ingramcontent.com/pod-product-compliance
Lightning Source LLC
Chambersburg PA
CBHW050500270326
41927CB00009B/1831